M. TULLIUS CICERO

DE LEGIBUS
PARADOXA STOICORUM

Über die Gesetze
Stoische Paradoxien

Lateinisch und deutsch

Herausgegeben, übersetzt und erläutert von
Rainer Nickel

ARTEMIS & WINKLER

Bibliographische Information der Deutschen Bibliothek

Die Deutsche Bibliothek verzeichnet diese Publikation
in der Deutschen Nationalbibliothek;
detaillierte bibliographische Daten
sind im Internet unter http://dnb.ddb.de abrufbar.

3. Auflage 2004
© 2002 Patmos Verlag GmbH & Co. KG
© 1994 Artemis & Winkler Verlag, München/Zürich
Alle Rechte vorbehalten.
Druck und Bindung: Pustet, Regensburg
ISBN 3-7608-1680-0
www.patmos.de

INHALT

TEXT UND ÜBERSETZUNG

ANHANG

LIBER PRIMUS

ATTICUS. Lucus quidem ille et haec Arpinatium
quercus agnoscitur, saepe a me lectus in Mario: si
enim manet illa quercus, haec est profecto; etenim
est sane vetus.

QUINTUS. Manet vero Attice noster et semper
manebit: sata est enim ingenio. Nullius autem ag-
ricolae cultu stirps tam diuturna quam poetae versu seminari potest.

ATTICUS. Quo tandem modo Quinte? Aut quale
est istuc, quod poetae serunt? Mihi enim videris
fratre laudando suffragari tibi.

QUINTUS. Sit ita sane; verum tamen dum Lati-
nae loquentur litterae, quercus huic loco non deerit quae Mariana dicatur, eaque ut ait Scaevola de
fratris mei Mario,
              canescet saeclis innumerabilibus,
nisi forte Athenae tuae sempiternam in arce oleam
tenere potuerunt, aut quam Homericus Ulices De-
li se proceram et teneram palmam vidisse dixit,
hodie monstrant eandem, multaque alia multis locis diutius commemoratione manent, quam natura
stare potuerunt. Quare glandifera illa quercus, ex
qua olim evolavit

        nuntia fulva Iovis, miranda visa figura,

nunc sit haec. Sed cum eam tempestas vetustasve

ERSTES BUCH

(1) ATTICUS: Ja, wirklich, da sieht man das Wäldchen und hier die Eiche von Arpinum; oft habe ich davon im „Marius" gelesen: Wenn es nämlich jene berühmte Eiche noch gibt, dann ist es ganz bestimmt diese hier; denn sie ist tatsächlich sehr alt.

QUINTUS: Sicher gibt es sie noch, mein lieber Atticus, und es wird sie immer geben: Denn sie ist aus dem Geist erschaffen. Kein Bauer aber kann mit seiner Pflege einem Gewächs ein so langes Leben geben, wie es der Dichter mit seiner Verskunst vermag.

ATTICUS: Wie ist das denn möglich, Quintus? Oder welche besonderen Eigenschaften hat das Werk, das die Dichter erschaffen? Denn anscheinend sprichst du für dich selbst, indem du deinen Bruder lobst.

(2) QUINTUS: So mag es durchaus sein; doch solange die lateinischen Texte sprechen, wird die Eiche, die den Namen des Marius trägt, an dieser Stelle stehen bleiben und, wie Scaevola über den „Marius" meines Bruders sagt,

„erst in unzähligen Jahrhunderten alt werden"

wenn man einmal davon absieht, daß dein Athen den ewigen Ölbaum auf der Akropolis wirklich am Leben erhalten konnte oder daß man noch heute dieselbe Palme zeigt, die der homerische Odysseus, wie er behauptete, als schlankes und zartes Bäumchen auf Delos sah –, und vieles andere bleibt an vielen Orten durch ständige Erwähnung länger erhalten, als es aufgrund seiner Natur hätte bestehen können. Deshalb soll jener eicheltragende Baum, aus dem einst aufflog

„der bräunliche Bote des Juppiter, eine wunderschöne Erscheinung",

auch jetzt noch hier stehen. Wenn ihn aber Sturm oder Alter

consumpserit, tamen erit his in locis quercus quam
Marianam quercum vocant.

ATTICUS. Non dubito id quidem. Sed hoc iam   3
non ex te Quinte quaero, verum ex ipso poeta,
tuine versus hanc quercum severint, an ita factum
de Mario, ut scribis, acceperis.

MARCUS. Respondebo tibi equidem, sed non ante quam mihi tu ipse responderis Attice, certen
non longe a tuis aedibus inambulans post exces-
sum suum Romulus Proculo Iulio dixerit se deum
esse et Quirinum vocari, templumque sibi dedicari
in eo loco iusserit, et verumne sit ut Athenis non
longe item a tua illa antiqua domo Orithyiam
Aquilo sustulerit; sic enim est traditum.

ATTICUS. Quorsum tandem aut cur ista quaeris?   4
MARCUS. Nihil sane nisi ne nimis diligenter in-
quiras in ea, quae isto modo memoriae sint prodita.

ATTICUS. Atqui multa quaeruntur in Mario fic-
tane an vera sint, et a nonnullis, quod et in recenti
memoria et in Arpinati homine versere, veritas a te
postulatur.

MARCUS. Et mehercule ego me cupio non men-
dacem putari, sed tamen nonnulli isti Tite noster
faciunt inperite, qui in isto periculo non ut a poeta,
sed ut a teste veritatem exigant, nec dubito, quin
idem et cum Egeria conlocutum Numam et ab
aquila Tarquinio apicem inpositum putent.

QUINTUS. Intellego te frater alias in historia le-   5
ges observandas putare, alias in poemate.

zerstören, wird trotzdem eine Eiche, die man als Marius-Eiche bezeichnet, in dieser Gegend erhalten bleiben.

(3) ATTICUS: Daran zweifle ich gewiß nicht. Aber die folgende Frage richte ich nunmehr nicht mehr an dich, Quintus, sondern an den Dichter selbst: Haben deine Verse diese Eiche erschaffen, oder hast du die Geschichte über Marius so gehört, wie du sie erzählst?

MARCUS: Ich werde dir selbstverständlich antworten, aber nicht bevor du selbst mir auch meine Frage beantwortest, Atticus, ob Romulus wirklich nach seinem Tode nicht weit von deinem Hause entfernt spazieren ging und dem Iulius Proculus verkündete, er sei ein Gott und heiße Quirinus, und befahl, ihm an dieser Stelle einen Tempel zu weihen, und ob es wahr ist, daß in Athen ebenfalls nicht weit von deinem alten Haus dort entfernt Aquilo Orithyia entführte; denn so ist es überliefert.

(4) ATTICUS: Wozu und warum fragst du denn danach?

MARCUS: Eigentlich nur, damit du nicht allzu gründlich untersuchst, was auf diese Weise zum Gegenstand der Erinnerung wurde.

ATTICUS: Aber im „Marius" wird doch bei vielen Dingen gefragt, ob sie erfunden oder wahr sind, und einige Leser verlangen von dir die Wahrheit, weil du dich mit der jüngsten Vergangenheit und mit einem Mann aus Arpinum befaßt.

MARCUS: Auch ich, beim Herkules, habe nicht den Wunsch, als Lügner zu gelten, aber trotzdem, mein lieber Titus, verhalten sich einige dieser Leser nicht sachgerecht, die von mir die Wahrheit bei diesem Versuch nicht wie von einem Dichter, sondern wie von einem Zeitzeugen verlangen, und ich zweifle nicht, daß dieselben Leute der Meinung sind, Numa habe tatsächlich mit Egeria gesprochen und dem Tarquinius sei von einem Adler die Königskrone aufgesetzt worden.

(5) QUINTUS: Ich verstehe, mein Bruder, du meinst, man müsse in der Geschichtsschreibung andere Gesetze als in der Dichtung berücksichtigen.

MARCUS. Quippe cum in illa ad veritatem Quinte cuncta referantur, in hoc ad delectationem pleraque; quamquam et apud Herodotum patrem historiae et apud Theopompum sunt innumerabiles fabulae.

ATTICUS. Teneo quam optabam occasionem neque omittam.   II

MARCUS. Quam tandem Tite?

ATTICUS. Postulatur a te iam diu vel flagitatur potius historia. Sic enim putant, te illam tractante effici posse, ut in hoc etiam genere Graeciae nihil cedamus. Atque ut audias, quid ego ipse sentiam, non solum mihi videris eorum studiis, qui tuis litteris delectantur, sed etiam patriae debere hoc munus, ut ea, quae salva per te est, per te eundem sit ornata. Abest enim historia litteris nostris, ut et ipse intellego et ex te persaepe audio. Potes autem tu profecto satis facere in ea, quippe cum sit opus, ut tibi quidem videri solet, unum hoc oratorium maxime. Quam ob rem adgredere quaesumus, et   6 sume ad hanc rem tempus, quae est a nostris hominibus adhuc aut ignorata aut relicta. Nam post annalis pontificum maximorum, quibus nihil potest esse ieiunius, si aut ad Fabium aut ad eum qui tibi semper in ore est Catonem, aut ad Pisonem aut ad Fannium aut ad Vennonium venias, quamquam ex his alius alio plus habet virium, tamen quid tam exile quam isti omnes? Fannii autem aetati coniunctus Coelius Antipater paulo inflavit vehementius, habuitque vires agrestis ille quidem atque horridas, sine nitore ac palaestra, sed tamen admonere reliquos potuit, ut adcuratius scribe-

MARCUS: Ja, Quintus, da in der Geschichtsschreibung alles auf die Wahrheit, in der Dichtung das meiste auf Unterhaltung zielt; gleichwohl gibt es bei Herodot, dem Vater der Geschichtsschreibung, und bei Theopomp unzählige phantastische Geschichten.

ATTICUS: Nun habe ich endlich die Gelegenheit, die ich mir immer wieder wünschte, und ich werde sie nicht ungenutzt vorübergehen lassen.

MARCUS: Welche denn, Titus?

ATTICUS: Schon lange verlangt oder besser noch fordert man von dir ein Geschichtswerk. Man meint nämlich, wenn du dich mit der Geschichtsschreibung befaßt, könne auf diese Weise erreicht werden, daß wir auch in dieser literarischen Gattung hinter Griechenland in nichts mehr zurückstehen. Und damit du hörst, was ich selbst darüber denke: In meinen Augen bist du die Erfüllung dieser Aufgabe nicht nur deinen literarischen Bewunderern, sondern auch deinem Vaterland schuldig, damit es ebenso, wie es durch dich gerettet wurde, auch noch durch dich geehrt wird. Denn die Geschichtsschreibung ist in unserer Literatur nicht vertreten, wie ich selbst sehe und von dir sehr oft höre. Du aber kannst selbstverständlich auch auf diesem Gebiet allen Ansprüchen gerecht werden, da deiner Auffassung nach eine geschichtliche Darstellung wie keine andere den Regeln der Rhetorik verpflichtet ist. (6) Deshalb bitten wir dich, entschließ dich und nimm dir die Zeit für diese Aufgabe, die unsere Mitbürger bisher entweder nicht gesehen oder aus den Augen verloren haben. Denn wenn du nach den Jahrbüchern der Oberpriester, die an Dürftigkeit durch nichts zu übertreffen sind, und zu Fabius oder Cato, von dem du ständig redest, zu Piso, Fannius und Vennonius greifst, mögen sie auch über unterschiedlich große Fähigkeiten verfügen – was ist gleichwohl so kümmerlich wie alle diese zusammen? Aber der Zeitgenosse des Fannius, Coelius Antipater, blies ein wenig heftiger und besaß Sprachgewalt, die allerdings noch ungepflegt und ungeschliffen, ohne Glanz und Schulung war, doch er hätte andere dazu ermuti-

rent. Ecce autem successere huic Gellius Clodius
Asellio, nihil ad Coelium, sed potius ad antiquorum languorem et inscitiam. Nam quid Macrum   7
numerem? Cuius loquacitas habet aliquid ar-
gutiarum, nec id tamen ex illa erudita Graecorum
copia, sed ex librariolis Latinis, in orationibus
multa, sed inepta elatio, summa inpudentia. Sisenna eius amicus omnis adhuc nostros scriptores –
nisi qui forte nondum ediderunt, de quibus existimare non possumus – facile superavit. Is tamen
neque orator in numero vestro unquam est habi-
tus, et in historia puerile quiddam consectatur, ut
unum Clitarchum neque praeterea quemquam de
Graecis legisse videatur, eum tamen velle dumtaxat imitari: quem si adsequi posset, aliquantum ab
optumo tamen abesset. Quare tuum est munus
hoc, a te exspectatur; nisi quid Quinto videtur
secus.

QUINTUS. Mihi vero nihil, et saepe de isto con-   III
locuti sumus; sed est quaedam inter nos parva dis-   8
sensio.
ATTICUS. Quae tandem?
QUINTUS. A quibus temporibus scribendi capiat
exordium. Ego enim ab ultimis censeo, quoniam
illa sic scripta sunt, ut ne legantur quidem, ipse
autem aequalem aetatis suae memoriam deposcit,
ut ea conplectatur, quibus ipse interfuit.

ATTICUS. Ego vero huic potius adsentior. Sunt
enim maxumae res in hac memoria atque aetate
nostra; tum autem hominis amicissimi Cn. Pom-
peii laudes inlustrabit, incurret etiam in illustrem

gen können, mit größerer Sorgfalt zu schreiben. Aber was
geschah? Auf ihn folgten Gellius, Clodius und Asellio,
die mit Coelius nicht zu vergleichen waren, sondern eher
der Schwäche und Unfähigkeit der Alten entsprachen.
(7) Wozu soll ich denn noch Macer erwähnen? Seine Redse-
ligkeit besitzt ein gewisses Maß an Scharfsinn, doch das verdankt er nicht jenem Reichtum griechischer Bildung, sondern der dürftigen lateinischen Literatur; in seinen Reden
steckt vieles, aber auch unangemessene Leidenschaftlichkeit
und ein Höchstmaß an Unverschämtheit. Sein Freund
Sisenna hat alle unsere bisher bekannten Geschichtsschreiber
ohne weiteres in den Schatten gestellt – es sei denn, es haben
einige noch nichts herausgegeben, über die wir dann nicht
urteilen können. Dennoch hat man ihn als Redner nie in eine
Reihe mit euch gestellt, und in der Geschichtsschreibung
verfolgt er eine etwas einfältige Darstellungsweise, so daß er
den Anschein erweckt, als habe er nur Kleitarchos und sonst
keinen anderen Griechen gelesen, wolle diesen aber lediglich
nachahmen: Selbst wenn er an ihn hätte herankommen können, wäre er trotzdem noch ein gutes Stück von der Höchstform entfernt. Darum ist dies deine Aufgabe; man erwartet
von dir, daß du sie erfüllst. Es sei denn, Quintus ist anderer
Meinung.

(8) QUINTUS: Das bin ich keinesfalls, und wir haben oft
miteinander darüber gesprochen; aber es gibt zwischen uns
eine kleine Meinungsverschiedenheit.

ATTICUS: Welche denn?

QUINTUS: Mit welcher Zeit die Darstellung einsetzen soll.
Ich meine nämlich, mit der frühesten Zeit, da ihre bisherige
Darstellung so ist, daß man sie nicht einmal lesen kann. Er
selbst aber hält die Beschreibung seiner eigenen Zeit für
erforderlich, um die Vorgänge zu erfassen, an denen er selbst
beteiligt war.

ATTICUS: Ich stimme allerdings lieber ihm zu. Denn die
bedeutendsten Ereignisse finden in der Gegenwart und in
unserer Zeit statt; dann aber wird er den Ruhm des Gnaeus
Pompeius, seines engsten Freundes, erstrahlen lassen. Er

illum et memorabilem annum suum: quae ab isto
malo praedicari quam ut aiunt de Remo et
Romulo.

MARCUS. Intellego equidem a me istum laborem
iam diu postulari Attice. Quem non recusarem, si
mihi ullum tribueretur vacuum tempus et liberum.
Neque enim occupata opera neque inpedito animo
res tanta suscipi potest: utrumque opus est, et cura
vacare et negotio.

ATTICUS. Quid? Ad cetera quae scripsisti plura   9
quam quisquam e nostris, quod tibi tandem tempus vacuum fuit concessum?
MARCUS. Subsiciva quaedam tempora incur-
runt, quae ego perire non patior, ut, si qui dies ad
rusticandum dati sint, ad eorum numerum adcom-
modentur, quae scribimus. Historia vero nec institui potest nisi praeparata otio, nec exiguo tempore
absolvi, et ego animi pendere soleo, cum semel
quid orsus traducor alio, neque tam facile inter-
rupta contexo quam absolvo instituta.

ATTICUS. Legationem aliquam nimirum ista   10
oratio postulat, aut eius modi quampiam cessatio-
nem liberam atque otiosam.
MARCUS. Ego vero aetatis potius vacationi con-
fidebam, cum praesertim non recusarem, quominus more patrio sedens in solio consulentibus re-
sponderem, senectutisque non inertis grato atque
honesto fungerer munere. Sic enim mihi liceret et

wird auch auf jenes berühmte und denkwürdige Jahr seines
eigenen Konsulats eingehen: Ich hätte es lieber, daß er sich
dieser Themen annimmt, statt bei Remus und Romulus
anzufangen, wie man so sagt.

MARCUS: Ich weiß selbstverständlich, daß man diese
Arbeit schon lange von mir erwartet, Atticus. Ich würde sie
auch nicht zurückweisen, wenn mir auch nur eine einzige
freie und unbelastete Stunde zur Verfügung stände. Denn
man kann eine so große Aufgabe nur dann auf sich nehmen,
wenn man nicht mit anderen Tätigkeiten befaßt ist und nicht
unter seelischem Druck steht. Beides ist unerläßlich: Von
Sorgen und anderweitigen Beschäftigungen frei zu sein.

(9) ATTICUS: Was? Wieviel Zeit stand dir denn für die
anderen Werke, die du in größerer Zahl als jeder von uns
verfaßt hast, zur Verfügung?

MARCUS: Es kommen manchmal gewisse Mußestunden,
die ich nicht einfach so vergehen lassen kann, so daß ich
alles, was ich schreibe, an diesen zeitlichen Rahmen anpasse,
wenn mir ein paar Tage der Entspannung auf dem Land
geschenkt werden. Ein Geschichtswerk aber läßt sich nur
unter der Bedingung in Angriff nehmen, daß man über die
ungestörte Muße für entsprechende Vorarbeiten verfügt,
und nur unter erheblichem Zeitaufwand vollenden, und was
mich betrifft, so bin ich gewöhnlich hin und her gerissen,
wenn ich, sobald ich einmal etwas angefangen habe, durch
etwas anderes abgelenkt werde, und habe ich etwas unterbrochen, so fällt es mir schwerer, den Faden wieder zu finden, als einmal Begonnenes in einem Zuge abzuschließen.

(10) ATTICUS: Deine Ausführungen lassen ohne Zweifel
einen besonderen Auftrag oder eine entsprechende Entla-
stung und Freistellung notwendig erscheinen.

MARCUS: Ich aber hoffte eher auf die freie Zeit im Alter,
besonders wenn ich mich dazu bereiterklärte, nach unserer
Väter Sitte auf dem Thron sitzend Rechtsberatung zu erteilen, und die dankbare und ehrenvolle Aufgabe eines erfüllten
Lebensabends übernähme. Denn unter diesen Umständen
wäre es mir erlaubt, für die Sache, die du verlangst, und für

isti rei, quam desideras, et multis uberioribus atque maioribus operae quantum vellem dare.

ATTICUS. Atqui vereor, ne istam causam nemo   **IV**
noscat, tibique semper dicendum sit, et eo magis,   11
quod te ipse mutasti, et aliud dicendi instituisti
genus, ut quem ad modum Roscius familiaris tuus
in senectute numeros in cantu remiserat ipsasque
tardiores fecerat tibias, sic tu a contentionibus,
quibus summis uti solebas, cotidie relaxes aliquid,
ut iam oratio tua non multum a philosophorum
lenitate absit. Quod sustinere cum vel summa se-
nectus posse videatur, nullam tibi a causis vacatio-
nem video dari.

QUINTUS. At mehercule ego arbitrabar posse id   12
populo nostro probari, si te ad ius respondendum
dedisses; quam ob rem cum placebit experiendum
tibi id censeo.

MARCUS. Si quidem Quinte nullum esset in ex-
periundo periculum. Sed vereor, ne, dum minuere
velim, laborem augeam, atque ad illam causarum
operam, ad quam ego numquam nisi paratus et
meditatus accedo, adiungatur haec iuris interpre-
tatio, quae non tam mihi molesta sit propter laborem, quam quod dicendi cogitationem auferat, sine qua ad nullam maiorem umquam causam sum
ausus accedere.

ATTICUS. Quin igitur ista ipsa explicas nobis his   13
subsicivis ut aiis temporibus, et conscribis de iure
civili subtilius quam ceteri? Nam a primo tempore
aetatis iuri studere te memini, quom ipse etiam ad
Scaevolam ventitarem, neque umquam mihi visus

viele noch voraussetzungsreichere und bedeutendere Vorhaben so viel Arbeitskraft aufzuwenden, wie ich wollte.

(11) ATTICUS: Dennoch fürchte ich, daß niemand diese Begründung zur Kenntnis nimmt und du ständig weiter Reden halten mußt, und dies um so mehr, weil du dich selbst verändert und zu einer anderen Darstellungsform gefunden hast, so daß du ebenso wie dein Freund Roscius, der in höherem Alter das Tempo seines Gesanges vermindert und sogar das Flötenspiel verlangsamt hatte, in deiner Anspannung und Anstrengung, die du in höchstem Maße auf dich zu nehmen pflegtest, jeden Tag etwas nachließest, so daß deine Redeweise von der Ruhe und Gelassenheit der Philosophen nicht mehr so weit entfernt ist. Da dies anscheinend sogar mit einem sehr hohen Alter zu vereinbaren ist, sehe ich voraus, daß du dich niemals von den Gerichtsverhandlungen befreien kannst.

(12) QUINTUS: Aber, beim Herkules, ich glaubte, es könne unserem Volk gefallen, wenn du dich dazu bereit erklärtest, Rechtsberatung zu erteilen; deshalb meine ich, du solltest es versuchen, wenn du es willst.

MARCUS: Allerdings nur, wenn der Versuch nicht mit einer Gefahr verbunden wäre, Quintus. Aber ich fürchte, daß ich meine Arbeit vermehre, während ich sie verringern will, und daß zu jener Mitwirkung an den Gerichtsverhandlungen, auf die ich mich stets nur nach gründlicher Vorbereitung einlasse, diese Auslegung des Rechts hinzukommt, die mir nicht so sehr wegen des Arbeitsaufwandes beschwerlich ist wie aufgrund der Tatsache, daß sie mir die Zeit zum Nachdenken über meine Reden raubt, ohne das ich niemals an irgendeinen größeren Prozeß heranzugehen wagte.

(13) ATTICUS: Warum also erläuterst du uns eigentlich nicht genau diese Dinge in deinen Mußestunden, wie du sie nennst, und schreibst uns sorgfältiger und klarer als andere Schriftsteller etwas über das Zivilrecht auf? Denn ich erinnere mich, daß du dich seit frühester Jugend mit dem Recht beschäftigst, als auch ich selbst immer wieder zu Scaevola kam, und – wie mir scheint – hast du dich niemals so aus-

es ita te ad dicendum dedisse, ut ius civile contem-
neres.

MARCUS. In longum sermonem me vocas Attice,
quem tamen, nisi Quintus aliud quid nos agere
mavult, suscipiam, et quoniam vacui sumus,
dicam.

QUINTUS. Ego vero libenter audierim. Quid
enim agam potius, aut in quo melius hunc consu-
mam diem?

MARCUS. Quin igitur ad illa spatia nostra sedes-   14
que pergimus? Ubi, cum satis erit ambulatum, re-
quiescemus, nec profecto nobis delectatio deerit,
aliud ex alio quaerentibus.

ATTICUS. Nos vero, et hac quidem ad Lirem si
placet per ripam et umbram. Sed iam ordire expli-
care quaeso de iure civili quid sentias.

MARCUS. Egone? Summos fuisse in civitate nostra viros, qui id interpretari populo et responsita-
re soliti sint, sed eos magna professos in parvis esse
versatos. Quid enim est tantum quantum ius civitatis? Quid autem tam exiguum quam est munus
hoc eorum, qui consuluntur? (Quamquam est populo necessarium.) Nec vero eos, qui ei muneri
praefuerunt, universi iuris fuisse expertis existimo,
sed hoc civile, quod vocant, eatenus exercuerunt,
quoad populo praestare voluerunt; id autem in cognitione tenue est, in usu necessarium. Quam ob
rem quo me vocas, aut quid hortaris? ut libellos
conficiam de stillicidiorum ac de parietum iure?
An ut stipulationum et iudiciorum formulas con-
ponam? Quae et conscripta a multis sunt diligen-

schließlich dem Redenhalten hingegeben, daß du das Zivilrecht vernachlässigt hättest.

MARCUS: Du veranlaßt mich zu einem langen Gespräch,
Atticus, das ich gleichwohl aufnehmen will, wenn Quintus
nicht den Wunsch hat, daß wir lieber etwas anderes tun, und
da wir ja Zeit haben, will ich reden.

QUINTUS: Ich würde wirklich gern zuhören. Was könnte
ich denn sonst tun oder womit könnte ich den heutigen Tag
sinnvoller verbringen?

(14) MARCUS: Warum gehen wir also nicht zu unserer
Promenade und zu den Sitzbänken? Dort können wir uns
ausruhen, sobald wir genug herumgelaufen sind, und es wird
uns gewiß an keiner Erholung fehlen, während wir einen
Punkt nach dem anderen untersuchen.

ATTICUS: Ja gern, und zwar auf diesem schönen Weg am
Liris, wenn es recht ist, am Ufer entlang und im Schatten.
Doch fang bitte an, deine Meinung über das Zivilrecht zu
erläutern.

MARCUS: Wirklich? Zunächst stelle ich fest, daß es die
bedeutendsten Männer in unserer Bürgerschaft waren, die
dem Volk das Recht auszulegen und Rechtsauskünfte zu
erteilen pflegten, daß sie aber Großes nur angekündigt und
sich dann mit Kleinigkeiten abgegeben haben. Was ist denn
ebenso bedeutend wie das Zivilrecht? Was demgegenüber so
unbedeutend wie die Tätigkeit der Leute, die um Beratung
gebeten werden? (Obwohl sie für das Volk unerläßlich ist.)
Ich glaube allerdings nicht, daß diejenigen, die diese Tätigkeit ausübten, des Rechtes in seiner Gesamtheit unkundig
waren, aber sie befaßten sich mit diesem Zivilrecht, wie sie es
nennen, nur in dem Maße, wie sie es dem Volk darstellen
wollten; das aber ist für eine theoretische Durchdringung zu
wenig und für die Praxis unabdingbar. Wozu rufst du mich
also auf oder wozu ermunterst du mich? Daß ich Aufsätze
schreibe über das Dachrinnen- und Hauswände-Recht?
Oder daß ich Rechtsformeln für Verträge und Prozesse
zusammenstelle? Diese Dinge sind einerseits von vielen
bereits sorgfältig aufgeschrieben worden, andererseits sind

ter, et sunt humiliora quam illa, quae a nobis ex-
spectari puto.

ATTICUS. Atqui, si quaeres, ego quid exspectem,   V
quoniam scriptum est a te de optimo rei publicae   15
statu, consequens esse videtur, ut scribas tu idem
de legibus: sic enim fecisse video Platonem illum
tuum, quem tu admiraris, quem omnibus antepo-
nis, quem maxime diligis.

MARCUS. Visne igitur, ut ille cum Crete Clinia
et cum Lacedaemonio Megillo aestivo quem ad
modum describit die in cupressetis Gnosiorum et
spatiis silvestribus, crebro insistens, interdum ad-
quiescens, de institutis rerum publicarum ac de
optimis legibus disputat, sic nos inter has proceris-
simas populos in viridi opacaque ripa inambulan-
tes, tum autem residentes, quaeramus isdem de rebus aliquid uberius quam forensis usus desiderat?

ATTICUS. Ego vero ista audire cupio.   16
MARCUS. Quid ait Quintus?
QUINTUS. Nulla de re magis.

MARCUS. Et recte quidem; nam sic habetote,
nullo in genere disputando magis patefieri, quid sit
homini natura tributum, quantam vim rerum opti-
marum mens humana contineat, cuius muneris co-
lendi efficiendique causa nati et in lucem editi simus, quae sit coniunctio hominum, quae naturalis
societas inter ipsos. His enim explicatis fons legum
et iuris inveniri potest.

ATTICUS. Non ergo a praetoris edicto, ut pleri-   17
que nunc, neque a duodecim tabulis, ut superiores,
sed penitus ex intima philosophia hauriendam iuris disciplinam putas?

sie weniger bedeutsam als die Ausführungen, die ihr meines Erachtens von mir erwartet.

(15) ATTICUS: Nun gut. Wenn du fragst, was ich erwarte, dann scheint es mir, da du doch schon eine Schrift über die beste Verfassung des Staates verfaßt hast, nur folgerichtig zu sein, daß du auch noch über die Gesetze schreibst: Denn so hat es doch auch dein großer Platon gemacht, den du bewunderst, den du allen anderen vorziehst und den du am meisten schätzt.

MARCUS: Willst du also, daß wir genauso, wie jener mit dem Kreter Kleinias und dem Spartaner Megillos an einem Sommertag, wie er ihn beschreibt, in kretischen Zypressenhainen und auf Waldwegen häufig stehen bleibend und mitunter sich ausruhend, über die Einrichtungen der Staaten und die besten Gesetze diskutiert, zwischen diesen herrlich schlanken Pappeln am grünen und schattigen Ufer wandelnd, dann aber auch wieder Platz nehmend, über dieselben Themen etwas gründlicher und ausführlicher reden, als es die gerichtliche Praxis erfordert?

(16) ATTICUS: Genau das will ich hören.

MARCUS: Was meint Quintus?

QUINTUS: Über kein Thema möchte ich lieber etwas hören.

MARCUS: Völlig zu Recht; denn ihr müßt euch dessen bewußt sein, daß bei der Erörterung keines anderen Themas besser deutlich wird, worüber der Mensch von Natur aus verfügt, welchen Reichtum an hervorragenden Möglichkeiten der menschliche Geist besitzt, für welche Aufgaben und Pflichten wir Menschen geschaffen und in die Welt gesetzt wurden und was die Verbindung der Menschen und die natürliche Gemeinschaft unter ihnen bedeuten. Denn erst wenn diese Fragen geklärt sind, ist der Ursprung der Gesetze und des Rechts zu finden.

(17) ATTICUS: Du meinst also, daß die Kenntnis des Rechts nicht aus dem Edikt des Prätors, wie es die meisten heute tun, und nicht aus den Zwölf Tafeln, wie es unsere Vorfahren taten, sondern tief aus dem Innern der Philosophie zu schöpfen sei?

MARCUS. Non enim id quaerimus hoc sermone Pomponi, quem ad modum caveamus in iure, aut quid de quaque consultatione respondeamus. Sit ista res magna, sicut est, quae quondam a multis claris viris, nunc ab uno summa auctoritate et scientia sustinetur; sed nobis ita conplectenda in hac disputatione tota causa est universi iuris ac legum, ut hoc civile, quod dicimus, in parvum quendam et angustum locum concludatur: natura enim iuris explicanda nobis est, eaque ab hominis repetenda natura, considerandae leges, quibus civitates regi debeant; tum haec tractanda, quae conposita sunt et descripta iura et iussa populorum, in quibus ne nostri quidem populi latebunt, quae vocantur iura civilia.

QUINTUS. Alte vero et ut oportet a capite frater   **VI** repetis, quod quaerimus, et qui aliter ius civile tra-   18 dunt, non tam iustitiae quam litigandi tradunt vias.

MARCUS. Non ita est Quinte, ac potius ignoratio iuris litigiosa est quam scientia. Sed hoc posterius: nunc iuris principia videamus.

Igitur doctissimis viris proficisci placuit a lege, haud scio an recte, si modo, ut idem definiunt, lex est ratio summa, insita in natura, quae iubet ea, quae facienda sunt, prohibetque contraria. Eadem ratio, cum est in hominis mente confirmata et confecta, lex est. Itaque arbitrantur prudentiam esse   19 legem, cuius ea vis sit, ut recte facere iubeat, vetet delinquere, eamque rem illi Graeco putant nomine

MARCUS: Ja. Denn in diesem Gespräch, Pomponius, fragen wir nicht, wie wir als Anwalt Rat erteilen oder welchen Rechtsbescheid wir bei jeder einzelnen Anfrage geben sollen. Mag dies auch, wie es ja wirklich der Fall ist, eine wichtige Aufgabe sein, die einst von vielen berühmten Männern und heute von einem einzigen mit höchster Glaubwürdigkeit und Sachkenntnis erfüllt wird; aber in unserer Erörterung müssen wir den Gegenstand des Rechts im allgemeinen und der Gesetze in ihrer Gesamtheit so zusammenfassen, daß das Zivilrecht, wie wir es nennen, auf einen kleinen, eng begrenzten Bereich beschränkt wird: Wir müssen nämlich das Wesen des Rechts klären und dieses aus dem Wesen des Menschen herleiten; ferner haben wir über die Gesetze nachzudenken, von denen die Staaten regiert werden müssen; dann sind die in schriftlicher Form vorliegenden rechtlichen Bestimmungen und Volksbeschlüsse zu behandeln, wobei das sogenannte Zivilrecht auch unseres Volkes zur Sprache gebracht wird.

(18) QUINTUS: Von weit her und, wie es erforderlich ist, aus seinem Ursprung holst du, lieber Bruder, den Gegenstand unserer Untersuchung hervor, und diejenigen, die das Zivilrecht auf andere Weise überliefern, überliefern nicht so sehr Wege zur Gerechtigkeit wie zum Streiten vor Gericht.

MARCUS: So ist es nicht, Quintus, und die Unkenntnis des Rechts führt eher zum Streit als seine Kenntnis. Aber darauf kommen wir später zurück: Jetzt wollen wir uns die Grundlagen des Rechts ansehen.

Wie gesagt, den größten Gelehrten gefiel es, vom Gesetz auszugehen, vielleicht zu Recht, allerdings nur unter der Voraussetzung, daß das Gesetz, wie sie es definieren, die höchste Vernunft ist, die in der menschlichen Natur liegt und alles befiehlt, was getan werden muß, und das Gegenteil verbietet. Dieselbe Vernunft ist das Gesetz, wenn sie im Geist des Menschen ihren festen Platz hat. (19) Deshalb meinen sie auch, daß die Klugheit das Gesetz sei, dessen Wirkung darin bestehe, das rechte Handeln zu befehlen und das Unrechttun zu verbieten, und sie glauben auch, daß die

a suum cuique tribuendo appellatam, ego nostro a
legendo. Nam ut illi aequitatis, sic nos delectus
vim in lege ponimus, et proprium tamen utrumque
legis est. Quod si ita recte dicitur, ut mihi quidem
plerumque videri solet, a lege ducendum est iuris
exordium. Ea est enim naturae vis, ea mens ratio-
que prudentis, ea iuris atque iniuriae regula. Sed
quoniam in populari ratione omnis nostra versatur
oratio, populariter interdum loqui necesse erit, et
appellare eam legem, quae scripta sancit, quod vult
aut iubendo aut vetando, ut vulgus appellat. Con-
stituendi vero iuris ab illa summa lege capiamus
exordium, quae saeclis omnibus ante nata est
quam scripta lex ulla aut quam omnino civitas
constituta.

QUINTUS. Commodius vero et ad rationem in-   20
stituti sermonis sapientius.

MARCUS. Visne ergo ipsius iuris ortum a fonte
repetamus? Quo invento non erit dubium, quo
sint haec referenda, quae quaerimus.

QUINTUS. Ego vero itae esse faciendum censeo.

ATTICUS. Me quoque adscribe fratris sententiae.

MARCUS. Quoniam igitur eius rei publicae,
quam optumam esse docuit in illis sex libris Scipio,
tenendus est nobis et servandus status, omnesque
leges adcommodandae ad illud civitatis genus, serendi etiam mores nec scriptis omnia sancienda,

Bezeichnung dieses Begriffes im Griechischen (Nómos) von „jedem das Seine zuteilen" (némein) herzuleiten sei, während ich meine, daß sie im Lateinischen (lex) von „auswählen" (legere) kommt. Denn wie jene die Vorstellung von „Gerechtigkeit" so verbinden wir die Vorstellung von „Auswahl" mit dem Begriff des Gesetzes, und dennoch ist beides der eigentliche Inhalt eines Gesetzes. Wenn dies so zutrifft, wie es mir jedenfalls meistens der Fall zu sein scheint, dann ist der Ursprung des Rechts vom Gesetz herzuleiten. Dieses verkörpert nämlich das Wesen der Natur, dieses entspricht dem Geist und der Vernunft des Klugen, dieses ist die Richtschnur für Recht und Unrecht. Aber da sich unsere Rede ganz mit einem allgemeinverständlichen Thema befaßt, wird es nötig sein, sich bisweilen auch einer allgemeinverständlichen Redeweise zu bedienen und das ein Gesetz zu nennen, das in schriftlicher Form bestimmt, was es will, indem es entweder befiehlt oder verbietet, wie die Leute es nennen. Für die Grundlegung des Rechts wollen wir jedoch jenes höchste Gesetz zum Ausgangspunkt erklären, das vor ewiger Zeit entstand, noch bevor irgendein Gesetz aufgeschrieben oder überhaupt ein Staat gegründet wurde.

(20) QUINTUS: Das ist zweifellos bequemer und für den Ablauf des begonnenen Gesprächs vernünftiger.

MARCUS: Willst du also, daß wir die Entstehung des Rechts selbst von seiner Quelle aus verfolgen? Sobald wir diese gefunden haben, wird nicht mehr zweifelhaft sein, worauf wir den Gegenstand unserer Untersuchung beziehen müssen.

QUINTUS: Ich bin wirklich der Ansicht, daß man so vorgehen muß.

ATTICUS: Geh davon aus, daß auch ich der Meinung deines Bruders zustimme.

MARCUS: Da wir ja nun die Verfassung dieses Staates, den Scipio in jenen sechs Büchern als den besten dargestellt hat, erhalten und bewahren, alle Gesetze an jene Staatsverfassung anpassen und auch Verhaltensmaßstäbe entwickeln müssen, aber nicht alles schriftlich festlegen dürfen, will ich die Wur-

repetam stirpem iuris a natura, qua duce nobis
omnis est disputatio explicanda.

ATTICUS. Rectissime, et quidem ista duce errari
nullo pacto potest.

MARCUS. Dasne igitur hoc nobis Pomponi –   **VII**
nam Quinti novi sententiam –, deorum inmorta-   21
lium vi natura ratione potestate mente numine, sive quod est aliud verbum, quo planius significem,
quod volo, naturam omnem regi? Nam si hoc non
probas, ab eo nobis causa ordienda est potissimum.

ATTICUS. Do sane, si postulas; etenim propter
hunc concentum avium strepitumque fluminum
non vereor, condiscipulorum ne quis exaudiat.

MARCUS. Atqui cavendum est; solent enim, id
quod virorum bonorum est, admodum irasci, nec
vero ferent, si audierint te primum caput viri optimi prodidisse, in quo scripsit nihil curare deum
nec sui nec alieni.

ATTICUS. Perge quaeso. Nam id, quod tibi con-   22
cessi, quorsus pertineat, exspecto.

MARCUS. Non faciam longius. Huc enim pertinet: animal hoc providum sagax multiplex acutum
memor plenum rationis et consilii, quem vocamus
hominem, praeclara quadam condicione genera-
tum esse a supremo deo. Solum est enim ex tot
animantium generibus atque naturis particeps rationis et cogitationis, quom cetera sint omnia expertia. Quid est autem, non dicam in homine, sed
in omni caelo atque terra, ratione divinius? Quae
quom adolevit atque perfecta est, nominatur rite

zeln des Rechts in der Natur suchen, unter deren Leitung wir unser ganzes Gespräch zu entwickeln haben.

ATTICUS: Sehr richtig, und man kann gewiß auf keinen Fall unter dieser Leitung einen falschen Weg einschlagen.

(21) MARCUS: Stimmst du, Pomponius, uns also darin zu – denn die Auffassung des Quintus kenne ich bereits –, daß die ganze Natur gelenkt wird durch die Wirksamkeit der unsterblichen Götter, durch ihr Wesen, ihre Vernunft, ihre Macht, ihren Geist, ihr Walten oder durch sonst etwas, falls es noch ein anderes Wort gibt, mit dem ich noch deutlicher machen kann, was ich sagen will? Denn wenn du dies nicht anerkennst, müssen wir unsere Auseinandersetzung zunächst einmal an diesem Punkt beginnen.

ATTICUS: Ich stimme selbstverständlich zu, wenn du es verlangst; denn bei diesem schönen Gesang der Vögel und dem Rauschen des Wassers brauche ich nicht zu befürchten, daß mir einer meiner Mitschüler zuhört.

MARCUS: Und doch muß man aufpassen; denn sie werden gewöhnlich sehr zornig, was bei anständigen Männern durchaus üblich ist, und nehmen es keinesfalls einfach so hin, wenn sie hören, daß du einen Grundsatz ihres Meisters verraten hast, mit dem er erklärte, daß sich Gott um nichts kümmere, weder um eigene noch um fremde Dinge.

(22) ATTICUS: Mach bitte weiter. Denn ich bin gespannt, wohin mein Zugeständnis führt.

MARCUS: Ich will es nicht zu lang werden lassen. Denn es geht darum, daß dieses vorausschauende, verständige, vielseitige, scharfsinnige, erinnerungsfähige, von planender Vernunft erfüllte Lebewesen, das wir „Mensch" nennen, mit vorzüglichen Eigenschaften vom höchsten Gott geschaffen wurde. Denn als einziges Wesen unter so vielen Arten und Geschöpfen der belebten Natur hat er teil an der Vernunft und dem Denken, während alle übrigen Wesen davon ausgeschlossen sind. Was aber ist, um nicht zu sagen im Menschen, sondern im gesamten Kosmos und auf der Erde, göttlicher als die Vernunft? Sie wird, sobald sie herangereift ist und ihre Vollendung erreicht hat, mit Recht Weisheit

sapientia. Est igitur, quoniam nihil est ratione me- 23
lius, eaque est et in homine et in deo, prima homini cum deo rationis societas. Inter quos autem ratio, inter eosdem etiam recta ratio communis est:
quae cum sit lex, lege quoque consociati homines
cum dis putandi sumus. Inter quos porro est communio legis, inter eos communio iuris est. Quibus
autem haec sunt communia, et civitatis eiusdem
habendi sunt. Si vero isdem imperiis et potestatibus parent, multo iam magis. Parent autem huic
caelesti discriptioni mentique divinae et praepo-
tenti deo, ut iam universus hic mundus una civitas
communis deorum atque hominum sit existiman-
da. Et quod in civitatibus ratione quadam, de qua
dicetur idoneo loco, agnationibus familiarum di-
stinguuntur status, id in rerum natura tanto est
magnificentius tantoque praeclarius, ut homines
deorum agnatione et gente teneantur.

Nam cum de natura hominis quaeritur, disputa- **VIII**
ri solet – et nimirum ita est, ut disputatur –, perpe- 24
tuis cursibus conversionibusque caelestibus exsti-
tisse quandam maturitatem serendi generis humani, quod sparsum in terras atque satum divino auc-
tum sit animorum munere, quomque alia, quibus
cohaererent, homines e mortali genere sumpserint,
quae fragilia essent et caduca, animum esse ingene-
ratum a deo. Ex quo vere vel agnatio nobis cum
caelestibus vel genus vel stirps appellari potest.
Itaque ex tot generibus nullum est animal praeter

genannt. (23) Es ist also, da es ja nichts Besseres als die Vernunft gibt und diese im Menschen wie auch in Gott ist, die erste Gemeinsamkeit des Menschen mit Gott die gemeinsame Vernunft. Denen aber, die eine gemeinsame Vernunft haben, ist auch die richtige Vernunft gemeinsam: Da diese das Gesetz ist, muß man davon ausgehen, daß wir Menschen auch durch das Gesetz mit den Göttern verbunden sind. Ferner besteht unter denjenigen, unter denen die Gemeinschaft des Gesetzes herrscht, auch die Gemeinschaft des Rechts. Diejenigen aber, denen diese Dinge gemeinsam sind, müssen auch als Bürger desselben Staates gelten. Wenn sie schließlich denselben Weisungen und Gewalten gehorchen, ist das noch viel mehr der Fall. Sie gehorchen aber dieser kosmischen Ordnung, dem göttlichen Geist und dem allmächtigen Gott, so daß nunmehr diese gesamte Welt als ein gemeinsamer Staat der Götter und Menschen anzusehen ist. Und wenn in den Staaten auf eine vernünftige Weise, über die an geeigneter Stelle noch gesprochen wird, Standesunterschiede nach der Familienzugehörigkeit gemacht werden, dann ist dies in der natürlichen Welt um so viel herrlicher und schöner verwirklicht, als die Menschen mit den Göttern verwandtschaftlich verbunden sind.

(24) Denn wenn man eine Untersuchung über das Wesen des Menschen anstellt, bringt man gewöhnlich den folgenden Gedanken ins Gespräch – und er trifft zweifellos die Wahrheit: Im Zuge der unablässigen Bewegungen und Umläufe der Himmelskörper sei irgendwann einmal die Zeit für die Erschaffung des Menschengeschlechts gekommen, das dann in alle Welt verstreut und, nachdem es ausgesät war, mit dem göttlichen Geschenk der Seelen beglückt worden sei, und während alles andere, woraus die Menschen bestünden, vergänglich, und das heißt zerbrechlich und hinfällig sei, sei ihnen eine Seele von Gott eingepflanzt worden. Daher kann man mit Recht sowohl von unserer Verwandtschaft mit den himmlischen Göttern als auch von entsprechender Herkunft und Abstammung sprechen. Deshalb gibt es unter so vielen Arten kein Lebewesen außer dem Men-

hominem, quod habeat notitiam aliquam dei, ipsisque in hominibus nulla gens est neque tam man-
sueta neque tam fera, quae non, etiamsi ignoret,
qualem habere deum deceat, tamen habendum
sciat. Ex quo efficitur illud, ut is agnoscat deum,   25
qui, unde ortus sit, quasi recordetur et agnoscat.
Iam vero virtus eadem in homine ac deo est, neque
alio ullo in genere praeterea; est autem virtus nihil
aliud nisi perfecta et ad summum perducta natura:
est igitur homini cum deo similitudo. Quod cum
ita sit, quae tandem esse potest propior certiorve
cognatio? Itaque ad hominum commoditates et
usus tantam rerum ubertatem natura largita est, ut
ea, quae gignuntur, donata consulto nobis, non
fortuito nata videantur, nec solum ea, quae frugibus atque bacis terrae fetu profunduntur, sed
etiam pecudes, quod perspicuum sit partim esse ad
usum hominum, partim ad fructum, partim ad
vescendum procreatas. Artes vero innumerabiles   26
repertae sunt, docente natura, quam imitata ratio
res ad vitam necessarias sollerter consecuta est.

Ipsum autem hominem eadem natura non so-   IX
lum celeritate mentis ornavit, sed et sensus tam-
quam satellites attribuit ac nuntios, et rerum pluri-
marum obscuras nec satis expressas intellegentias
commodavit quasi fundamenta quaedam scientiae,
figuramque corporis habilem et aptam ingenio humano dedit. Nam cum ceteras animantis abiecisset
ad pastum, solum hominem erexit et ad caeli quasi

schen, das irgendeine Kenntnis von Gott hat, und unter den
Menschen gibt es kein noch so gesittetes und noch so wildes
Volk, das auch dann, wenn es keine Ahnung davon hätte,
welchen Gott man haben sollte, nicht trotzdem wüßte, daß
man einen Gott haben muß. (25) Daraus folgt, daß derjenige
Gott erkennt, der sich sozusagen erinnert und erkennt,
woher er kommt. Darüber hinaus liegt im Menschen dieselbe Tugend wie in Gott, und das ist bei keiner anderen Art
sonst noch der Fall; Tugend ist aber nichts anderes als die
vollkommene und zur Höchstform entwickelte Natur: Der
Mensch ist also Gott ähnlich. Da dies so ist: Welche Verwandtschaft kann eigentlich noch enger und zuverlässiger
sein? Deshalb hat die Natur zum Vorteil und Nutzen der
Menschen einen so großen Reichtum an Dingen gespendet,
daß alles, was hervorgebracht wird, mit Absicht uns geschenkt und nicht rein zufällig entstanden zu sein scheint;
das gilt nicht nur für alles, was in Gestalt von Feld- und
Baumfrüchten durch die Fruchtbarkeit der Erde in großer
Menge erzeugt wird, sondern auch für die Tiere, die ganz
offensichtlich teils zum Gebrauch für die Menschen, teils
zur Nutznießung und teils zur Ernährung geschaffen wurden. (26) Es wurden aber auch noch unzählige Fähigkeiten
und Fertigkeiten entwickelt. Dabei diente die Natur als
Lehrmeisterin. Die menschliche Vernunft nahm sie sich zum
Vorbild und erwarb mit großer Geschicklichkeit die zum
Leben notwendigen Dinge.

Den Menschen selbst aber stattete dieselbe Natur nicht
nur mit der Gewandtheit des Geistes aus, sondern sie gab
ihm auch die Sinne sozusagen als Begleiter und Boten dazu
und überließ ihm von den meisten Dingen dunkle und noch
nicht hinreichend klare Vorstellungen, die gewissermaßen
als Grundlagen und Voraussetzungen seines Wissens dienen,
und verlieh ihm eine praktische und dem menschlichen Geist
entsprechende körperliche Gestalt. Denn während die Natur
die übrigen Lebewesen zur Aufnahme von Nahrung nieder-
gebeugt hatte, gab sie allein dem Menschen eine aufrechte
Haltung und regte ihn zur Betrachtung des Himmels an, mit

cognationis domiciliique pristini conspectum excitavit, tum speciem ita formavit oris, ut in ea penitus reconditos mores effingeret. Nam et oculi ni-   27
mis arguti, quem ad modum animo affecti simus,
locuntur, et is, qui appellatur vultus, qui nullo in
animante esse praeter hominem potest, indicat
mores, quoius vim Graeci norunt, nomen omnino
non habent. Omitto opportunitates habilitatesque
reliqui corporis, moderationem vocis, orationis
vim, quae conciliatrix est humanae maxime socie-
tatis. Neque enim omnia sunt huius disputationis
ac temporis, et hunc locum satis, ut mihi videtur,
in iis libris, quos legistis, expressit Scipio. Nunc
quoniam hominem, quod principium reliquarum
rerum esse voluit, generavit et ornavit deus, perspicuum sit illud (ne omnia disserantur), ipsam per
se naturam longius progredi, quae etiam nullo docente, profecta ab iis, quorum ex prima et inchoata
intellegentia genera cognovit, confirmat ipsa per se
rationem et perficit.

ATTICUS. Di inmortales, quam tu longe iuris   X
principia repetis! atque ita ut ego non modo ad illa   28
non properem, quae exspectabam a te de iure civili, sed facile patiar te hunc diem vel totum in isto
sermone consumere. Sunt enim haec maiora, quae
aliorum causa fortasse complecteris, quam ipsa
illa, quorum haec causa praeparantur.

MARCUS. Sunt haec quidem magna, quae nunc
breviter attinguntur. Sed omnium, quae in homi-

dem er ja gewissermaßen verwandt ist und wo er früher seine Wohnung hatte; dann gestaltete sie das Aussehen seines Gesichtes so, daß sie darin tief verborgene Charakterzüge sichtbar werden ließ. (27) Denn die Augen bringen nur allzu deutlich zum Ausdruck, wie wir uns fühlen und was wir empfinden; und das, was man Gesichtsausdruck nennt, der bei keinem anderen Lebewesen außer dem Menschen vorhanden sein kann, verrät die Charakterzüge, deren Bedeutung die Griechen zwar kennen, aber überhaupt nicht benennen können. Ich gehe nicht auf die vorteilhafte und zweckmäßige Ausstattung des übrigen Körpers ein, die Artikulation der Stimme und die Bedeutung der Sprache, die vor allem dazu beiträgt, die menschliche Gemeinschaft entstehen zu lassen. Denn es paßt nicht alles in den Rahmen dieser Erörterung und der uns zur Verfügung stehenden Zeit, und Scipio hat dieses Thema, wie mir scheint, in den Büchern, die ihr gelesen habt, hinreichend behandelt. Jetzt, da Gott den Menschen geschaffen und ausgerüstet hat, weil er wollte, daß dieser für alle übrigen Dinge verantwortlich sei, ist dies deutlich, daß sich die Natur selbst (um den Gedankengang abzukürzen) von sich aus weiterentwickelt; auch ohne irgendeine Anleitung stärkt sie allein aus sich heraus die Vernunft, wobei sie von den Gegebenheiten ausgeht, deren Erscheinungsformen sie aus einem ersten und ursprünglichen Verständnis kennt, und bringt sie zur Vollendung.

(28) ATTICUS: Bei den unsterblichen Göttern, wie weit holst du aus, um die Grundlagen des Rechts zu beschreiben, aber doch so, daß ich nicht nur auf die Ausführungen über das Zivilrecht, die ich mir von dir erhoffte, warten kann, sondern daß ich es auch sehr begrüße, wenn du den heutigen Tag sogar ganz für diese Erörterung verwendest. Denn diese Überlegungen, die du wegen anderer Fragen vielleicht nur kurz zusammenfaßt, sind wichtiger als das Thema selbst, für das diese Gedanken an den Anfang gestellt werden.

MARCUS: Diese Gedanken, die jetzt nur ganz kurz angesprochen werden, sind zwar wichtig. Doch unter allem, was

num doctorum disputatione versantur, nihil est
profecto praestabilius quam plane intellegi nos ad
iustitiam esse natos, neque opinione, sed natura
constitutum esse ius. Id iam patebit, si hominum
inter ipsos societatem coniunctionemque perspe-
xeris. Nihil est enim unum uni tam simile, tam par,   29
quam omnes inter nosmet ipsos sumus. Quodsi
depravatio consuetudinum, si opinionum vanitas
non inbecillitatem animorum torqueret et flecte-
ret, quocumque coepisset, sui nemo ipse tam simi-
lis esset quam omnes essent omnium. Itaque quaecumque est hominis definitio, una in omnis valet.
Quod argumenti satis est nullam dissimilitudinem   30
esse in genere. Quae si esset, non una omnis definitio contineret. Etenim ratio, qua una praestamus
beluis, per quam coniectura valemus, argumenta-
mur, refellimus, disserimus, conficimus aliquid,
concludimus, certe est communis doctrina diffe-
rens, discendi quidem facultate par. Nam et sensibus eadem omnia conprehenduntur, et ea quae
movent sensus, itidem movent omnium, quaeque
in animis inprimuntur, de quibus ante dixi, in-
choatae intellegentiae, similiter in omnibus inprimuntur, interpresque mentis oratio verbis discrepat, sententiis congruens. Nec est quisquam gentis
ullius, qui ducem nactus ad virtutem pervenire
non possit.

in der wissenschaftlichen Diskussion erörtert wird, ist wirklich nichts bedeutsamer, als ganz einfach zu begreifen, daß wir Menschen zur Gerechtigkeit geboren sind und die Grundlage des Rechts nicht in einer subjektiven Meinung, sondern in der Natur liegt. Das wird unmittelbar einsichtig, wenn man die Gemeinschaft der Menschen miteinander und ihre Verbindung durchschaut. (29) Denn nichts ist einem anderen so ähnlich, so gleich, wie wir selbst es alle untereinander sind. Wenn nun die Abartigkeit der Lebensgewohnheiten und die Nichtigkeit der Meinungen die schwachen Seelen nicht vom rechten Weg abbrächten und in eine Richtung drängten, in die sie sie schon seit langem zu lenken begannen, dann wäre niemand sich selbst so ähnlich, wie jeder einzelne jedem anderen. Deshalb gilt jede beliebige Definition des Menschen für alle gemeinsam. (30) Das ist ein hinreichender Beweis dafür, daß es keine Unterschiede innerhalb der menschlichen Gattung gibt. Wäre dies der Fall, so träfe eine einzige Definition nicht auf alle zu. Denn die Vernunft, durch die allein wir den wilden Tieren überlegen sind und mit deren Hilfe wir uns auf Vermutungen stützen können, Beweise führen, widerlegen, Erörterungen anstellen, etwas zu Ende denken und Schlußfolgerungen ziehen, ist gewiß allen gemeinsam; obwohl sie dem Grad ihrer Ausbildung nach unterschiedlich entwickelt ist, so ist sie doch hinsichtlich ihrer Lernfähigkeit gleich. Denn die sinnliche Wahrnehmung ist bei allen Menschen dieselbe, und alles, was die Sinne anspricht, spricht jeden auf dieselbe Weise an, und was sich in unser Bewußtsein einprägt, worüber ich vorhin gesprochen habe, die noch unfertigen Vorstellungen, prägt sich auf ähnliche Weise bei jedem ein, und die Sprache, die Vermittlerin des Geistes, unterscheidet sich zwar in der Wahl der Worte, in ihrem Bedeutungsgehalt ist sie jedoch einheitlich. Und es gibt keinen Menschen auf dieser Welt, der nicht zur Entfaltung seiner Möglichkeiten gelangen kann, wenn er nur ein entsprechendes Leitbild gefunden hat.

Nec solum in rectis, sed etiam in pravitatibus **XI**
insignis est humani generis similitudo. Nam et vo- 31
luptate capiuntur omnes, quae, etsi est inlecebra
turpitudinis, tamen habet quiddam simile naturalis
boni; levitate est enim et suavitate delectans. Sic ab
errore mentis tamquam salutare aliquid adscisci-
tur, similique inscitia mors fugitur quasi dissolutio
naturae, vita expetitur, quia nos, in quo nati sumus, continet, dolor in maximis malis ducitur,
cum sua asperitate, tum quod naturae interitus videtur sequi; propterque honestatis et gloriae simi- 32
litudinem beati, qui honorati sunt, videntur, mise-
ri autem, qui sunt inglorii. Molestiae, laetitiae, cu-
piditates, timores similiter omnium mentes per-
vagantur, nec si opiniones aliae sunt apud alios,
idcirco, qui canem et felem ut deos colunt, non
eadem superstitione qua ceterae gentes conflictan-
tur. Quae autem natio non comitatem, non beni-
gnitatem, non gratum animum et beneficii memo-
rem diligit? Quae superbos, quae maleficos, quae
crudeles, quae ingratos non aspernatur, non odit?
Quibus ex rebus cum omne genus hominum socia-
tum inter se esse intellegatur, illud extremum est,
quod recte vivendi ratio omnis meliores efficit.
Quae si adprobatis, pergamus ad reliqua; sin quid
requiritis, id explicemus prius.

ATTICUS. Nos vero nihil, ut pro utroque re-
spondeam.
MARCUS. Sequitur igitur ad participandum **XII**
alium ab alio communicandumque inter omnes ius 33
nos natura esse factos. Atque hoc in omni hac dis-

(31) Aber nicht nur im richtigen Verhalten, sondern auch im Fehlverhalten stimmt die menschliche Gattung deutlich überein. Denn alle empfinden auch Lust: Obwohl sie zu schändlichen Taten verführen kann, hat sie doch eine gewisse Ähnlichkeit mit einem natürlichen Wert; denn sie erfreut durch Leichtigkeit und Wohlgefühl. So wird sie aufgrund eines Fehlurteils als etwas Heilsames gebilligt, und aus ähnlicher Unkenntnis hat man Angst vor dem Tod, als ob er die Auflösung der Natur sei. Man will am Leben bleiben, weil es uns in dem Zustand erhält, in dem wir auf die Welt gekommen sind. Man zählt den Schmerz zu den größten Übeln, einmal aufgrund seiner Bitterkeit, doch dann auch vor allem deshalb, weil er anscheinend die Zerstörung der Natur zur Folge hat; (32) und aufgrund der engen Beziehung zwischen Sittlichkeit und Ansehen gelten diejenigen als glücklich, die Anerkennung erfahren haben, während diejenigen, die nicht angesehen sind, als unglücklich gelten. Ärger, Freude, Bedürfnisse und Ängste bestimmen die Empfindungen aller Menschen gleichermaßen, und wenn auch die Überzeugungen im einzelnen verschieden sind, so sind deshalb diejenigen, die Hund und Katze als Götter verehren, von keinem anderen Aberglauben befallen als die übrigen Völker. Aber welches Volk liebt nicht Nachgiebigkeit, Güte, Liebenswürdigkeit und Dankbarkeit? Und welches Volk lehnt nicht die Überheblichen, die Übeltäter, die Grausamen und die Undankbaren ab und haßt sie? Da an diesen Tatsachen deutlich wird, daß die ganze Menschheit miteinander verbunden ist, läuft alles darauf hinaus, daß die Lehre von der richtigen Lebensführung alle besser macht. Wenn ihr diesen Ausführungen zustimmt, wollen wir auf die noch offenen Fragen eingehen; wenn ihr aber noch etwas erläutert haben wollt, wollen wir dies zuvor klären.

ATTICUS: Wir haben aber wirklich keine Frage mehr, um für uns beide zu antworten.

(33) MARCUS: Daraus folgt also, daß wir Menschen von Natur aus dazu bestimmt sind, das Recht miteinander zu teilen und es auch allen anderen zu gewähren. Und ich wün-

putatione sic intellegi volo, ius quod dicam natura esse, tantam autem esse corruptelam malae consuetudinis, ut ab ea tamquam igniculi exstinguantur a natura dati, exorianturque et confirmentur vitia contraria. Quodsi, quo modo est natura, sic iudicio homines humani – ut ait poeta – nihil a se alienum putarent, coleretur ius aeque ab omnibus. Quibus enim ratio a natura data est, isdem etiam recta ratio data est; ergo et lex, quae est recta ratio in iubendo et vetando; si lex, ius quoque. Et omnibus ratio: ius igitur datum est omnibus, recteque Socrates exsecrari eum solebat, qui primus utilitatem a iure seiunxisset; id enim querebatur caput esse exitiorum omnium. Unde enim illa Pythagorea vox de amicitia? ...

(Nunc autem mali sunt ignoratione recti ac boni. Quod quidem Cicero vidit; disputans enim de legibus „Sicut una" inquit „eademque natura mundus omnibus partibus inter se congruentibus cohaeret ac nititur, sic omnes homines inter se natura confusi pravitate dissentiunt, neque se intellegunt esse consanguineos et subiectos omnes sub unam eandemque tutelam. Quod si teneretur, deorum profecto vitam homines viverent".)
[...]

Ex quo perspicitur, quom hanc benivolentiam tam late longeque diffusam vir sapiens in aliquem pari virtute praeditum contulerit, tum illud effici, quod quibusdam incredibile videatur, sit autem necessarium, uti nihilo sepse plus quam alterum

sche mir, daß dies in dem Gespräch, das wir hier führen, durchgehend so verstanden wird: Das, was ich Recht nenne, ist zwar von Natur aus vorhanden, das Übel der schlechten Gewohnheit ist aber so groß, daß dadurch seine natürlichen Ansätze sozusagen im Keim erstickt werden und Fehler mit entgegengesetzter Wirkung entstehen und sich festsetzen. Wenn aber die Menschen in Übereinstimmung mit der Natur auch zu der Überzeugung kämen, daß ihnen – wie der Dichter sagt – nichts Menschliches fremd ist, dann würde das Recht von allen gleichermaßen geachtet. Denn wem die Natur Vernunft gab, dem gab sie ebenso auch die richtige Vernunft; also gab sie ihm auch das Gesetz, das die richtige Vernunft auf dem Gebiet des Befehlens und Verbietens ist; wenn das Gesetz, dann auch das Recht. Und alle besitzen die Vernunft: Demnach ist allen das Recht gegeben, und Sokrates pflegte denjenigen mit Recht zu verwünschen, der als erster die Nützlichkeit vom Recht getrennt hatte; er beklagte nämlich, daß dies der Ursprung allen Unglücks sei. Woher stammt denn jenes pythagoreische Wort über die Freundschaft?

(Jetzt aber sind sie schlecht, weil sie das Rechte und das Gute nicht kennen. Das sah freilich schon Cicero; im Rahmen seiner Erörterungen über die Gesetze sagte er:

Wie die ganze Welt aufgrund ein und derselben Natur zusammenhängt und Bestand hat, wobei alle ihre Teile miteinander übereinstimmen, so sind auch alle Menschen von Natur aus zwar eng miteinander verbunden, aber aufgrund ihrer Schlechtigkeit uneinig und sehen nicht ein, daß sie alle miteinander verwandt sind und unter ein und demselben Schutz stehen. Wenn man daran festhielte, dann würden die Menschen wirklich das Leben von Göttern führen.)

[...]

(34) Daraus ergibt sich folgendes: Wenn ein Weiser wirklich dieses so weithin wirkende Wohlwollen jemandem entgegenbringt, der über die gleiche Tugend verfügt, dann entsteht das, was manchen Leuten unglaublich erscheint, aber unausweichlich ist, daß er sich selbst nämlich keinesfalls

diligat: quid enim est, quod differat, quom sint
cuncta paria? Quod si interesse quippiam tantu-
lum modo potuerit in amicitia, amicitiae nomen
iam occiderit, cuius est ea vis, ut, simulatque sibi
aliquid alter quam alteri maluerit, nulla sit.

Quae praemuniuntur omnia reliquo sermoni
disputationique nostrae, quo facilius ius in natura
esse positum intellegi possit. De quo quom perpauca dixero, tum ad ius civile veniam, ex quo
haec omnis est nata oratio.

QUINTUS. Tu vero iam perpauca scilicet. Ex his
enim, quae dixisti, Attico videtur, mihi quidem
certe ex natura ortum esse ius.

ATTICUS. An mihi aliter videri possit, cum haec
iam perfecta sint, primum quasi muneribus deorum nos esse instructos et ornatos, secundo autem
loco unam esse hominum inter ipsos vivendi pa-
rem communemque rationem, deinde omnes inter
se naturali quadam indulgentia et benivolentia,
tum etiam societate iuris contineri? Quae quom
vera esse recte ut arbitror concesserimus, qui iam
licet nobis a natura leges et iura seiungere?

MARCUS. Recte dicis, et res se sic habet. Verum
philosophorum more, non veterum quidem illo-
rum, sed eorum qui quasi officinas instruxerunt
sapientiae, quae fuse olim disputabantur ac libere,
ea nunc articulatim distincta dicuntur. Nec enim
satis fieri censent huic loco, qui nunc est in mani-
bus, nisi separatim hoc ipsum, natura esse ius,
disputarint.

mehr liebt als den anderen: Was kann sich denn noch unterscheiden, wenn alles gleich ist? Wenn also in einer Freundschaft auch nur der geringste Unterschied sein könnte, dann ließe sich nicht mehr von Freundschaft sprechen, deren Wesen darin besteht, daß sie nicht mehr existiert, sobald der eine für sich selbst etwas lieber will als für den anderen.

Alle diese Gedanken werden dem folgenden Gespräch und unserer Erörterung vorausgeschickt, damit man um so leichter versteht, daß das Recht in der Natur begründet ist. Wenn ich darauf nur noch ganz kurz eingegangen bin, werde ich ausschließlich auf das Zivilrecht zu sprechen kommen, von dem alle unsere Überlegungen hier ausgegangen waren.

QUINTUS: Du kannst dich jetzt wirklich sehr kurz fassen. Denn nach allem, was du schon gesagt hast, ist es Atticus offensichtlich und mir ganz bestimmt klar, daß das Recht aus der Natur hervorgegangen ist.

(35) ATTICUS: Könnte ich es denn anders sehen, da dieses Thema doch schon abgeschlossen ist? Erstens, daß wir sozusagen mit den Geschenken der Götter ausgestattet und ausgerüstet wurden; zweitens, daß es für die Menschen nur eine einzige, eine gleiche und gemeinsame Form des Lebens miteinander gibt; drittens, daß alle in einer Art natürlicher Rücksichtnahme und Zuneigung und dann auch in der Gemeinsamkeit des Rechts zusammengehalten werden? Da wir, wie ich meine, mit Recht eingeräumt haben, daß dies wahr ist – wie kann es uns da noch möglich sein, Gesetze und Rechtsnormen von der Natur zu trennen?

(36) MARCUS: Du hast recht, und die Sache verhält sich so. Aber jetzt werden nach Art der Philosophen – allerdings nicht jener alten, sondern derjenigen, die so etwas wie Weisheitswerkstätten eingerichtet haben – die Probleme, die bisher zwanglos und unverbindlich erörtert wurden, Punkt für Punkt in strenger Gliederung abgehandelt. Denn sie sind der Überzeugung, daß sie diesem Thema, mit dem wir uns gerade befassen, nur dann gerecht würden, wenn sie den Grundsatz, daß das Recht von Natur aus vorhanden sei, für sich allein erörterten.

ATTICUS. Et scilicet tua libertas disserendi amissa est, aut tu is et, qui in disputando non tuum iudicium sequare, sed auctoritati aliorum pareas!

MARCUS. Non semper, Tite, sed iter huius sermonis, quod sit, vides: ad res publicas firmandas et ad stabilienda iura sanandosque populos omnis nostra pergit oratio. Quocirca vereor committere, ut non bene provisa et diligenter explorata principia ponantur, nec tamen ut omnibus probentur – nam id fieri non potest –, sed ut eis, qui omnia recta atque honesta per se expetenda duxerunt, et aut nihil omnino in bonis numerandum, nisi quod per se ipsum laudabile esset, aut certe nullum habendum magnum bonum, nisi quod vere laudari sua sponte posset: iis omnibus, sive in Academia vetere cum Speusippo Xenocrate Polemone manserunt, sive Aristotelem et Theophrastum, cum illis congruentis re, genere docendi paulum differentis, secuti sunt, sive, ut Zenoni visum est, rebus non commutatis inmutaverunt vocabula, sive etiam Aristonis difficilem atque arduam, sed iam tamen fractam et convictam sectam secuti sunt, ut virtutibus exceptis atque vitiis cetera in summa aequalitate ponerent: iis omnibus haec, quae dixi, probantur; sibi autem indulgentis et corpori deservientis, atque omnia, quae sequantur in vita quaeque fugiant, voluptatibus et doloribus ponderantis, etiam si vera dicunt – nihil enim opus est hoc loco litibus –, in hortulis suis iubeamus dicere,

37

38

39

ATTICUS: Offensichtlich hast du deine Unabhängigkeit in der Erörterung aufgegeben oder du bist jetzt so weit gekommen, daß du während des Gesprächs nicht mehr deinem eigenen Urteil folgst, sondern dich fremden Autoritäten unterwirfst.

(37) MARCUS: Nicht immer, Titus, aber du siehst, welchen Verlauf dieses Gespräch nimmt: All unser Reden zielt auf die Festigung der Staaten, die Sicherung der Rechtsnormen und das Wohl der Völker. Deshalb scheue ich mich, es dahin kommen zu lassen, daß Grundlagen gelegt werden, die zuvor nicht gut genug durchdacht und nicht sorgfältig erforscht sind, allerdings nicht so weit, daß sie von allen anerkannt werden – denn das ist ausgeschlossen –, sondern nur von denjenigen, die die Überzeugung vertraten, daß alles Rechte und Anständige um seiner selbst willen erstrebenswert sei und daß entweder gar nichts zu den Gütern zu rechnen sei außer dem, was allein durch sich selbst schon lobenswert sei, oder daß bestimmt nichts für ein großes Gut zu halten sei, was nicht für sich allein schon aufrichtig gelobt werden könnte: (38) Von allen diesen – ob sie nun in der alten Akademie zusammen mit Speusipp, Xenokrates und Polemon geblieben sind oder Aristoteles und Theophrast folgten, die mit jenen in der Sache zwar übereinstimmten, in der Lehrmethode jedoch ein wenig von ihnen abwichen, oder die, wie es Zenon für richtig hielt, ohne Veränderung der Inhalte nur die Begriffe austauschten oder sogar der schwierigen und nicht leicht zugänglichen, aber doch schon überwundenen und widerlegten Lehre des Ariston gefolgt sind, so daß sie alles außer den Tugenden und Lastern auf die Ebene vollkommener Gleichheit stellten – von allen diesen werden meine Ausführungen gebilligt. (39) Diejenigen aber, die sich selbst gegenüber nachsichtig sind, ihrer Leiblichkeit dienen und alles im Leben, was sie erstreben und meiden, unter dem Gesichtspunkt von Lust und Schmerz bewerten, wollen wir auffordern, auch wenn sie die Wahrheit sagen – denn an dieser Stelle können wir keinen Streit gebrauchen –, in ihren Gärtchen Reden zu halten, und wir wollen sie

atque etiam ab omni societate rei publicae, quoius
partem nec norunt ullam neque umquam nosse
voluerunt, paulisper facessant rogemus. Perturba-
tricem autem harum omnium rerum Academiam,
hanc ab Arcesila et Carneade recentem, exoremus,
ut sileat. Nam si invaserit in haec, quae satis scite
nobis instructa et conposita videntur, nimias edet
ruinas. Quam quidem ego placare cupio, submo-
vere non audeo.

... nam et in iis sine illius suffimentis expiati
sumus. At vero scelerum in homines atque in deos
inpietatum nulla expiatio est. Itaque poenas luunt,
non tam iudiciis – quae quondam nusquam erant,
hodie multifariam nulla sunt, ubi sunt tamen, persaepe falsa sunt –, at eos agitant insectanturque
Furiae, non ardentibus taedis sicut in fabulis, sed
angore conscientiae fraudisque cruciatu. Quodsi
homines ab iniuria poena, non natura arcere debe-
ret, quaenam sollicitudo vexaret impios sublato
suppliciorum metu? Quorum tamen nemo tam audax umquam fuit, quin aut abnueret a se commissum esse facinus, aut iusti sui doloris causam aliquam fingeret, defensionemque facinoris a naturae
iure aliquo quaereret. Quae si appellare audent inpii, quo tandem studio colentur a bonis! Quodsi
poena, si metus supplicii, non ipsa turpitudo de-
terret ab iniuriosa facinerosaque vita, nemo est
iniustus, aut incauti potius habendi sunt inprobi.

XIV

40

bitten, für ein Weilchen von jeder Beteiligung am Staat, von
dem sie irgendeinen Teilbereich weder kennenlernten noch
genauer kennenlernen wollten, Abstand zu nehmen. Die
philosophische Schule jedoch, die alle diese Dinge durchein-
anderbringt, die neue Akademie eines Arkesilaos und Karneades, wollen wir dringend bitten zu schweigen. Denn
wenn sie in den Gedankengang eindringt, der uns hinreichend sachverständig aufgebaut und angeordnet erscheint,
wird sie ein zu großes Durcheinander hervorrufen. Ich
möchte sie allerdings nur beruhigen und wage es nicht, sie
fortzudrängen.

(40) (...) denn auch in diesem Falle sind wir ohne sein
Räucherwerk von allen Fehlern freigesprochen. Aber für
Verbrechen an Menschen und für Pflichtvergessenheit gegenüber Göttern gibt es keine Sühne. Deshalb zahlen sie ihre
Strafen nicht so sehr aufgrund von Gerichtsurteilen – die es
einstmals nirgendwo gab und heute noch an vielen Orten
nicht gibt und, wo sie trotzdem existieren, sehr häufig falsch
sind –, sondern die Furien jagen und verfolgen sie, nicht mit
brennenden Fackeln wie auf der Bühne, sondern mit dem
schlechten Gewissen und dem qualvollen Bewußtsein der
verbrecherischen Tat. Wenn also nur die Strafe, nicht aber
die natürliche Veranlagung die Menschen vom Unrechttun
abhalten müßte, welche Angst würde dann die Übeltäter
noch quälen, sobald die Furcht vor Bestrafung wegfiele?
Doch keiner von ihnen war jemals so frech, daß er entweder
eine von ihm begangene Schandtat nicht abstritt oder sie
nicht mit einem ihm selbst angetanen Leid begründete und
die Rechtfertigung der Tat auf irgendein Naturrecht zu stützen versuchte. Wenn schon die Übeltäter diese Gründe zu
nennen wagen – mit welcher Sorgfalt werden sie dann erst
von den Rechtschaffenen beachtet! Wenn aber nur die
schmerzhaften Folgen und die Furcht vor Bestrafung und
nicht die Schändlichkeit als solche von einem ungerechten
und verbrecherischen Leben abschreckt, dann ist niemand
ungerecht, oder man hat nur diejenigen für Übeltäter zu
halten, die sich erwischen lassen. (41) Dann aber sind wir,

Tum autem qui non ipso honesto movemur, ut   41
boni viri simus, sed utilitate aliqua atque fructu,
callidi sumus, non boni. Nam quid faciet is homo
in tenebris, qui nihil timet nisi testem et iudicem?
Quid in deserto quo loco nactus quem multo auro
spoliare possit, inbecillum atque solum? Noster
quidem hic natura iustus vir ac bonus etiam conlo-
quetur, iuvabit, in viam deducet. Is vero qui nihil
alterius causa facit et metitur suis commodis omnia, videtis credo quid sit acturus! Quodsi negabit
se illi vitam erepturum et aurum ablaturum, numquam ob eam causam negabit, quod id natura turpe iudicet, sed quod metuat, ne emanet, id est ne
malum habeat. O rem dignam, in qua non modo
docti, sed etiam agrestes erubescant!

Iam vero illud stultissimum, existimare omnia   XV
iusta esse, quae scita sint in populorum institutis   42
aut legibus. Etiamne si quae leges sint tyranno-
rum? Si triginta illi Athenis leges inponere voluissent, aut si omnes Athenienses delectarentur ty-
rannicis legibus, num idcirco eae leges iustae habe-
rentur? Nihilo credo magis illa, quam interrex
noster tulit, ut dictator, quem vellet civium vel
indicta causa inpune posset occidere. Est enim
unum ius, quo devincta est hominum societas et
quod lex constituit una, quae lex est recta ratio
imperandi atque prohibendi. Quam qui ignorat, is
est iniustus, sive est illa scripta uspiam sive nusquam. Quodsi iustitia est obtemperatio scriptis le-

die wir nicht durch die Anständigkeit als solche dazu veranlaßt werden, gute Menschen zu sein, sondern durch irgendeinen Nutzen und Gewinn, nur klug und nicht rechtschaf-
fen. Denn was wird dieser Mensch, der nichts außer einem
Zeugen und einem Richter fürchtet, im Dunklen tun? Was
wird er tun, wenn er einen Wehrlosen ganz allein an einer
einsamen Stelle trifft, dem er viel Geld rauben könnte? Der
von Natur aus gerechte und rechtschaffene Mensch, um den
es uns hier geht, wird ganz bestimmt mit ihm sprechen, ihm
helfen und ihn auf den richtigen Weg führen. Doch derjenige, der nichts zum Wohle eines anderen tut und alles nur
an seinem Vorteil mißt – ich glaube, ihr seht schon, was er
tun wird. Wenn er auch leugnen wird, jenem das Leben
nehmen und das Geld rauben zu wollen, so wird er es doch
niemals aus dem Grunde leugnen, weil er dies für eine von
Natur aus schändliche Tat hält, sondern weil er fürchtet, daß
es herauskommt, das heißt, daß er dafür bestraft wird. Was
ist das für eine Sache, bei der nicht nur gebildete, sondern
auch einfache Menschen rot werden!

(42) Das aber ist wirklich äußerst töricht: zu glauben,
alles sei gerecht, was in Bestimmungen und Gesetzen der
Völker festgelegt ist. Etwa auch, wenn es irgendwelche
Gesetze von Tyrannen sind? Wenn jene Dreißig in Athen
die Absicht gehabt hätten, den Bürgern Gesetze aufzuzwin-
gen, oder alle Athener an den Gesetzen der Tyrannen ihre
Freude gehabt hätten, hielte man diese Gesetze deshalb etwa
für gerecht? Meines Erachtens genauso wenig wie das
Gesetz, das unser „Zwischenkönig" zu dem Zweck einbrachte, daß der Dictator jeden beliebigen Bürger sogar
ohne vorheriges Verhör ungestraft töten konnte. Es gibt
nämlich nur ein einziges Recht, dem die menschliche
Gemeinschaft verpflichtet ist und dem ein einziges Gesetz
eine Grundlage gibt: Dieses Gesetz ist die richtige Vernunft
im Bereich des Befehlens und Verbietens. Wer dieses Gesetz
nicht kennt, ist ungerecht, ob es nun irgendwo aufgeschrieben ist oder nicht. Wenn aber Gerechtigkeit Gehorsam
gegenüber geschriebenen Gesetzen und Bestimmungen der

gibus institutisque populorum, et si, ut eidem dicunt, utilitate omnia metienda sunt, negleget leges
easque perrumpet, si poterit is, qui sibi eam rem
fructuosam putabit fore. Ita fit, ut nulla sit omnino
iustitia, si neque natura est, eaque quae propter
utilitatem constituitur, utilitate illa convellitur, ut-   43
que si natura confirmatura ius non erit, virtutes
omnes tollantur. Ubi enim liberalitas, ubi patriae
caritas, ubi pietas, ubi aut bene merendi de altero
aut referendae gratiae voluntas poterit existere?
Nam haec nascuntur ex eo, quod natura propensi
sumus ad diligendos homines, quod fundamentum
iuris est. Neque solum in homines obsequia, sed
etiam in deos caerimoniae religionesque tollentur,
quas non metu, sed ea coniunctione, quae est homini cum deo, conservandas puto. Quodsi popu-   XVI
lorum iussis, si principum decretis, si sententiis
iudicum iura constituerentur, ius esset latrocinari,
ius adulterare, ius testamenta falsa supponere, si
haec suffragiis aut scitis multitudinis probarentur.
Quae si tanta potestas est stultorum sententiis at-   44
que iussis, ut eorum suffragiis rerum natura verta-
tur, cur non sanciunt, ut, quae mala perniciosaque
sunt, habeantur pro bonis et salutaribus? Aut cur
cum ius ex iniuria lex facere possit, bonum eadem
facere non possit ex malo? Atqui nos legem bonam
a mala nulla alia nisi naturae norma dividere possumus. Nec solum ius et iniuria natura diiudicatur,

Völker ist und wenn, wie dieselben Leute sagen, alles an seinem Nutzen zu messen ist, dann wird jeder die Gesetze mißachten und brechen, falls er es kann, der glaubt, daß ihm dieses Verhalten Gewinn bringen wird. Folglich gibt es überhaupt keine Gerechtigkeit, wenn sie nicht von Natur aus vorhanden ist, und die Gerechtigkeit, die auf der Nützlichkeit beruht, wird durch eben jene Nützlichkeit zunichte gemacht; (43) und ebenso gehen alle Tugenden verloren, wenn die Natur das Recht nicht festigt. Wo werden denn Großzügigkeit, Liebe zur Heimat, Pflichtbewußtsein und die Bereitschaft, entweder seinen Mitmenschen Gutes zu tun oder Dankbarkeit zu zeigen, entstehen können? Denn diese Einstellungen beruhen darauf, daß wir von Natur aus dazu veranlagt sind, unsere Mitmenschen zu lieben, was die Grundlage des Rechts ist. Und nicht nur die Verpflichtungen gegenüber den Menschen werden beseitigt, sondern auch die Ehrfurcht und die Achtung vor den Göttern, die meiner Meinung nach nicht aus Furcht, sondern aufgrund der zwischen Gott und den Menschen bestehenden Verbindung zu bewahren sind. Würde sich aber das Recht nur auf die Weisungen der Völker, die Anordnungen der Verantwortlichen und die Entscheidungen der Richter stützen, dann wäre es Recht zu rauben, die Ehe zu brechen und Testamente zu fälschen, wenn dies nur durch Abstimmungen und Beschlüsse einer Mehrheit gebilligt würde. (44) Wenn die Entscheidungen und Anordnungen der Törichten so große Macht haben, daß durch deren Abstimmungen die natürlichen Gegebenheiten umgedreht werden, warum entscheiden sie dann nicht gleich, daß alles, was böse und verderblich ist, als gut und heilsam zu gelten habe? Oder wenn ein Gesetz aus Unrecht Recht machen könnte, warum könnte es dann nicht ebenso aus Bösem Gutes machen? Doch wir können ein gutes Gesetz von einem schlechten nur dann unterscheiden, wenn wir den Maßstab der Natur anlegen. Aber nicht nur Recht und Unrecht werden unter Bezugnahme auf die Natur voneinander abgehoben, sondern überhaupt alles sittlich Gute und alles Ver-

sed omnino omnia honesta et turpia. Nam ita
communis intellegentias nobis natura efficit easque in animis nostris inchoavit, ut honesta in virtute ponantur, in vitiis turpia. Ea autem in opinione existimare, non in natura posita dementis est.
Nam nec arboris nec equi virtus, quae dicitur (in
quo abutimur nomine) in opinione sita est, sed in
natura. Quod si ita est, honesta quoque et turpia
natura diiudicanda sunt. Nam si opinione universa
virtus, eadem eius etiam partes probarentur. Quis
igitur prudentem et ut ita dicam catum non ex
ipsius habitu, sed ex aliqua re externa iudicet? Est
enim virtus perfecta ratio, quod certe in natura est:
igitur omnis honestas eodem modo. Nam ut vera
et falsa, ut consequentia et contraria sua sponte,
non aliena iudicantur, sic constans et perpetua ratio vitae, quae virtus est, itemque inconstantia,
quod est vitium, sua natura iudicabitur. An arboris
aut equi ingenium natura probabimus, ingenia iu-
venum non item? An ingenia natura, virtutes et
vitia, quae existunt ab ingeniis, aliter iudicabun-
tur? An ea non aliter, honesta et turpia non ad
naturam referri necesse erit? Quod laudabile bonum est, in se habeat, quod laudetur, necesse est;
ipsum enim bonum non est opinionibus, sed natura. Nam ni ita esset, beati quoque opinione essent, quo quid dici potest stultius? Quare quom et

45

XVI

46

werfliche. Denn die Natur hat allgemeine Vorstellungen für
uns hervorgebracht und so in unseren Seelen angelegt, daß
das sittlich Gute in der Tugend und das Verwerfliche im
Fehlverhalten verwirklicht wird. (45) Aber anzunehmen,
daß dies auf bloßer Meinung beruhe und nicht den natürlichen Gegebenheiten entspreche, ist völlig abwegig. Denn
auch das, was wir im uneigentlichen Sinne des Wortes als die
„Tugend" eines Baumes oder eines Pferdes bezeichnen,
beruht nicht auf bloßer Meinung, sondern entspricht den
natürlichen Verhältnissen. Wenn dem aber so ist, dann muß
man auch das sittlich Gute und das Verwerfliche aufgrund
seiner Natur unterscheiden. Denn wenn man die Tugend
insgesamt aufgrund bloßer Meinung gutheißen würde, dann
träfe dies ebenso auf ihre einzelnen Erscheinungsformen
zu. Wer sollte aber einen Klugen und meinetwegen auch
Gescheiten nicht nach dem ihm eigentümlichen Wesen, sondern nach irgendeiner Äußerlichkeit beurteilen? Die Tugend
ist nämlich die vollkommene Vernunft, was gewiß auf der
Natur des Menschen beruht: Für die Sittlichkeit als ganze
gilt folglich dasselbe. Denn wie Wahres und Falsches, Folgerichtiges und Widersprüchliches nach eigenen, nicht nach
fremden Maßstäben beurteilt werden, so wird auch die
beständige und unablässige Bestimmung des Lebens durch
die Vernunft, das heißt die Tugend, und ebenso die Unbeständigkeit, das heißt die Lasterhaftigkeit, nach ihrer besonderen Natur beurteilt. Oder werden wir die Anlagen eines
Baumes oder Pferdes aufgrund ihrer Natur beurteilen, die
Anlagen junger Männer aber nicht genauso? (46) Oder werden die Anlagen nach der Natur, die Tugenden und Laster
aber, die aus den Anlagen hervorgehen, anders beurteilt?
Oder wird man diese nicht anders beurteilen und Sittliches
und Schändliches nicht auf die Natur beziehen müssen? Was
ein lobenswertes Gut ist, muß etwas in sich haben, weshalb
es gelobt wird. Das Gute selbst beruht nämlich nicht auf
bloßen Meinungen, sondern auf der Natur. Denn wenn es
nicht so wäre, gäbe es auch glückliche Menschen aufgrund
bloßer Meinung: Was kann man Törichteres sagen als dies?

bonum et malum natura iudicetur, et ea sint principia naturae, certe honesta quoque et turpia simili
ratione iudicanda et ad naturam referenda sunt.

Sed perturbat nos opinionum varietas homi-   47
numque dissensio, et quia non idem contingit in
sensibus, hos natura certos putamus, illa quae aliis
sic aliis secus nec isdem semper uno modo videntur, ficta esse dicimus. Quod est longe aliter. Nam
sensus nostros non parens, non nutrix, non magister, non poeta, non scaena depravat, non multitudinis consensus abducit a vero. Animis omnes
tenduntur insidiae, vel ab iis, quos modo enumera-
vi, qui teneros et rudes, quom acceperunt, infi-
ciunt et flectunt, ut volunt, vel ab ea, quae penitus
in omni sensu inplicata insidet, imitatrix boni voluptas, malorum autem mater omnium; quoius
blanditiis corrupti, quae natura bona sunt, quia
dulcedine hac et scabie carent, non cernunt satis.

Sequitur (ut conclusa mihi iam haec sit omnis   XVIII
oratio), id quod ante oculos ex iis est, quae dicta   48
sunt, et ius et omne honestum sua sponte esse expetendum. Etenim omnes viri boni ipsam aequita-
tem et ius ipsum amant, nec est viri boni errare et
diligere, quod per se non sit diligendum: per se
igitur ius est expetendum et colendum. Quod si
ius, etiam iustitia; sin ea, reliquae quoque virtutes
per se colendae sunt. Quid liberalitas? Gratuitane

Da aufgrund dessen das Gute und das Schlechte nach der Natur beurteilt werden und dies Grundkräfte der Natur sind, müssen gewiß auch das Sittliche und Schändliche auf vergleichbare Weise beurteilt und auf die Natur bezogen werden.

(47) Aber die Verschiedenheit der Meinungen und die Uneinigkeit der Menschen verwirren uns, und weil dasselbe nicht auf die Sinneswahrnehmungen zutrifft, halten wir diese für von Natur aus zuverlässig; jenes aber, was den einen so, den anderen anders und denselben nicht immer gleich erscheint, halten wir für Einbildung. Das ist in Wirklichkeit völlig anders. Denn unsere Sinne verdirbt kein Vater, keine Amme, kein Lehrer, kein Dichter und keine Bühne; die Einigkeit der Masse lenkt sie nicht von der Wahrheit ab. Den Seelen werden alle nur denkbaren Fallen gestellt: entweder von denen, die ich eben aufgezählt habe, die sie, wenn sie sie noch zart und unverbildet in Empfang genommen haben, vergiften und nach Belieben verbiegen, oder von der Macht, die sich tief im Innern jeder sinnlichen Wahrnehmung fest eingenistet hat, von der Lust, die das Gute nur vortäuscht, in Wirklichkeit aber die Mutter allen Übels ist; durch deren Schmeicheleien verdorben, erkennen die Menschen zu wenig, was von Natur aus gut ist, weil es diese Süße und diesen Reiz nicht besitzt.

(48) Es folgt nun die Feststellung (um jetzt diese ganze Darstellung als für mich abgeschlossen zu betrachten), was aufgrund der bisherigen Ausführungen offensichtlich ist: daß das Recht und alles sittlich Gute um ihrer selbst willen zu erstreben sind. Denn alle guten Menschen lieben die Gleichheit vor dem Gesetz als solche und das Recht als solches, und es ist ausgeschlossen, daß sich ein rechtschaffener Mensch irren und etwas achten kann, was nicht um seiner selbst willen zu achten ist: Demnach ist das Recht um seiner selbst willen zu wünschen und zu verwirklichen. Wenn aber das Recht, dann auch die Gerechtigkeit; wenn aber die Gerechtigkeit, dann müssen auch die übrigen Tugenden um ihrer selbst willen verwirklicht werden. Was ist mit der

est an mercennaria? Si quis sine praemio benignus
est, gratuita; si cum mercede, conducta. Nec est
dubium, quin is, qui liberalis benignusve dicitur,
officium, non fructum sequatur. Ergo item iustitia
nihil expetit praemii, nihil pretii: per se igitur expetitur, eademque omnium virtutum causa atque
sententia est. Atque etiam si emolumentis, non su-
apte vi virtus expetitur, una erit virtus, quae mali-
tia rectissime dicetur. Ut enim quisque maxume ad
suum commodum refert, quaecumque agit, ita minime est vir bonus, ut, qui virtutem praemio metiuntur, nullam virtutem nisi malitiam putent. Ubi
enim beneficus, si nemo alterius causa benigne facit? Ubi gratus, si non ipsi per se sunt grati, quoi
referunt gratiam? Ubi illa sancta amicitia, si non
ipse amicus per se amatur toto pectore, ut dicitur?
Qui etiam deserendus et abiciendus est desperatis
emolumentis et fructibus; quo quid potest dici inmanius? Quodsi amicitia per se colenda est, societas quoque hominum et aequalitas et iustitia per se
expetenda. Quod ni ita est, omnino iustitia nulla
est. Id enim iniustissimum ipsum est, iustitiae
mercedem quaerere.

49

Quid vero de modestia, quid de temperantia,
quid de continentia, quid de verecundia pudore
pudicitiaque dicemus? Infamiaene metu non esse
petulantis, an legum et iudiciorum? Innocentes ergo et verecundi sunt, ut bene audiant, et ut rumo-

XiX
50

Großzügigkeit? Ist sie uneigennützig oder kostet sie etwas?
Wenn jemand ohne Lohn gütig ist, dann ist sie uneigennützig; wenn aber mit Belohnung, dann hat sie ihren Preis. Es
steht außer Zweifel, daß derjenige, der großzügig und gütig
genannt wird, eine Pflicht zu erfüllen und nicht Gewinn zu
machen sucht. Folglich strebt auch die Gerechtigkeit keinesfalls nach einem Gewinn, nach einer Belohnung: sie wird
also um ihrer selbst willen erstrebt, und sie ist Grundlage
und Sinngebung aller Tugenden. (49) Und auch wenn man
die Tugend aufgrund ihrer Nützlichkeit und nicht um ihrer
selbst willen verwirklichen will, wird es nur eine einzige
„Tugend" geben, die man aber am besten als Schlechtigkeit
bezeichnet. Denn je mehr ein jeder alles, was er tut, auf
seinen Vorteil bezieht, desto weniger ist er ein rechtschaffener Mensch, so daß diejenigen, die die Tugend an ihrem
Lohn messen, nichts außer der Schlechtigkeit für eine
„Tugend" halten. Wo ist nämlich ein gütiger Mensch, wenn
niemand im Interesse seines Nächsten gütig handelt? Wo ist
ein dankbarer Mensch, wenn die Dankbaren nicht von sich
aus demjenigen dankbar sind, dem sie Dank abstatten? Wo
ist jene heilige Freundschaft, wenn der Freund nicht um
seiner selbst willen und von ganzem Herzen, wie man
sagt, geliebt wird? Man müßte ihn sogar verlassen und verstoßen, wenn keine Aussicht mehr auf Nutzen und Gewinn
besteht; was läßt sich Ungeheuerlicheres als dieses sagen?
Wenn aber die Freundschaft um ihrer selbst willen zu pflegen ist, dann sind auch die menschliche Gemeinschaft, die
Gleichheit vor dem Gesetz und die Gerechtigkeit um ihrer
selbst willen zu verwirklichen. Wenn es nicht so ist, dann
gibt es überhaupt keine Gerechtigkeit. Denn dies ist wirklich
das größte Unrecht, nach einem Lohn für die Gerechtigkeit
zu suchen.

(50) Was werden wir aber über die Bescheidenheit, die
Mäßigung, die Selbstbeherrschung, die Zurückhaltung, das
Schamgefühl und die Schamhaftigkeit sagen? Daß man aus
Furcht vor Schande oder vor Gesetzen und Gerichten nicht
über die Stränge schlägt? Man bleibt also unbescholten und

rem bonum colligant, erubescunt? Pudet iam loqui
de pudicitia ac me istorum philosophorum pudet,
qui ullum iudicium fieri nisi vitio ipso mutatum
putant. Quid enim? Possumus eos, qui a stupro   51
arcentur infamiae metu, pudicos dicere, quom ipsa
infamia propter rei turpitudinem consequatur?
Nam quid aut laudari rite aut vituperari potest, si
ab eius natura recesseris, quod aut laudandum aut
vituperandum putes? An corporis pravitates, si
erunt perinsignes, habebunt aliquid offensionis,
animi deformitas non habebit? Cuius turpitudo ex
ipsis vitiis facillime perspici potest. Quid enim
foedius avaritia, quid inmanius libidine, quid con-
temptius timiditate, quid abiectius tarditate et stultitia dici potest? Quid ergo? Eos, qui singulis vitiis
excellunt aut etiam pluribus, propter damna aut
detrimenta aut cruciatus aliquos miseros esse dicimus, an propter vim turpitudinemque vitiorum?
Quod item ad contrariam laudem in virtute dici
potest. Postremo si propter alias res virtus expeti-   52
tur, melius esse aliquid quam virtutem necesse est:
pecuniamne igitur an honores an formam an valetudinem? Quae et quom adsunt perparva sunt, et
quam diu adfutura sint, certum sciri nullo modo
potest. An id quod turpissimum dictu est, voluptatem? At in ea quidem spernenda et repudianda
virtus vel maxime cernitur.

Sed videtisne quanta series rerum sententiarum-
que sit, atque ut ex alio nectantur? Quin labebar
longius, nisi me retinuissem.

zurückhaltend, um seinen guten Ruf zu behalten, und man errötet, um Beifall zu bekommen? Ich schäme mich, auch noch über die Schamhaftigkeit zu sprechen, und ich schäme mich für diese Philosophen, die glauben, ein gerechtes Urteil komme nur dann zustande, wenn es nicht durch eine Schandtat verändert worden sei. (51) Was denn? Können wir etwa diejenigen, die sich der Unzucht enthalten, weil sie die Schande fürchten, als wirklich schamhaft bezeichnen, weil doch die Schande wegen der Häßlichkeit der Tat nicht ausbleibt? Denn was kann man mit gutem Recht loben oder tadeln, wenn man das Wesen der Sache aus den Augen verliert, die man für lobenswert oder tadelnswert hält? Oder werden nur die körperlichen Mängel, wenn sie besonders auffallen, irgendwie Anstoß erregen, die Entstellungen der Seele aber nicht? Ihre Häßlichkeit kann man am leichtesten am Fehlverhalten selbst erkennen. Was läßt sich nämlich Ekelhafteres als Habsucht, Abscheulicheres als Begierde, Verächtlicheres als Feigheit, Abstoßenderes als Trägheit und Dummheit nennen? Wie soll es also weitergehen? Sagen wir, daß alle, die durch einzelne oder auch mehrere Fehlhandlungen auffallen, aufgrund irgendwelcher Verluste, Schäden oder Strafen unglücklich sind, oder aufgrund der Wirkung und Häßlichkeit ihrer Fehler? Das läßt sich umgekehrt ebenso zum Ruhm der Tugend sagen. (52) Wenn man schließlich die Tugend um irgendwelcher anderer Zwecke willen erstrebt, muß es irgend etwas geben, das noch besser ist als die Tugend: also Geld, öffentliche Ämter, Schönheit oder Gesundheit? Diese Dinge haben einerseits, wenn sie vorhanden sind, keine besondere Bedeutung, und andererseits weiß man auf keinen Fall genau, wie lange sie zur Verfügung stehen werden. Oder etwa das, was sich am häßlichsten anhört, die Lust? Doch gerade wenn man diese verschmäht oder ablehnt, läßt man Tugend in besonderem Maße erkennen.

Aber seht ihr nicht, wie groß die Anzahl von Gegenständen und Meinungen ist und daß sich das eine an das andere knüpft? Ja, ich war schon dabei, noch weiter vom Thema abzukommen, wenn ich mich nicht zurückgehalten hätte.

QUINTUS. Quo tandem? Lubenter enim frater **XX**
cum ista oratione tecum prolaberer.

MARCUS. Ad finem bonorum, quo referuntur et
quoius adipiscendi causa sunt facienda omnia,
controversam rem et plenam dissensionis inter
doctissimos, sed aliquando tamen iudicandam.

ATTICUS. Qui istuc fieri potest L. Gellio 53
mortuo?
MARCUS. Quid tandem id ad rem?
ATTICUS. Quia me Athenis audire ex Phaedro
meo memini, Gellium familiarem tuum, quom pro
consule ex praetura in Graeciam venisset. Athenis
philosophos, qui tum erant, in locum unum con-
vocasse, ipsisque magno opere auctorem fuisse, ut
aliquando controversiarum aliquem facerent modum. Quodsi essent eo animo, ut nollent aetatem
in litibus conterere, posse rem convenire, et simul
operam suam illis esse pollicitum, si posset inter
eos aliquid convenire.

MARCUS. Ioculare istuc quidem Pomponi et a
multis saepe derisum. Sed ego plane vellem me
arbitrum inter antiquam Academiam et Zenonem
datum.
ATTICUS. Quo tandem istuc modo?
MARCUS. Quia de re una solum dissident, de
ceteris mirifice congruunt.

ATTICUS. Ain tandem? Unane est solum dissensio?
MARCUS. Quae quidem ad rem pertineat una: 54
quippe quom antiqui omne, quod secundum naturam esset, quo iuvaremur in vita, bonum esse
decreverint, hic nisi quod honestum esset non pu-
tarit bonum.

QUINTUS: Wohin wohl? Denn gern, mein Bruder, würde ich im Rahmen dieser Rede mit dir gemeinsam noch weiter vom Thema abkommen.

MARCUS: Wir würden zum höchsten Gut kommen, worauf alles bezogen wird und für dessen Verwirklichung man alles tun muß: eine durchaus umstrittene und unter den bedeutenden Gelehrten widersprüchlich erörterte, aber trotzdem irgendwann einmal zu entscheidende Frage.

(53) ATTICUS: Wie kann das noch geschehen, seit Lucius Gellius tot ist?

MARCUS: Was hat dies denn mit unserer Frage zu tun?

ATTICUS: Weil ich mich erinnere, von meinem lieben Phaidros gehört zu haben, daß dein Freund Gellius, als er nach Beendigung seiner Prätur als Proconsul nach Griechenland gekommen war, in Athen alle Philosophen, die damals lebten, an einen Ort zusammenrief und sie mit Nachdruck dazu aufforderte, irgendwann einmal ihren Streitigkeiten ein Ende zu setzen. Wenn sie nun vermeiden wollten, ihr Leben mit Streitereien zu vergeuden, könne man sich einigen, und er habe zugleich seine Unterstützung angeboten, falls es unter ihnen zu einer Einigung komme.

MARCUS: Diese Geschichte, Pomponius, ist zweifellos lustig, und viele haben schon oft darüber gelacht. Ich aber hätte mir nur gewünscht, ich wäre als Schiedsrichter zwischen der alten Akademie und Zenon eingesetzt worden.

ATTICUS: Wie ist denn das möglich?

MARCUS: Weil sie nur in einem einzigen Punkt voneinander abweichen, in allen anderen erstaunlicherweise übereinstimmen.

ATTICUS: Ist das dein Ernst? Gibt es nur einen einzigen Streitpunkt?

(54) MARCUS: Jedenfalls soweit es unser Thema betrifft, nur einen einzigen: Weil die Alten den Standpunkt vertraten, daß alles, was mit der Natur übereinstimme und wodurch wir im Leben einen Nutzen hätten, gut sei, Zenon dagegen nichts außer dem Sittlichen für gut hielt.

ATTICUS. Parvam vero controversiam dicis, at non eam, quae dirimat omnia?

MARCUS. Probe quidem sentires, si re ac non verbis dissiderent.

ATTICUS. Ergo adsentiris Antiocho familiari **XXI** meo – magistro enim non audeo dicere –, quocum vixi et qui me ex nostris paene convellit hortulis, deduxitque in Academiam perpauculis passibus.

MARCUS. Vir iste fuit ille quidem prudens et acutus et in suo genere perfectus, mihique ut scis familiaris, quoi tamen ego adsentiar in omnibus necne, mox videro. Hoc dico, controversiam totam istam posse sedari.

ATTICUS. Qui istuc tandem vides?

MARCUS. Quia si, ut Chius Aristo, dixisset so- 55 lum bonum esse, quod honestum esset, malumque quod turpe, ceteras res omnis plane paris, ac ne minimum quidem utrum adessent an abessent, interesse, valde a Xenocrate et Aristotele et ab illa Platonis familia discreparet, essetque inter eos de re maxima et de omni vivendi ratione dissensio. Nunc vero quom decus, quod antiqui summum bonum esse dixerant, hic solum bonum dicat, itemque dedecus illi summum malum, hic solum, divitias valetudinem pulchritudinem commodas res appellet, non bonas, paupertatem debilitatem dolorem incommodas, non malas, sentit idem, quod Xenocrates, quod Aristoteles, loquitur alio modo. Ex hac autem non rerum, sed verborum discordia controversia est nata de finibus, in qua,

ATTICUS: Doch hältst du diesen Streitpunkt für unbedeutend oder nicht vielmehr für einen, der alles auseinanderbringt?

MARCUS: Du hättest gewiß recht, wenn sie sich in der Sache und nicht in den Worten uneinig wären.

ATTICUS: Du würdest also meinem Freund Antiochos zustimmen – meinen Lehrer wage ich ihn nämlich nicht zu nennen –, mit dem ich zusammengelebt habe und der mich beinahe aus unseren Gärtchen herausgerissen und in ganz wenigen Schritten in die Akademie entführt hätte.

MARCUS: Dieser Mann war zwar klug und scharfsinnig und auf seinem Gebiet unübertrefflich, außerdem war er, wie du weißt, auch mein Freund; ob ich ihm jedoch in jeder Hinsicht zustimmen kann oder nicht, werde ich bald sehen. Ich behaupte nur, daß dieser ganze Streit geschlichtet werden kann.

ATTICUS: Wie siehst du das denn?

(55) MARCUS: Wenn Zenon nämlich, wie Ariston von Chios, gesagt hätte, daß allein das ein Gut sei, was sittlich gut sei, und allein das ein Übel sei, was sittlich schlecht sei, und alle übrigen Dinge ganz und gar gleich seien und nicht einmal der geringste Unterschied bestehe, ob sie nun vorhanden seien oder nicht, dann stimmte er mit Xenokrates, Aristoteles und der berühmten platonischen Akademie nicht überein, und es bestände zwischen ihnen eine Meinungsverschiedenheit über eine sehr bedeutende Angelegenheit und über die ganze Frage der richtigen Lebensführung. Doch da er jetzt die Sittlichkeit, die die Alten zum höchsten Gut erklärt hatten, als das einzige Gut bezeichnet und ebenso die Schändlichkeit, die jene für das höchste Übel gehalten hatten, als das einzige Übel bezeichnet, den Reichtum, die Gesundheit und die Schönheit hingegen hilfreiche, aber nicht sittlich gute Dinge nennt, in Armut, Krankheit und Schmerz lästige, aber nicht sittlich schlechte Dinge sieht, meint er dasselbe wie Xenokrates oder Aristoteles und sagt es nur mit anderen Worten. Aber aus dieser Uneinigkeit nicht in der Sache, sondern in der Formulierung ist ein Streit

quoniam usus capionem duodecim tabulae intra
quinque pedes esse noluerunt, depasci veterem
possessionem Academiae ab hoc acuto homine
non sinemus, nec Mamilia lege singuli, sed e XII
tres arbitri finis regemus.

ATTICUS. Quamnam igitur sententiam dicimus?   56
MARCUS. Requiri placere terminos quos Socrates pegerit, iisque parere.
QUINTUS. Praeclare frater iam nunc a te verba
usurpantur civilis iuris et legum, quo de genere
expecto disputationem tuam. Nam ista quidem
magna diiudicatio est, ut ex te ipso saepe cognovi.
Sed certe ita res se habet, ut aut ex natura vivere
summum bonum sit, id est vita modica et apta
virtute perfrui, aut naturam sequi et eius quasi lege
vivere, id est nihil, quantum in ipso sit, praetermit-
tere, quominus ea, quae natura postulet, consequatur; quod iterum hoc valet virtute tamquam
lege vivere. Quapropter hoc diiudicari nescio an
numquam, sed hoc sermone certe non potest, si
quidem id, quod suscepimus, perfecturi sumus.

MARCUS. At ego huc declinabam nec invitus.   **XXII**
                                                                     57
QUINTUS. Licebit alias. Nunc id agamus, quod
coepimus, quom praesertim ad id nihil pertineat
haec de summo malo bonoque dissensio.

MARCUS. Prudentissime Quinte dicis. Nam
quae a me adhuc dicta sunt ...
QUINTUS. ... nec Lycurgi leges neque Solonis
neque Charondae neque Zaleuci nec nostras duodecim tabulas nec plebiscita desidero, sed te existi-

über die Grenzen entstanden, in welchem wir es nicht zulassen werden, daß der alte Besitz der Akademie von diesem scharfsinnigen Mann abgeweidet wird, da ja die Zwölf Tafeln das Recht zur Besitzergreifung von Grundeigentum innerhalb der fünf Fuß nicht zugestehen wollten, und wir werden nicht nach der Lex Mamilia einzeln, sondern im Sinne der Zwölf Tafeln als Schiedsrichter zu dritt die Grenzen ziehen.

(56) ATTICUS: Welche Entscheidung treffen wir also?

MARCUS: Daß wir beschließen, die Grenzsteine zu suchen, die Sokrates gesetzt hat, und sie zu beachten.

QUINTUS: Ausgezeichnet, mein Bruder, schon jetzt benutzt du Begriffe aus dem Bereich des Zivilrechts und der Gesetze, worüber ich deine Erörterung erwarte. Denn dies ist zwar eine wichtige Entscheidung, wie ich es von dir selbst oft genug erfahren habe. Aber sicher verhält sich die Sache so, daß das höchste Gut darin besteht, entweder nach der Natur zu leben, das heißt ein maßvolles und von der Tugend bestimmtes Leben zu genießen, oder der Natur zu folgen und sozusagen nach ihrem Gesetz zu leben, das heißt nichts zu unterlassen, soweit es einem möglich ist, um das zu erreichen, was die Natur verlangt; das wiederum bedeutet, nach der Tugend wie nach einem Gesetz zu leben. Darum ist diese Frage möglicherweise niemals zu entscheiden, gewiß aber nicht in diesem Gespräch, jedenfalls wenn wir zu Ende bringen wollen, was wir uns vorgenommen haben.

(57) MARCUS: Aber ich habe mich nicht ungern auf diese Abschweifung eingelassen.

QUINTUS: Es wird ein anderes Mal möglich sein. Jetzt wollen wir uns mit dem befassen, was wir angefangen haben, zumal diese Meinungsverschiedenheit über das größte Übel und das höchste Gut gar nichts damit zu tun hat.

MARCUS: Das ist sehr vernünftig, Quintus. Denn was ich bisher gesagt habe (...)

QUINTUS: (...) Ich wünsche mir weder die Gesetze des Lykurg, des Solon, des Charondas oder des Zaleukos noch unsere Zwölf Tafeln oder unsere Volksbeschlüsse, sondern

mo cum populis tum etiam singulis hodierno sermone leges vivendi et disciplinam daturum.

MARCUS. Est huius vero disputationis Quinte   58
proprium id, quod expectas, atque utinam esset
etiam facultatis meae! Sed profecto ita se res habet,
ut, quoniam vitiorum emendatricem legem esse
oportet commendatricemque virtutum, ab ea vivendi doctrina ducatur. Ita fit, ut mater omnium
bonarum rerum sit sapientia, a quoius amore
Graeco verbo philosophia nomen invenit, qua nihil a dis inmortalibus uberius, nihil florentius, nihil praestabilius hominum vitae datum est. Haec
enim una nos cum ceteras res omnes, tum, quod
est difficillimum, docuit, ut nosmet ipsos noscere-
mus, cuius praecepti tanta vis et tanta sententia est,
ut ea non homini quoipiam, sed Delphico deo tribueretur. Nam qui se ipse norit, primum aliquid se   59
habere sentiet divinum ingeniumque in se suum
sicut simulacrum aliquod dicatum putabit, tantoque munere deorum semper dignum aliquid et faciet et sentiet, et quom se ipse perspexerit totum-
que temptarit, intelleget, quem ad modum a natura
subornatus in vitam venerit, quantaque instrumenta habeat ad obtinendam adipiscendamque sapientiam, quoniam principio rerum omnium quasi
adumbratas intellegentias animo ac mente conce-
perit, quibus inlustratis sapientia duce bonum virum et ob eam ipsam causam cernat se beatum   XXIII
fore. Nam quom animus cognitis perceptisque vir-   60
tutibus a corporis obsequio indulgentiaque disces-
serit, voluptatemque sicut labem aliquam dedeco-
ris oppresserit, omnemque mortis dolorisque

ich meine, du wirst sowohl den Völkern als auch besonders den einzelnen Menschen in unserem heutigen Gespräch Gesetze und eine Ordnung für die Lebensführung geben.

(58) MARCUS: In der Tat ist das, was du erwartest, der Kern dieser Erörterung, Quintus, und ich wünschte mir auch, dazu in der Lage zu sein. Aber da das Gesetz dazu dienen muß, falsches Verhalten auszumerzen und die Tugenden zu empfehlen, trifft es zweifellos zu, daß die Lehre vom richtigen Leben aus dem Gesetz hergeleitet wird. Dem entspricht, daß die Mutter aller guten Dinge die Weisheit ist; von der Liebe zur Weisheit hat die Philosophie im Griechischen ihren Namen bekommen; die unsterblichen Götter haben dem Leben der Menschen nichts geschenkt, was fruchtbarer, blühender und hervorragender ist als die Philosophie. Denn sie allein hat uns sowohl alle anderen Dinge als auch das Schwierigste, was es gibt, gelehrt: daß wir uns selbst erkennen sollen. Die Wirkung und Bedeutung dieser Vorschrift ist so groß, daß man sie nicht irgendeinem Menschen, sondern dem Gott von Delphi zuschrieb. (59) Denn wer sich selbst erkennt, wird zuerst feststellen, daß er etwas Göttliches in sich hat, und glauben, daß der Geist in ihm einem geweihten Götterbild gleicht, und stets so handeln und empfinden, wie es eines so bedeutenden göttlichen Geschenkes würdig ist, und wenn er sich selbst durchschaut und in jeder Hinsicht geprüft hat, wird er erkennen, wie er von der Natur ausgerüstet in das Leben getreten ist und welche mächtigen Mittel er besitzt, um die Weisheit zu erlangen und zu bewahren, da er von Anfang an gleichsam verhüllte Vorstellungen von allen Dingen in seine Seele und seinen Geist aufgenommen hat und, sobald diese Vorstellungen enthüllt sind, erkennt, daß er unter der Führung der Weisheit ein guter Mensch und eben darum auch glücklich sein wird. (60) Denn wenn sich die Seele, nachdem sie die Tugenden erkannt und erfaßt hat, dem Gehorsam und der Nachgiebigkeit dem Körper gegenüber entzieht, die Lust wie einen Schandfleck bekämpft, alle Furcht vor Tod und Schmerz überwindet, die Gemeinschaft der Liebe mit

timorem effugerit, societatemque caritatis coierit
cum suis, omnisque natura coniunctos suos duxe-
rit, cultumque deorum et puram religionem susce-
perit, et exacuerit illam ut oculorum sic ingenii
aciem ad bona seligenda et reicienda contraria,
quae virtus ex providendo est appellata prudentia,
quid eo dici aut cogitari poterit beatius? Idemque 61
quom caelum terras maria rerumque omnium naturam perspexerit, eaque unde generata, quo re-
cursura, quando, quo modo obitura, quid in iis
mortale et caducum, quid divinum aeternumque
sit, viderit, ipsumque ea moderantem et regentem
deum paene prenderit, seseque non humanis cir-
cumdatum moenibus popularem alicuius definit
loci, sed civem totius mundi quasi unius urbis
agnoverit, in hac ille magnificentia rerum, atque in
hoc conspectu et cognitione naturae, dii inmortales, quam se ipse noscet, quod Apollo praecepit
Pythius, quam contemnet, quam despiciet, quam
pro nihilo putabit ea, quae volgo dicuntur amplissima! Atque haec omnia quasi saepimento aliquo XXIV
vallabit disserendi ratione, veri et falsi iudicandi 62
scientia, et arte quadam intellegendi, quid quamque rem sequatur, et quid sit quoique contrarium.
Quomque se ad civilem societatem natum senserit,
non solum illa subtili disputatione sibi utendum
putabit, sed etiam fusa latius perpetua oratione,
qua regat populos, qua stabiliat leges, qua castiget
improbos, qua tueatur bonos, qua laudet claros
viros, qua praecepta salutis et laudis apte ad per-
suadendum edat suis civibus, qua hortari ad decus,
revocare a flagitio, consolari possit adflictos, facta-
que et consulta fortium et sapientium cum impro-

ihresgleichen eingeht, alle von Natur aus miteinander Verbundenen für ihresgleichen hält, die Verehrung der Götter und den reinen Gottesdienst aufnimmt und jene Schärfe ebenso der Augen wie des Geistes entwickelt, die erforderlich ist, um das Gute auszuwählen und das Gegenteil davon zurückzuweisen, eine Tugend, die nach dem Vorgang des klugen Voraussehens als „Voraussicht" bezeichnet wurde – was kann man noch nennen oder denken, das glücklicher wäre als diese Seele? (61) Und wenn dieselbe auch noch den Himmel, die Länder, die Meere und die Natur aller Dinge durchschaut und sieht, woraus dies entstanden ist, wohin es zurückkehren wird, wann und auf welche Weise es vergehen wird, was darin sterblich und dem Verfall ausgeliefert, was göttlich und ewig ist, und Gott selbst, der dies alles lenkt und regiert, fast berührt und erkennt, daß er nicht der von menschlichen Mauern eingeschlossene Bewohner eines ganz bestimmten Ortes ist, sondern Bürger der ganzen Welt, die als eine einzige Stadt erscheint – wie wird er angesichts dieser Herrlichkeit der Dinge und aufgrund dieser Sicht und Erkenntnis der Natur, ihr unsterblichen Götter, sich selbst erkennen, wie es der pythische Apoll befohlen hat, wie wird er das verachten, geringschätzen und für nichtig halten, was gemeinhin als das Bedeutendste gilt! (62) Und er wird dies alles mit dem Verfahren der philosophischen Erörterung wie mit einer hohen Mauer schützend umgeben, mit der wissenschaftlichen Unterscheidung des Wahren und des Falschen und mit einer gewissen Kunst zu verstehen, was einer jeden Sache folgt und was ihr entgegensteht. Und wenn er merkt, daß er für die Gemeinschaft der Bürger geboren ist, wird er die Überzeugung vertreten, daß er sich nicht nur jener feinsinnigen, in die Einzelheiten gehenden Erörterungen, sondern auch einer weiter ausgreifenden zusammenhängenden Rede bedienen müsse, um mit ihr die Völker zu lenken, die Gesetze zu festigen, die Verbrecher zu züchtigen, die Rechtschaffenen zu schützen, die berühmten Männer zu loben, seinen Mitbürgern die zum Heil und zum Ruhm führenden Vorschriften auf überzeugende Weise zu erteilen, um so zur

borum ignominia sempiternis monumentis prode-
re. Quae quom tot res tantaeque sint, quae inesse
in homine perspiciantur ab iis, qui se ipsi velint
nosse, earum parens est educatrixque sapientia.

ATTICUS. Laudata quidem a te graviter et vere!   63
Sed quorsus hoc pertinet?

MARCUS. Primum ad ea, Pomponi, de quibus
acturi iam sumus, quae tanta esse volumus. Non
enim erunt, nisi ea fuerint, unde illa manant, amplissima. Deinde facio et lubenter et ut spero recte,
quod eam, quoius studio teneor quaeque me eum,
quicumque sum, effecit, non possum silentio prae-
terire.

ATTICUS. Recte vero facis et merito et pie, fuit-
que id ut dicis in hoc sermone faciundum.

Sittlichkeit ermahnen, von Schandtaten abhalten und die
Bedrängten trösten zu können und die Taten und Beschlüsse
der Tüchtigen und der Weisen in Verbindung mit der
Schande der Verbrecher für alle Zukunft in der Erinnerung
zu bewahren. Weil es so viele und so bedeutende Dinge sind,
die als vorhanden im Menschen von denjenigen durchschaut
werden, die sich selbst erkennen wollen, gibt es die Philosophie als deren Erzeugerin und Erzieherin.

(63) ATTICUS: Du hast die Philosophie ohne Zweifel würdig und treffend gelobt. Aber welchem Zweck dient das?

MARCUS: Zuerst der Erörterung der Fragen, Pomponius,
mit denen wir uns nunmehr auseinandersetzen werden und
von denen wir behaupten, daß sie so wichtig sind. Denn sie
werden es nicht sein, wenn nicht auch die Fragen, aus denen
jene entspringen, von größter Bedeutung sind. Darüber hinaus gehe ich mit Freude und, wie ich hoffe, mit Recht so vor,
weil ich die Disziplin, der meine ganze Liebe gilt und die
mich zu dem gemacht hat, was ich bin, nicht stillschweigend
übergehen kann.

ATTICUS: Dein Vorgehen ist wirklich berechtigt, ver-
dienstvoll und der Sache angemessen, und du mußtest in
diesem Gespräch so verfahren, wie du sagst.

LIBER SECUNDUS

ATTICUS. Sed visne, quoniam et satis iam ambu-   I
latum est, et tibi aliud dicendi initium sumendum   I
est, locum mutemus et in insula, quae est in Fibre-
no – nam opinor id illi alteri flumini nomen est –
sermoni reliquo demus operam sedentes?

MARCUS. Sane quidem. Nam illo loco libentissi-
me soleo uti, sive quid mecum ipse cogito, sive
aliquid scribo aut lego.

ATTICUS. Equidem, qui nunc potissimum huc   2
venerim, satiari non queo, magnificasque villas et
pavimenta marmorea et laqueata tecta contemno.
Ductus vero aquarum, quos isti Nilos et Euripos
vocant, quis non, cum haec videat, inriserit? Itaque ut tu paulo ante de lege et de iure disserens ad
naturam referebas omnia, sic in his ipsis rebus,
quae ad requietem animi delectationemque quaeruntur, natura dominatur. Quare antea mirabar –
nihil enim his in locis nisi saxa et montis cogita-
bam, itaque ut facerem, et orationibus inducebar
tuis et versibus –, sed mirabar ut dixi, te tam valde
hoc loco delectari. Nunc contra miror te, cum Roma absis, usquam potius esse.

MARCUS. Ego vero, cum licet pluris dies abesse,   3
praesertim hoc tempore anni, et amoenitatem et
salubritatem hanc sequor; raro autem licet. Sed
nimirum me alia quoque causa delectat, quae te
non attingit ita.

ZWEITES BUCH

(1) ATTICUS: Aber willst du, da wir nun schon genug gewandert sind und du mit deinen Ausführungen sowieso neu anfangen mußt, daß wir den Platz wechseln und uns auf der Insel im Fibrenus – denn ich meine, der eine von den beiden Flüssen dort heißt so – niederlassen, um unser Gespräch fortzusetzen?

MARCUS: Ja, gern. Denn ich pflege mich sehr gern dort aufzuhalten, ob ich nun im stillen über etwas nachdenke oder etwas schreibe oder lese.

(2) ATTICUS: Ich kann mich allerdings nicht satt daran sehen, da ich ausgerechnet jetzt hierher gekommen bin, und ich mag die prächtigen Villen, die Fußböden aus Marmor und die Kassettendecken gar nicht. Wasserspiele gar, die die Leute hier mit den Namen des Nils und des Euripus bezeichnen – wer lachte darüber nicht, wenn er dies hier sähe? Und wie du vor kurzem während deiner Erörterungen über das Gesetz und das Recht alles auf die Natur bezogst, so herrscht auch gerade in den Dingen, die man zur Beruhigung und zur Freude der Seele sucht, die Natur. Aus diesem Grunde wunderte ich mich anfangs – denn ich dachte, es gebe hier nichts außer Felsen und Bergen, und ich wurde durch deine Worte und Verse dazu gebracht, dies zu tun –, aber ich wunderte mich, wie gesagt, daß du so viel Freude an diesem Ort hast. Jetzt hingegen wundere ich mich, daß du, wenn du nicht in Rom bist, irgendwo anders lieber sein kannst.

(3) MARCUS: Ja, wenn es mir möglich ist, mehrere Tage abwesend zu sein, zumal in dieser Jahreszeit, überlasse ich mich der Schönheit und Heilkraft dieser Landschaft; leider ist es jedoch nur selten möglich. Aber selbstverständlich freue ich mich auch noch aus einem anderen Grund, der dich nicht so sehr berührt.

ATTICUS. Quae tandem ista causa est?

MARCUS. Quia, si verum dicimus, haec est mea et huius fratris mei germana patria. Hinc enim orti stirpe antiquissima sumus, hic sacra, hic genus, hic maiorum multa vestigia. Quid plura? Hanc vides villam, ut nunc quidem est, lautius aedificatam patris nostri studio, qui cum esset infirma valetudine, hic fere aetatem egit in litteris. Sed hoc ipso in loco, cum avos viveret et antiquo more parva esset villa, ut illa Curiana in Sabinis, me scito esse natum. Qua re inest nescio quid et latet in animo ac sensu meo, quo me plus hic locus fortasse delectet, si quidem etiam ille sapientissimus vir Ithacam ut videret inmortalitatem scribitur repudiasse.

ATTICUS. Ego vero tibi istam iustam causam puto, cur huc libentius venias, atque hunc locum diligas. Quin ipse, vere dicam, sum illi villae amicior modo factus atque huic omni solo, in quo tu ortus et procreatus es. Movemur enim nescio quo pacto locis ipsis, in quibus eorum, quos diligimus aut admiramur, adsunt vestigia. Me quidem ipsae illae nostrae Athenae non tam operibus magnificis exquisitisque antiquorum artibus delectant, quam recordatione summorum virorum, ubi quisque habitare, ubi sedere, ubi disputare sit solitus, studioseque eorum etiam sepulcra contemplor. Quare istum, ubi tu es natus, plus amabo posthac locum.

II

4

MARCUS. Gaudeo igitur me incunabula paene mea tibi ostendisse.

ATTICUS: Aus welchem Grund denn?

MARCUS: Weil hier, wenn wir die Wahrheit sagen, meine und meines Bruders eigentliche Heimat ist. Wir stammen nämlich von hier aus einem uralten Geschlecht, hier ist alles, was uns heilig ist, hier kommen wir her, hier sind viele Spuren unserer Vorfahren. Was soll ich sonst noch aufzählen? Du siehst hier unsere Villa in ihrem jetzigen Zustand, nachdem sie mit großem Aufwand von unserem Vater recht prachtvoll ausgebaut worden war, der hier aufgrund seiner schwachen Gesundheit fast sein ganzes Leben mit wissenschaftlicher Arbeit verbrachte. Aber genau an dieser Stelle – das mußt du wissen – bin ich geboren, als der Großvater noch lebte und das Haus wie früher üblich klein war wie das bekannte Haus des Curius im Sabinerland. Daher habe ich im tiefsten Innern meines Herzens ein unbestimmtes Gefühl, das dazu führt, daß mich dieser Ort mit besonders großer Freude erfüllt, soll doch auch jener sehr kluge Mann sogar die Unsterblichkeit ausgeschlagen haben, um sein Ithaka zu sehen.

(4) ATTICUS: Ich glaube wirklich, daß dies ein berechtigter Grund für dich ist, warum du lieber hierher kommst und diesen Ort liebst. Ja, auch mir ist – um die Wahrheit zu sagen – jenes Landhaus und der ganze Grund und Boden hier, wo du geboren und aufgewachsen bist, soeben noch lieber geworden. Denn wir lassen uns auf irgendeine Weise durch die Örtlichkeiten anrühren, an denen die Spuren derer, die wir lieben oder verehren, noch erkennbar sind. Mich jedenfalls erfreut gerade unser Athen nicht so sehr aufgrund seiner herrlichen Bauwerke und der erlesenen Kunstwerke der Alten wie durch die Erinnerung an die bedeutendsten Männer, wenn ich daran denke, wo jeder einzelne zu wohnen, Platz zu nehmen und zu diskutieren pflegte, und ich betrachte sogar deren Grabstätten mit großer Anteilnahme. Daher werde ich von jetzt an den Ort, wo du geboren bist, noch mehr lieben.

MARCUS: Ich freue mich also, daß ich dir sozusagen meine Wiege gezeigt habe.

ATTICUS. Equidem me cognosse admodum gau-   5
deo. Sed illud tamen quale est quod paulo ante
dixisti, hunc locum – id enim ego te accipio dicere
Arpinum – germanam patriam esse vestram?
Numquid duas habetis patrias, an est una illa patria communis? Nisi forte sapienti illi Catoni fuit
patria non Roma, sed Tusculum.

MARCUS. Ego mehercule et illi et omnibus mu-
nicipibus duas esse censeo patrias, unam naturae,
alteram civitatis: ut ille Cato, quom esset Tusculi
natus, in populi Romani civitatem susceptus est,
itaque quom ortu Tusculanus esset, civitate Romanus, habuit alteram loci patriam, alteram iuris; ut
vestri Attici, priusquam Theseus eos demigrare ex
agris et in astu quod appellatur omnis conferre se
iussit, et sui erant idem et Attici, sic nos et eam
patriam ducimus, ubi nati et illam a qua excepti
sumus. Sed necesse est caritate eam praestare, e
qua nomen universae civitati est, pro qua mori et
cui nos totos dedere et in qua nostra omnia ponere
et quasi consecrare debemus. Dulcis autem non
multo secus est ea, quae genuit, quam illa, quae
excepit. Itaque ego hanc meam esse patriam prorsus numquam negabo, dum illa sit maior, haec in
ea contineatur. ... duas habet civitatis, sed unam
illas civitatem putat.

ATTICUS. Recte igitur Magnus ille noster me au-   III
diente posuit in iudicio, quom pro Ampio tecum   6
simul diceret, rem publicam nostram iustissimas
huic municipio gratias agere posse, quod ex eo duo
sui conservatores exstitissent, ut iam videar addu-

(5) ATTICUS: Ich freue mich wirklich sehr, alles erfahren zu haben. Aber was bedeutet es, daß du kurz zuvor gesagt hast, dieser Ort – ich nehme nämlich an, du meinst damit Arpinum – sei eure eigentliche Heimat? Habt ihr etwa eine doppelte Heimat oder ist damit jene einzige Heimat gemeint, die allen gemeinsam ist? Es sei denn, die Heimat jenes weisen Cato war nicht Rom, sondern Tusculum.

MARCUS: Ich meine tatsächlich, beim Herkules, daß Cato und überhaupt alle Bürger aus Landstädten eine doppelte Heimat haben: eine natürliche und eine politische. Wie jener Cato, nachdem er in Tusculum geboren war, in die politische Gemeinschaft des römischen Volkes aufgenommen wurde, und weil er daher seiner Herkunft nach ein Tusculaner, seiner politischen Gemeinschaft nach ein Römer war, besaß er einerseits die Heimat des Geburtsortes und andererseits die Heimat des gemeinsamen Rechts; wie eure Attiker, bevor Theseus ihnen befahl, ihre Äcker zu verlassen und sich allesamt in die Stadt, wie sie genannt wird, zu begeben, zugleich sie selbst und Attiker waren, so halten wir sowohl den Ort, wo wir geboren wurden als auch jene Gemeinschaft, von der wir aufgenommen wurden, für unsere Heimat. Aber mehr Liebe verdient die Heimat, von der die gesamte Bürgerschaft ihren Namen hat, für die wir sterben, der wir uns ganz hingeben und der wir alle unsere Fähigkeiten zur Verfügung stellen und gleichsam als Opfer darbringen müssen. Die Heimat aber, die uns hervorbrachte, ist uns nicht viel weniger süß als jene, die uns aufnahm. Daher werde ich keinesfalls irgendwann einmal leugnen, daß dies meine Heimat ist, solange nur jene die größere bleibt und diese in ihr aufgeht. (...) (Jedermann) besitzt (zwar eine natürliche und) eine politische (Heimat), aber er betrachtet jene beiden als *eine* Bürgerschaft.

(6) ATTICUS: Also hat unser großer Pompeius mit Recht – ich konnte es selbst hören – im Gerichtssaal festgestellt, als er mit dir zusammen Ampius verteidigte, daß unser Staat dieser Landstadt wirklich aus sehr gutem Grund seinen Dank abstatten könne, weil aus ihr seine beiden Retter her-

ci, hanc quoque, quae te procrearit, esse patriam
tuam.

Sed ventum in insulam est. Hac vero nihil est
amoenius. Etenim hoc quasi rostro finditur Fibrenus, et divisus aequaliter in duas partes latera haec
adluit, rapideque dilapsus cito in unum confluit, et
tantum conplectitur, quod satis sit modicae palae-
strae loci. Quo effecto, tamquam id habuerit operis ac muneris, ut hanc nobis efficeret sedem ad
disputandum, statim praecipitat in Lirem, et quasi
in familiam patriciam venerit, amittit nomen ob-
scurius, Liremque multo gelidiorem facit. Nec
enim ullum hoc frigidius flumen attigi, cum ad
multa accesserim, ut vix pede temptare id possim,
quod in Phaedro Platonis facit Socrates.

MARCUS. Est vero ita. Sed tamen huic amoenita-
te, quem ex Quinto saepe audio, Thyamis Epirotes
tuus ille nihil opinor concesserit.

QUINTUS. Est ita ut dicis. Cave enim putes Attici nostri Amalthio platanisque illis quicquam esse
praeclarius. Sed si videtur, considamus hic in um-
bra, atque ad eam partem sermonis, ex qua egressi
sumus, revertamur.

MARCUS. Praeclare exigis Quinte – at ego effu-
gisse arbitrabar –, et tibi horum nihil deberi potest.

QUINTUS. Ordire igitur, nam hunc tibi totum
dicamus diem.

MARCUS. ‚A love Musarum primordia‘, sicut in
Aratio carmine orsi sumus.

QUINTUS. Quorsum istuc?

MARCUS. Quia nunc item ab eodem et a ceteris

vorgegangen seien, so daß ich mich nunmehr zu der Einsicht
veranlaßt sehe, daß auch dieser Ort, der dich hervorbrachte,
deine Heimat ist.

Aber jetzt ist die Insel erreicht. Ihr Liebreiz ist wirklich
nicht zu übertreffen. Denn wie ein Schiffsschnabel teilt sie
den Fibrenus, und gleichmäßig in zwei Arme getrennt fließt
er an den beiden Ufern vorbei und ebenso schnell, wie er
sich teilt, strömt er auch schon wieder zusammen und
umschließt insgesamt nur einen Raum, der für einen mittel-
großen Sportplatz ausreichte. Kaum hat er dies getan, als ob
er seine Aufgabe und Bestimmung darin sähe, uns diesen
Platz für unser Gespräch zu schaffen, stürzt er sich auch
schon in den Liris, und als ob er in eine patrizische Familie
aufgenommen wäre, verliert er seinen weniger bekannten
Namen und läßt den Liris zudem noch viel kühler werden.
Ich habe nämlich noch keinen kälteren Fluß als diesen erlebt,
obwohl ich schon an viele Flüsse gekommen bin, so daß ich
Bedenken hätte, das Wasser mit dem Fuß zu prüfen, wie es
Sokrates in Platons „Phaidros" tut.

(7) MARCUS: So ist es. Aber dennoch steht doch wohl
dein Thyamis in Epirus, von dem ich Quintus so oft reden
höre, diesem Ort an Liebreiz in nichts nach, wie ich meine.

QUINTUS: Es ist so, wie du sagst. Hüte dich nämlich davor
zu glauben, es gäbe etwas Herrlicheres als das Amalthium
unseres Atticus und die Platanen dort. Aber wenn es euch
gefällt, wollen wir uns hier in den Schatten setzen und zu
dem Punkt des Gespräches, wo wir aufgehört haben, zurückkehren.

MARCUS: Schön, wie du darauf bestehst, Quintus – ich
glaubte aber schon, davongekommen zu sein –, und es ist
ausgeschlossen, daß wir dir etwas davon schuldig bleiben.

QUINTUS: Fang also an, denn wir wollen dir diesen Tag
ganz zur Verfügung stellen.

MARCUS: „Bei Juppiter beginnen die Musen", wie wir in
unserer Arat-Übersetzung angefangen haben.

QUINTUS: Wozu sagst du das?

MARCUS: Weil wir jetzt ebenso bei Juppiter und den übri-

diis immortalibus sunt nobis agendi capienda
primordia.

QUINTUS. Optime vero frater, et fieri sic decet.   8

MARCUS. Videamus igitur rursus, priusquam   IV
adgrediamur ad legas singulas, vim naturamque legis, ne quom referenda sint ad eam nobis omnia,
labamur interdum errore sermonis, ignoremusque
vim eius, qua iura nobis definienda sint.

QUINTUS. Sane quidem hercle, et est ista recta
docendi via.

MARCUS. Hanc igitur video sapientissimorum
fuisse sententiam, legem neque hominum ingeniis
excogitatam, nec scitum aliquod esse populorum,
sed aeternum quiddam, quod universum mundum
regeret imperandi prohibendique sapientia. Ita
principem legem illam et ultimam mentem esse dicebant omnia ratione aut cogentis aut vetantis dei.
Ex quo illa lex, quam di humano generi dederunt,
recte est laudata: est enim ratio mensque sapientis
ad iubendum et ad deterrendum idonea.

QUINTUS. Aliquotiens iam iste locus a te tactus   9
est. Sed antequam ad populares leges venias, vim
istius caelestis legis explana, si placet, ne aestus nos
consuetudinis absorbeat et ad sermonis morem
usitati trahat.

MARCUS. A parvis enim Quinte didicimus, ‚si in
ius vocat‘ atque alia eius modi leges nominare. Sed
vero intellegi sic oportet, et hoc et alia iussa ac
vetita populorum vim habere ad recte facta vocan-

gen unsterblichen Göttern mit unserem Vorhaben beginnen müssen.

(8) QUINTUS: Wirklich ausgezeichnet, Bruder, und es macht sich gut, daß es so abläuft.

MARCUS: Wir wollen uns also erneut, bevor wir auf die einzelnen Gesetze eingehen, das Wesen und die Natur des Gesetzes ansehen, damit wir, da wir doch alles darauf beziehen müssen, nicht manchmal aufgrund eines irreführenden Sprachgebrauchs verunsichert werden und das Wesen des Gesetzes aus den Augen verlieren, mit dessen Hilfe wir doch die einzelnen Rechte bestimmen müssen.

QUINTUS: Allerdings, beim Herkules, und das ist der richtige Weg der Unterweisung.

MARCUS: Dies war also, wie ich sehe, die Auffassung der weisesten Männer, daß das Gesetz weder vom menschlichen Geist erdacht wurde noch auf einem Beschluß der Völker beruht, sondern etwas Ewiges ist, um die gesamte Welt mit der Weisheit des Befehlens und Verbietens zu regieren. So sei – wie sie behaupteten – jenes erste und letzte Gesetz der Geist Gottes, der alles in Übereinstimmung mit der Vernunft entweder verlange oder verbiete. Aufgrund dessen wurde jenes Gesetz, das die Götter dem Menschengeschlecht gegeben haben, mit Recht gelobt: Es ist nämlich die vollkommene Vernunft des Weisen, die dazu geeignet ist, Befehle zu erteilen und von etwas abzuhalten.

(9) QUINTUS: Schon mehrmals hast du dieses Thema berührt. Aber bevor du zu den menschlichen Gesetzen kommst, erläutere das Wesen dieses himmlischen Gesetzes, wenn es dir recht ist, damit uns nicht die Flut der Gewohnheit verschlingt und uns zum fest eingefahrenen Sprachgebrauch verleitet.

MARCUS: Wir haben doch von klein auf gelernt, Quintus, die Formel „wenn (ein Kläger einen Beklagten) vor Gericht ruft" und anderes dieser Art als „Gesetze" zu bezeichnen. Aber man muß das freilich so verstehen, daß dieses und andere Gebote und Verbote der Menschen die Wirkung haben, zu rechtem Tun aufzufordern und von Verfehlungen

di et a peccatis avocandi, quae vis non modo senior
est quam aetas populorum et civitatum, sed aequa-
lis illius caelum atque terras tuentis et regentis dei.
Neque enim esse mens divina sine ratione potest,   10
nec ratio divina non hanc vim in rectis pravisque
sanciendis habet, nec quia nusquam erat scriptum,
ut contra omnis hostium copias in ponte unus ad-
sisteret, a tergoque pontem interscindi iuberet, idcirco minus Coclitem illum rem gessisse tantam
fortitudinis lege atque imperio putabimus, nec si
regnante L. Tarquinio nulla erat Romae scripta lex
de stupris, idcirco non contra illam legem sempiternam Sex. Tarquinius vim Lucretiae Tricipitini
filiae attulit. Erat enim ratio, profecta a rerum natura, et ad recte faciendum inpellens et a delicto
avocans, quae non tum denique incipit lex esse,
quom scripta est, sed tum quom orta est. Orta
autem est simul cum mente divina. Quam ob rem
lex vera atque princeps, apta ad iubendum et ad
vetandum, ratio est recta summi Iovis.

QUINTUS. Adsentior frater, ut, quod est rectum   V
verumque, aeternum quoque sit, neque cum litte-   11
ris, quibus scita scribuntur, aut oriatur aut occidat.

MARCUS. Ergo ut illa divina mens summa lex
est, item, quom in homine est ratio, lex est: ea vero
est perfecta in mente sapientis. Quae sunt autem
varie et ad tempus descriptae populis, favore magis
quam re legum nomen tenent. Omnem enim legem, quae quidem recte lex appellari possit, esse
laudabilem quidam talibus argumentis docent.
Constat profecto ad salutem civium civitatumque

abzuhalten, eine Wirkung, die nicht nur älter ist als das Alter der Menschen und Staaten, sondern das gleiche Alter hat wie jener Gott, der Himmel und Erde beschützt und lenkt. (10) Denn der göttliche Geist kann nicht ohne Vernunft sein, und die göttliche Vernunft hat mit Sicherheit diese Macht, das Richtige und das Falsche zu bestimmen, und weil nirgends geschrieben stand, daß ein einziger gegen alle Truppen der Feinde auf der Brücke stehen bleiben und befehlen sollte, die Brücke hinter sich abzureißen, werden wir deshalb nicht weniger glauben, daß unser berühmter Cocles eine so große Tat nach dem Gesetz und auf Befehl der Tapferkeit vollbracht hat, und auch wenn es unter der Herrschaft des Lucius Tarquinius in Rom kein geschriebenes Gesetz gegen Schändung gab, hat Sextus Tarquinius nichtsdestoweniger gegen jenes ewige Gesetz verstoßen und Lucretia, der Tochter des Tricipitinus, Gewalt angetan. Es gab nämlich schon die Vernunft, die, indem sie, aus der Natur der Dinge hervorgegangen, zum richtigen Handeln auffordert und vom Verbrechen abhält, nicht dann erst anfängt, ein Gesetz zu sein, sobald sie schriftlich festgehalten ist, sondern es schon damals war, als sie entstand. Entstanden aber ist sie gleichzeitig mit dem göttlichen Geist. Deshalb ist das wahre und ursprüngliche Gesetz, das geeignet ist zu befehlen und zu verbieten, die richtige Vernunft des Juppiter, des höchsten Gottes.

(11) QUINTUS. Ich stimme dir darin zu, mein Bruder, daß das Richtige und Wahre auch unvergänglich ist und nicht erst durch die Buchstaben, mit denen Verordnungen aufgeschrieben werden, entsteht oder vergeht.

MARCUS: Wie also jener göttliche Geist das höchste Gesetz ist, so wohnt auch in einem Menschen, wenn in ihm die Vernunft vorhanden ist, das Gesetz: Vollkommen aber ist die Vernunft nur im Geist des Weisen. Diejenigen Gesetze aber, die den Völkern auf unterschiedliche Weise und zu bestimmten Gelegenheiten gegeben wurden, tragen die Bezeichnung „Gesetze" mehr aufgrund der Anerkennung, die sie genießen, als aufgrund ihrer Bedeutung. Denn

incolumitatem vitamque hominum quietam et
beatam inventas esse leges, eosque qui primum
eiusmodi scita sanxerint, populis ostendisse ea se
scripturos atque laturos, quibus illi adscitis sus-
ceptisque honeste beateque viverent, quaeque ita
conposita sanctaque essent, eas leges videlicet no-
minarent. Ex quo intellegi par est, eos qui perni-
ciosa et iniusta populis iussa descripserint, quom
contra fecerint, quam polliciti professique sint,
quidvis potius tulisse quam leges, ut perspicuum
esse possit, in ipso nomine legis interpretando
inesse vim et sententiam iusti et iuris legendi.
Quaero igitur a te Quinte, sicut illi solent: Quo si   12
civitas careat, ob eam ipsam causam, quod eo careat, pro nihilo habenda sit, id estne numerandum in
bonis?

QUINTUS. Ac maxumis quidem.

MARCUS. Lege autem carens civitas estne ob id
ipsum habenda nullo loco?

QUINTUS. Dici aliter non potest.

MARCUS. Necesse est igitur legem haberi in rebus optimis.

QUINTUS. Prorsus adsentior.

MARCUS. Quid quod multa perniciose, multa   13
pestifere sciscuntur in populis, quae non magis legis nomen adtingunt, quam si latrones aliquas con-
sensu suo sanxerint? Nam neque medicorum praecepta dici vere possunt, si quae inscii inperitique
pro salutaribus mortifera conscripserunt, neque in

gewisse Leute belehren uns mit entsprechenden Argumenten, daß jedes Gesetz, soweit man es zu Recht ein Gesetz nennen kann, lobenswert ist. Zweifellos wurden die Gesetze erfunden, um das Wohlergehen der Bürger, die Unversehrtheit der Bürgerschaften und ein ruhiges und glückliches Leben der Menschen zu gewährleisten, und diejenigen, die zum ersten Mal Verordnungen dieser Art trafen, haben den Völkern gezeigt, daß sie nur solche Verordnungen aufschreiben und beantragen wollten, durch deren Billigung und Anerkennung sie anständig und glücklich leben konnten, und was so verfaßt und verordnet sei, selbstverständlich „Gesetze" nennen sollten. Daraus ist zu schließen, daß diejenigen, die den Völkern verderbliche und ungerechte Weisungen auferlegt haben, weil sie gegen ihre Versprechungen und Erklärungen handelten, alles andere als Gesetze einbrachten, so daß man deutlich erkennen kann, wenn man den Begriff „Gesetz" als solchen erklärt, daß darin die Bedeutung und der Sinn einer „Setzung" des Gerechten und des Rechts enthalten sind. (12) Ich frage dich also, Quintus, wie es jene zu tun pflegen: Ist das zu den Gütern zu zählen, bei dessen Nichtvorhandensein eine Bürgerschaft eben aus dem Grund, weil es ihr fehlt, für nichtig zu erklären ist?

QUINTUS: Ja, und sogar zu den größten Gütern.

MARCUS: Wenn aber eine Bürgerschaft kein Gesetz hat, ist sie eben darum als nicht vorhanden zu betrachten?

QUINTUS: Anders kann man es nicht sagen.

MARCUS: Demnach muß man das Gesetz zu den größten Gütern zählen.

QUINTUS: Ich stimme dir völlig zu.

(13) MARCUS: Was ist, wenn unter den Völkern viele Anordnungen mit verderblichen Folgen und unheilvollen Auswirkungen getroffen werden, die mit einem Gesetz genauso wenig zu tun haben wie irgendwelche Verabredungen und Vereinbarungen unter Räubern? Denn man kann weder mit Recht von ärztlichen Verordnungen sprechen, wenn sie von unerfahrenen und unsachverständigen Leuten getroffen werden und den Tod bringen, statt zur Heilung

populo lex, cuicuimodi fuerit illa, etiam si per-
niciosum aliquid populus acceperit. Ergo est lex
iustorum iniustorumque distinctio, ad illam anti-
quissimam et rerum omnium principem expressa
naturam, ad quam leges hominum diriguntur,
quae supplicio inprobos adficiunt, defendunt ac
tuentur bonos.

QUINTUS. Praeclare intellego, nec vero iam **VI**
aliam esse ullam legem puto non modo habendam,
sed ne appellandam quidem.

MARCUS. Igitur tu Titias et Apuleias leges nullas **14**
putas?

QUINTUS. Ego vero ne Livias quidem.

MARCUS. Et recte, quae praesertim uno versicu-
lo senatus puncto temporis sublatae sint. Lex autem illa, cuius vim explicavi, neque tolli neque ab-
rogari potest.

QUINTUS. Eas tu igitur leges rogabis videlicet,
quae numquam abrogentur.

MARCUS. Certe, si modo acceptae a duobus vobis erunt. Sed ut vir doctissimus fecit Plato atque
idem gravissimus philosophorum omnium, qui
princeps de re publica conscripsit idemque separatim de legibus, id mihi credo esse faciundum, ut,
priusquam ipsam legem recitem, de eius legis laude
dicam. Quod idem et Zaleucum et Charondam fecisse video, quom quidem illi non studii et delec-
tationis, sed rei publicae causa leges civitatibus suis
scripserunt. Quos imitatus Plato videlicet hoc
quoque legis putavit esse, persuadere aliquid, non
omnia vi ac minis cogere.

QUINTUS. Quid quod Zaleucum istum negat **15**
ullum fuisse Timaeus?

beizutragen, noch bei einem Volk von einem Gesetz, welcher Art es auch sein mag, wenn das Volk dadurch obendrein noch irgendeinen schweren Schaden erleidet. Ein Gesetz beinhaltet also die Unterscheidung von Gerechtem und Ungerechtem, es ist formuliert im Blick auf jene ursprüngliche und allen Dingen zugrundeliegende Natur, wonach sich die Gesetze der Menschen richten, die die Bösen bestrafen, die Guten verteidigen und schützen.

QUINTUS: Das verstehe ich vollkommen und glaube wirklich nicht mehr, daß man etwas anderes für ein Gesetz halten und auch nur als ein solches bezeichnen darf.

(14) MARCUS: Glaubst du also, daß die Gesetze des Titius und des Apuleius keine Gesetze sind?

QUINTUS: Ja, nicht einmal die Gesetze des Livius.

MARCUS: Und mit Recht, zumal sie mit einer einzigen Zeile des Senats in einem kurzen Augenblick aufgehoben wurden. Jenes Gesetz aber, dessen Wesen ich dargelegt habe, kann weder aufgehoben noch durch Volksbeschluß abgeschafft werden.

QUINTUS: Selbstverständlich wirst du also nur solche Gesetze einbringen, die niemals abgeschafft werden können.

MARCUS: Gewiß, wenn sie nur von euch beiden anerkannt werden. Aber wie Platon verfahren ist, der größte Gelehrte und zugleich bedeutendste aller Philosophen, der als erster eine Schrift über den Staat und zugleich getrennt davon ein Werk über die Gesetze verfaßte, so meine auch ich vorgehen zu müssen, so daß ich, bevor ich ein Gesetz selbst vorlese, über den Wert dieses Gesetzes spreche. Ich sehe, daß Zaleukos und Charondas es genauso gemacht haben, als jene allerdings nicht aus philosophischem Interesse und zu ihrem Vergnügen, sondern um der staatlichen Ordnung willen Gesetze für ihre Städte aufgeschrieben haben. Platon nahm sich diese Gesetzgeber offensichtlich zum Vorbild und vertrat die Überzeugung, daß es auch die Aufgabe eines Gesetzes sei, von etwas zu überzeugen und nicht alles mit Gewalt und mit Drohungen zu erzwingen.

(15) QUINTUS: Was bedeutet es, daß Timaios sagt, es habe diesen Zaleukos nie gegeben?

Marcus. At ait Theophrastus, auctor haud de-
terior mea quidem sententia (meliorem multi no-
minant), commemorant vero ipsius cives, nostri
clientes, Locri. Sed sive fuit sive non fuit, nihil ad
rem: loquimur, quod traditum est.

Sit igitur hoc iam a principio persuasum civibus,   **VII**
dominos esse omnium rerum ac moderatores deos,
eaque quae gerantur, eorum geri iudicio ac numine, eosdemque optime de genere hominum mereri,
et qualis quisque sit, quid agat, quid in se admittat,
qua mente, qua pietate colat religiones, intueri,
piorumque et impiorum habere rationem. His   16
enim rebus inbutae mentes haud sane abhorrebunt
ab utili aut a vera sententia. Quid est enim verius
quam neminem esse oportere tam stulte adrogan-
tem, ut in se rationem et mentem putet inesse, in
caelo mundoque non putet? Aut ut ea, quae vix
summa ingenii ratione conprehendantur, nulla ratione moveri putet? Quem vero astrorum ordines,
quem dierum noctiumque vicissitudines, quem
mensium temperatio, quemque ea quae gignuntur
nobis ad fruendum, non gratum esse cogunt, hunc
hominem omnino numerari qui decet? Quomque
omnia, quae rationem habent, praestent iis, quae
sint rationis expertia, nefasque sit dicere ullam rem
praestare naturae omnium rerum, rationem inesse
in ea confitendum est. Utilis esse autem has opiniones quis neget, quom intellegat, quam multa
firmentur iure iurando, quantae saluti sint foeder-
um religiones, quam multos divini supplicii metus

MARCUS: Aber Theophrast, meiner Meinung nach wirklich kein geringerer Gewährsmann (viele nennen ihn einen besseren), behauptet es, und die Lokrer, seine Mitbürger und unsere Klienten, pflegen sogar die Erinnerung an ihn. Aber ob es ihn nun wirklich gab oder nicht, ist nicht von Bedeutung: Wir sprechen über etwas, das so überliefert wurde.

Die Bürger sollen also schon von Anfang an überzeugt davon sein, daß die Götter die Herren und Lenker aller Dinge sind, daß alles, was geschieht, aufgrund ihrer Entscheidung und mit ihrem Willen geschieht, daß sie sich ebenso um das Menschengeschlecht in höchstem Maß verdient machen und daß sie genau sehen, wie jeder einzelne ist, was er tut, was er sich zuschulden kommen läßt, mit welcher Einstellung und mit welcher Gesinnung er seine religiösen Pflichten erfüllt, und daß sie die Frommen wie die Frevler zur Rechenschaft ziehen. (16) Denn wenn man sich dieser Tatsachen bewußt ist, wird man sich gewiß nicht von einem nützlichen und wirklichkeitsgerechten Denken und Empfinden fernhalten. Denn was ist der Wahrheit näher als die Notwendigkeit, daß niemand so töricht und anmaßend sein darf, daß er meint, in ihm selbst seien Vernunft und Geist, im Himmel und in der Welt jedoch nicht? Oder daß er glaubt, daß sich das, was kaum mit größter Geisteskraft zu begreifen ist, ohne Vernunft bewege? Wen aber die Ordnung der Gestirne, der ununterbrochene Wechsel von Tagen und Nächten, der gleichmäßige Ablauf der Monate und wen die Dinge, die zu unserem Genuß entstehen, nicht dazu veranlassen, dankbar zu sein – wie kann man diesen überhaupt als Menschen ansehen? Und da alles, was Vernunft besitzt, dem überlegen ist, was ohne Vernunft ist, und da es nicht erlaubt ist zu behaupten, daß irgendeine einzelne Sache der Natur aller Dinge überlegen ist, muß man zugeben, daß Vernunft in dieser ist. Wer aber könnte leugnen, daß diese Überzeugungen nützlich sind, wenn er einsieht, wie viele Dinge durch einen Schwur bekräftigt werden, wie wichtig die heilige Verpflichtung zur Einhaltung von Verträgen ist,

a scelere revocarit, quamque sancta sit societas civium inter ipsos, diis inmortalibus interpositis tum
iudicibus tum testibus? Habes legis prooemium;
sic enim haec appellat Plato.

QUINTUS. Habeo vero frater, et in hoc admo-   17
dum delector, quod in aliis rebus aliisque sententiis versaris atque ille. Nihil enim tam dissimile
quam vel ea, quae ante dixisti, vel hoc ipsum de
deis exordium. Unum illud mihi videris imitari,
orationis genus.

MARCUS. Velle fortasse: Quis enim id potest aut
umquam poterit imitari? Nam sententias interpretari perfacile est, quod quidem ego facerem, nisi
plane esse vellem meus. Quid enim negotii est
eadem prope verbis isdem conversa dicere?

QUINTUS. Prorsus adsentior. Verum ut modo
tute dixisti, te esse malo tuum. Sed iam exprome, si
placet, istas leges de religione.

MARCUS. Expromam equidem ut potero, et   18
quoniam et locus et sermo familiaris est, legum
leges voce proponam.
QUINTUS. Quidnam id est?
MARCUS. Sunt certa legum verba Quinte, neque
ita prisca ut in veteribus XII sacratisque legibus, et
tamen, quo plus auctoritatis habeant, paulo anti-
quiora, quam hic sermo est. Eum morem igitur
cum brevitate, si potuero, consequar. Leges autem
a me edentur non perfectae – nam esset infinitum –, sed ipsae summae rerum atque sententiae.

wie viele Menschen durch die Furcht vor göttlicher Strafe
von einem Verbrechen abgehalten werden und wie unantastbar die Gemeinschaft der Bürger miteinander ist, weil die
unsterblichen Götter bald als Richter und bald als Zeugen
einbezogen werden? Jetzt hast du ein Vorwort zum Gesetz;
so nämlich heißt es bei Platon.

(17) QUINTUS: Ich habe es tatsächlich, lieber Bruder, und
darüber freue ich mich ganz besonders, daß du dich mit
anderen Fragen und mit anderen Gedanken als Platon
befaßt. Denn nichts ist so unplatonisch wie das, was du
zuvor gesagt hast, und dasselbe gilt für diese Einleitung über
die Götter. Nur das eine scheinst du mir nachzuahmen: die
Art und Weise der Darstellung.

MARCUS: Vielleicht nachahmen zu wollen: Wer kann oder
wird sie jemals nachahmen können? Denn Platons Sätze einfach zu übersetzen, ist sehr leicht; ich würde das allerdings
auch tun, wenn ich nicht einfach ich selbst sein wollte. Denn
was wäre es schon besonderes, dieselben Gedanken fast mit
denselben Worten, eben nur in Übersetzung, auszudrücken?

QUINTUS: Ich stimme dir völlig zu. Doch wie du eben
selbst gesagt hast: ich will lieber, daß du dir selbst treu
bleibst. Aber stell uns jetzt, wenn es dir recht ist, deine
Gesetze über die Religion dar.

(18) MARCUS: Ja. Ich werde sie darstellen, so gut ich kann,
und weil wir uns hier in einem vertrauten Kreis befinden,
werde ich die Gesetze im originalen Wortlaut vortragen.

QUINTUS: Was bedeutet das denn?

MARCUS: Die Worte der Gesetze haben einen bestimmten
Klang, Quintus, sie sind zwar nicht so altehrwürdig wie in
den alten Zwölf Tafeln und den geweihten Gesetzen, aber
trotzdem klingen sie, um mehr Glaubwürdigkeit zu haben,
ein wenig altertümlicher als unsere derzeitige Sprache. Diese
Eigentümlichkeit also, die mit einer knappen Ausdrucks-
weise verbunden ist, werde ich, wenn ich kann, zu erreichen
suchen. Die Gesetze werden von mir aber nicht vollständig
vorgetragen – denn dann käme ich nicht zum Ende –, sondern nur ihr Hauptinhalt und ihre Bedeutung.

QUINTUS. Ita vero necesse est. Quare audiamus.

MARCUS. ‚Ad divos adeunto caste, pietatem ad-
hibento, opes amovento. Qui secus faxit, deus ipse
vindex erit.‘

　‚Separatim nemo habessit deos neve novos neve
advenas nisi publice adscitos; privatim colunto
quos rite a patribus cultos acceperint.‘

　‚In urbibus delubra habento. Lucos in agris habento et Larum sedes.‘
　‚Ritus familiae patrumque servanto.‘

　‚Divos et eos qui caelestes semper habiti sunt
colunto et ollos quos endo caelo merita locaverint,
Herculem, Liberum, Aesculapium, Castorem,
Pollucem, Quirinum, ast olla propter quae datur
homini ascensus in caelum, Mentem, Virtutem,
Pietatem, Fidem, earumque laudum delubra sunto, neve ulla vitiorum.‘

　‚Sacra sollemnia obeunto.‘
　Feriis iurgia amovento, easque in famulis operibus patratis habento, idque ut ita cadat in annuis
anfractibus descriptum esto. Certasque fruges certasque bacas sacerdotes publice libanto: hoc certis
sacrificiis ac diebus, itemque alios ad dies ubertatem lactis feturaeque servanto, idque ne omitti
possit, ad eam rem et rationem cursus annuos sacerdotes finiunto, quaeque quoique divo decorae
grataeque sint hostiae, providento.‘

　‚Divisque aliis alii sacerdotes, omnibus pontifi-

QUINTUS: So muß es in der Tat sein. Darum wollen wir dir jetzt zuhören.

(19) MARCUS: *Den Göttern soll man sich in Reinheit nähern, man soll Ehrfurcht zeigen, man soll allen Reichtum ablegen. Wer anders handelt, an dem soll Gott selbst Rache nehmen.*

Für sich allein soll niemand Götter haben, weder neue noch fremde außer den offiziell gebilligten; zu Hause soll man die Götter verehren, deren Verehrung man ordnungsgemäß schon von seinen Vätern übernommen hat.

In den Städten soll man Heiligtümer unterhalten. Haine soll man auf dem Land haben und Wohnsitze für die Laren.

Das heilige Brauchtum der Familie und der Vorfahren soll man erhalten.

Die Götter und alle Wesen, die immer schon als himmlische Mächte angesehen wurden, soll man verehren und dazu jene, die durch ihre Verdienste in den Himmel gekommen sind: Herkules, Liber, Aeskulap, Castor und Pollux, Quirinus, dann jene Tugenden, deretwegen einem Menschen der Aufstieg in den Himmel gewährt wird: Verstand, Tapferkeit, Frömmigkeit, Treue; und für diese Tugenden sollen Heiligtümer errichtet werden, aber keine für die Laster.

Man soll die heiligen Handlungen vollziehen.

An den Feiertagen sollen keine Streitigkeiten ausgetragen werden, und man soll diese nach getaner Arbeit mit den Dienern feiern, und dies soll, damit es so geschehe, an den Wendepunkten des Jahres festgelegt sein. Bestimmte Feldfrüchte und Früchte der Bäume sollen die Priester öffentlich als Opfer darbringen: (20) dies soll bei bestimmten Opfern und an bestimmten Tagen geschehen, und ebenso soll man an anderen Tagen die Ergiebigkeit der Milch und des Jungviehs beachten, und damit dies nicht übersehen werden kann, sollen die Priester zu diesem Zweck und zu genauer Berechnung die Abläufe des Jahres bestimmen, und sie sollen beachten, welche Opfergaben jedem einzelnen Gott gefallen und willkommen sind.

Verschiedene Götter sollen verschiedene Priester haben,

ces, singulis flamines sunto. Virginesque Vestales
in urbe custodiunto ignem foci publici sempi-
ternum.'

,Quoque haec privatim et publice modo rituque
fiant, discunto ignari a publicis sacerdotibus. Eorum autem genera sunto tria: unum quod praesit
caerimoniis et sacris, alterum quod interpretetur
fatidicorum et vatium ecfata incognita, quorum senatus populusque asciverit. Interpretes autem Iovis optumi maxumi, publici augures, signis et auspiciis postera vidento, disciplinam tenento, sacer-
dotesque vineta virgetaque et salutem populi au-
guranto, quique agent rem duelli quique popularem, auspicium praemonento ollique obtemperan-
to. Divorumque iras providento sisque apparento,
caelique fulgura regionibus ratis temperanto, ur-
bemque et agros et templa liberata et effata habento. Quaeque augur iniusta nefasta vitiosa dira defi-
xerit, inrita infectaque sunto, quique non paruerit,
capital esto.'

21

,Foederum pacis belli indutiarum ratorum fetiales iudices nuntii sunto, bella disceptanto.'

IX

,Prodigia portenta ad Etruscos haruspices, si senatus iussit, deferunto, Etruriaque principes disciplinam doceto. Quibus divis creverint, procuran-
to, idemque fulgura atque obstita pianto.'

allen sollen die Oberpriester dienen, jeder einzelne Gott soll
seinen Flamen haben. Die vestalischen Jungfrauen sollen in
der Stadt das ewige Feuer des öffentlichen Herdes bewachen.

Auf welche Weise und nach welchem Brauch diese Handlungen zu Hause und in der Öffentlichkeit vollzogen werden, sollen die Unkundigen von öffentlichen Priestern ler-
nen. Von diesen aber soll es drei Gruppen geben: die erste,
die den Feierlichkeiten und den Opfern vorsteht, die zweite,
die die nicht verstandenen Aussprüche der Weissager und
Seher deutet, soweit sie der Senat und das Volk anerkannt
haben. Die Dolmetscher aber des Juppiter Optimus Maximus, die öffentlichen Auguren, sollen mit Hilfe von Vorzeichen und durch Beobachtung des Vogelflugs die Zukunft
voraussehen, und sie sollen ihre Lehre bewahren, (21) und
sie sollen Priester, Weinpflanzungen und Weidengebüsche
und das Heil des Volkes weihen, und denjenigen, die Krieg
führen und eine Aufgabe im Namen des Volkes erledigen
werden, sollen sie vorher die Vogelschau ans Herz legen, und
jene sollen gehorchen. Sie sollen gegen die Zornesausbrüche
der Götter Vorkehrungen treffen und sich nach ihnen richten, und die Blitze des Himmels sollen sie in feststehenden
Bezirken beobachten, und sie sollen die Stadt, die Äcker und
die Beobachtungsbezirke von allem Störenden befreit und
feierlich geweiht erhalten. Und was ein Augur als ungerecht,
ruchlos, fehlerhaft und unheilvoll bestimmt hat, soll unwirk-
sam und undurchführbar sein, und wer nicht Folge leistet,
bei dem soll dies als todeswürdiges Verbrechen gelten. Für
gültige Verträge über Frieden, Krieg und Waffenstillstand
sollen die Fetiales Richter und Vermittler sein, Kriege sollen
sie durch Verhandlungen beenden.

Wunderzeichen und schlimme Vorzeichen soll man den
etruskischen Eingeweideschauern (Sehern) mitteilen, wenn
der Senat es befohlen hat, und Etrurien soll den führenden
Männern diese Lehre vermitteln. Den Göttern, für die man
es beschlossen hat, soll man Sühneopfer bei ungünstigen Vorzeichen darbringen, und ebenso soll man die Blitze sühnen
und die vom Blitz getroffenen Gegenstände reinigen.

Nocturna mulierum sacrificia ne sunto praeter olla, quae pro populo rite fient. Neve quem initianto nisi ut adsolet Cereri Graeco sacro.'

‚Sacrum commissum, quod neque expiari poterit, impie commissum esto; quod expiari poterit, publici sacerdotes expianto.'

22

‚Loedis publicis quod sine curriculo et sine certatione corporum fiat, popularem laetitiam in cantu et fidibus et tibiis moderanto eamque cum divum honore iungunto.'

‚Ex patriis ritibus optuma colunto.'

‚Praeter Idaeae Matris famulos eosque iustis diebus ne quis stipem cogito.'

‚Sacrum sacrove commendatum qui clepsit rapsitve, parricida esto.'

‚Periurii poena divina exitium, humana dedecus.'
‚Incestum pontifices supremo supplicio sanciunto.'
‚Impius ne audeto placare donis iram deorum.'

‚Caute vota reddunto. Poena violati iuris esto.'
‚Nequis agrum consecrato. Auri, argenti, eboris sacrandi modus esto.'
‚Sacra privata perpetua manento.'
‚Deorum Manium iura sancta sunto. Bonos leto datos divos habento. Sumptum in ollos luctumque minuunto.'

Nächtliche Opferhandlungen von Frauen sollen nicht stattfinden außer jenen, die für das Volk ordnungsgemäß durchgeführt werden. Auch sollen sie niemanden in eine Mysterienreligion einweihen außer in den Kult der Ceres, wie es üblicherweise geschieht, nach griechischem Brauch.

(22) Eine religiöse Freveltat, die nicht entsühnt werden kann, soll als eine für immer ruchlose Tat begangen sein; eine Tat, die entsühnt werden kann, sollen die staatlichen Priester entsühnen.

Während der öffentlichen Spiele, soweit sie ohne Wettlauf und ohne körperlichen Wettkampf stattfinden, soll man die Freude des Volkes durch Gesang, Lautenklang und Flötenspiel in Grenzen halten und sie mit einer Ehrung der göttlichen Mächte verknüpfen.

Von den überkommenen Bräuchen sollen sie das Beste pflegen.

Außer den Dienern der Mutter vom Idagebirge, aber auch nur an den gesetzlich erlaubten Tagen, soll niemand um Almosen bitten.

Wer etwas Heiliges oder an heiliger Stätte Aufbewahrtes stiehlt oder raubt, soll als Schwerverbrecher gelten. Die göttliche Strafe für Meineid sei Auslöschung, die menschliche Schimpf und Schande.

Unzucht sollen die Oberpriester mit härtester Bestrafung ahnden.

Ein Gottloser soll es nicht wagen, Götterzorn mit Geschenken zu besänftigen.

Gelübde soll man mit Bedacht erfüllen. Auf Verletzung des Rechts soll Strafe folgen.

Niemand soll einen Acker weihen. Für das Opfern von Gold, Silber und Elfenbein soll es eine Grenze geben.

Private Kulthandlungen sollen auf immer erhalten bleiben.

Die Rechte der göttlichen Seelen unserer Verstorbenen sollen unantastbar sein. Gute Menschen soll man nach ihrem Tod für Götter halten. Den Aufwand für sie und die Trauer sollen sie in Grenzen halten.

ATTICUS. Conclusa quidem est a te magna lex   **X** sane quam brevi! Sed ut mihi quidem videtur, non   23 multum discrepat ista constitutio religionum a legibus Numae nostrisque moribus.

MARCUS. An censes, quom in illis de re publica libris persuadere videatur Africanus, omnium rerum publicarum nostram veterem illam fuisse optumam, non necesse esse optumae rei publicae leges dare consentaneas?

ATTICUS. Immo prorsus ita censeo.

MARCUS. Ergo adeo expectate leges, quae genus illud optumum rei publicae contineant, et si quae forte a me hodie rogabuntur, quae non sint in nostra re publica nec fuerint, tamen fuerunt fere in more maiorum, qui tum ut lex valebat.

ATTICUS. Suade igitur si placet istam ipsam   24 legem, ut ego ‚utei tu rogas‘ possim dicere.

MARCUS. Ain tandem Attice? Non es dicturus aliter?

ATTICUS. Prorsus maiorem quidem rem nullam sciscam aliter, in minoribus si voles remittam hoc tibi.

QUINTUS. Atque mea quidem eadem sententia est.

MARCUS. At ne longum fiat videte.

ATTICUS. Utinam quidem! Quid enim agere malumus?

MARCUS. Caste iubet lex adire ad deos, animo videlicet in quo sunt omnia; nec tollit castimoniam corporis, sed hoc oportet intellegi, quom multum

(23) Atticus: Wie schnell und zugleich umfassend hast du uns jetzt wirklich ein bedeutendes Gesetzeswerk vorgestellt. Aber wie mir scheint, unterscheidet sich diese religiöse Ordnung nicht so sehr von den Gesetzen des Numa und unseren Gepflogenheiten.

Marcus: Meinst du etwa, obwohl uns Africanus in den schon mehrfach erwähnten Büchern über den Staat davon zu überzeugen scheint, daß unter allen Staaten unser eigener Staat in der Frühzeit der beste war, es sei nicht notwendig, dem besten Staat entsprechende Gesetze zu geben?

Atticus: Nein, im Gegenteil. Ich meine, es sei notwendig.

Marcus: Dann rechnet also mit Gesetzen, die jene vollkommene Erscheinungsform eines Staates zusammenhalten, und wenn ich heute zufällig irgendwelche Gesetze beantrage, die es in unserem Staat nicht gibt und auch nicht gab, so waren sie doch weitgehend in den Sitten und Gebräuchen unserer Vorfahren enthalten, und sie hatten seinerzeit dieselbe Bedeutung wie ein Gesetz.

(24) Atticus: Überzeuge uns also, wenn es dir recht ist, von eben diesem Geetz, damit ich sagen kann: „Wie du beantragst."

Marcus: Meinst du denn wirklich, Atticus? Willst du keinen anderen Vorschlag machen?

Atticus: Auf keinen Fall werde ich mich in einer so wichtigen Sache anders entscheiden; bei weniger wichtigen Dingen werde ich dir die Entscheidung überlassen, wenn du es willst.

Quintus: Und ich bin derselben Ansicht.

Marcus: Aber achtet darauf, daß es nicht zu ausführlich wird.

Atticus: Es soll ruhig ausführlich werden. Was wollen wir denn lieber tun?

Marcus: Das Gesetz befiehlt, man soll sich den Göttern in Reinheit nähern, das heißt natürlich mit reiner Seele, in der alles enthalten ist; damit macht es aber die Reinheit des Körpers nicht überflüssig, sondern man muß dies so ver-

animus corpori praestet, observeturque, ut casto
corpore adeatur, multo esse in animis id servan-
dum magis. Nam illud vel aspersione aquae vel
dierum numero tollitur, animi labes nec diuturnitate evanescere, nec amnibus ullis elui potest.   25
Quod tamen pietatem adhiberi, opes amoveri iubet, significat probitatem gratam esse deo, sumptum esse removendum. Quid enim? Paupertatem
cum divitiis etiam inter homines esse aequalem ve-
limus, cur eam sumptu ad sacra addito deorum
aditu arceamus? Praesertim cum ipsi deo nihil minus gratum futurum sit, quam non omnibus patere
ad se placandum et colendum viam. Quod autem
non iudex, sed deus ipse vindex constituitur,
praesentis poenae metu religio confirmari videtur.

Suosque deos aut novos aut alienigenas coli con-
fusionem habet religionum, et ignotas caerimonias
nostris sacerdotibus. Nam a patribus acceptos   26
deos ita placet coli, si huic legi paruerint ipsi
patres.

Delubra esse in urbibus censeo, nec sequor ma-
gos Persarum, quibus auctoribus Xerses inflam-
masse templa Graeciae dicitur, quod parietibus in-
cluderent deos, quibus omnia deberent esse paten-
tia ac libera, quorumque hic mundus omnis templum esset et domus. Melius Graii atque nostri,   XI
qui ut augerent pietatem in deos, easdem illos ur-

stehen: Wenn die Seele im Vergleich zum Körper einen weit-
aus höheren Wert hat und wenn man schon darauf achtet,
sich mit reinem Körper den Göttern zu nähern, dann ist die
Reinheit der Seele noch viel sorgfältiger zu beachten. Denn
die Unreinheit des Körpers wird entweder durch Besprengen mit Wasser oder nach Ablauf einer bestimmten Frist
beseitigt, eine Verunreinigung der Seele läßt sich aber weder
mit der Zeit noch gar mit irgendwelchem Wasser fortspülen.

(25) Doch wenn das Gesetz befiehlt, Ehrfurcht zu zeigen
und allen Reichtum abzulegen, dann will es damit sagen, daß
es die Redlichkeit ist, die einem Gott willkommen ist, und
daß man auf großen Aufwand verzichten muß. Was bedeutet
das? Da wir Wert darauf legen, daß Armut und Reichtum
auch bei den Menschen keinen Unterschied machen, warum
sollen wir der Armut den Zugang zu den Göttern versper-
ren, indem bei den Opfern großer Aufwand getrieben wird?
Zumal gerade einem Gott nichts weniger willkommen sein
wird, als daß nicht allen der Weg offensteht, ihn zu besänftigen und zu verehren. Wenn aber nicht ein Richter, sondern
Gott unmittelbar als Rächer auftritt, dann wird offensichtlich aus Angst vor unverzüglicher Bestrafung die Gottes-
furcht gestärkt.

Wenn man seine eigenen, neue oder fremde Götter verehrt, so bedeutet dies eine Gefährdung ordnungsgemäßer
Religionsausübung und verlangt religiöse Zeremonien, die
unseren Priestern unbekannt sind. (26) Die von den Vätern
übernommenen Götter dürfen nämlich nur dann verehrt
werden, wenn auch schon die Väter diesem Gesetz gehorcht
haben.

Daß es Heiligtümer in den Städten gibt, halte ich für unerläßlich, und ich folge nicht den persischen Magiern, auf
deren Rat hin Xerxes die Tempel in Griechenland in Brand
gesetzt haben soll, weil sie in ihren Wänden die Götter ein-
schlössen, die überall freien Zugang haben müßten und
deren Tempel und Haus diese ganze Welt sei. Die Griechen
und unsere Landsleute sind besser damit umgegangen, die,
um die Ehrfurcht vor den Göttern zu vertiefen, wollten, daß

bis quas nos incolere voluerunt. Adfert enim haec opinio religionem utilem civitatibus, si quidem et illud bene dictum est a Pythagora doctissimo viro, tum maxume et pietatem et religionem versari in animis, cum rebus divinis operam daremus, et quod Thales, qui sapientissimus in septem fuit, homines existimare oportere, omnia quae cernerent deorum esse plena; fore enim omnis castioris, veluti quom in fanis essent maxime religiosis. Est enim quaedam opinione species deorum in oculis, non solum in mentibus. Eandemque rationem luci habent in agris, neque ea quae a maioribus prodita est cum dominis tum famulis, posita in fundi villaeque conspectu religio Larum repudianda est.

27

Iam ritus familiae patrumque servare, id est, quoniam antiquitas proxume accedit ad deos, a dis quasi traditam religionem tueri.

Quod autem ex hominum genere consecratos, sicut Herculem et ceteros, coli lex iubet, indicat omnium quidem animos immortalis esse, sed fortium bonorumque divinos. Bene vero quod Mens, Pietas, Virtus, Fides consecratur humana, quarum omnium Romae dedicata publice templa sunt, ut illa qui habeant – habent autem omnes boni – deos ipsos in animis suis conlocatos putent. Nam illud vitiosum Athenis, quod Cylonio scelere expiato, Epimenide Crete suadente, fecerunt Contumeliae fanum et Inpudentiae. Virtutes enim, non vitia

28

jene dieselben Städte wie wir bewohnten. Diese Auffassung führt nämlich zu einer den Städten nützlichen Achtung vor den Göttern, so wahr Pythagoras, der hochgelehrte Philosoph, mit seiner Aussage recht hat, daß Achtung und Ehrfurcht vor den Göttern vor allem dann in den Herzen wohnten, wenn wir uns um die Verehrung der Götter kümmerten, und so wahr das zutrifft, was Thales, der weiseste unter den Sieben, behauptete, daß nämlich die Menschen glauben müßten, alles, was sie sähen, sei voller Götter; dann lebten nämlich alle Menschen in größter Reinheit, als ob sie sich an besonders heiligen Stätten aufhielten. Man ist nämlich der Meinung, daß die Gestalt der Götter in einem gewissen Sinne auch für die Augen und nicht nur für den Geist sichtbar sei. (27) Denselben Zweck erfüllen die Haine auf dem Lande, und die Verehrung der Laren, die von unseren Vorfahren sowohl den Herren als auch besonders den Dienern überliefert wurde und im Umkreis des Grundstückes und des Landhauses ihren Platz hat, darf nicht abgelehnt werden.

Außerdem ist das heilige Brauchtum der Familie und der Vorfahren zu erhalten, das heißt, es ist, da die alte Zeit den Göttern am nächsten ist, als ein sozusagen von den Göttern direkt übernommener Gottesdienst zu schützen.

Wenn aber das Gesetz befiehlt, zu Gottheiten erhobene Menschen wie Herkules und andere zu verehren, dann zeigt es damit an, daß zwar die Seelen aller Menschen unsterblich sind, die der Tapferen und Rechtschaffenen aber göttlich. (28) Es ist vollends gut, daß menschlicher Verstand, menschliche Frömmigkeit, Tapferkeit und Treue zu Gottheiten erhoben werden, die alle ihre im Namen des Staates geweihten Tempel in Rom haben, so daß die Menschen, die diese Tugenden besitzen – alle Rechtschaffenen besitzen sie ohne Zweifel –, glauben, die Götter selbst wohnten in ihren Seelen. Denn das ist falsch in Athen, daß man nach der Sühnung der kylonischen Freveltat auf Anraten des Kreters Epimenides der Beleidigung (der Götter) und der Schamlosigkeit Tempel errichtete. Man darf nämlich nur die Tugenden, nicht aber die Laster zu Gottheiten erheben. Ebenso ist

consecrare decet. Araque vetusta in Palatio Febris
et altera Esquiliis Malae Fortunae detestanda, atque omnia eius modi repudianda sunt. Quodsi fin-
genda nomina, Vicaepotae potius, Statae cognomi-
naque Statoris et Invicti Iovis, rerumque expeten-
darum nomina, Salutis, Honoris, Opis, Victoriae;
quoniamque exspectatione rerum bonarum erigi-
tur animus, recte etiam Spes a Calatino consecrata
est. Fortunaque sit Huiusce diei – nam valet in
omnis dies –, vel Respiciens ad opem ferendam,
vel Fors, in quo incerti casus significantur magis,
vel Primigenia a gignendo comes ...

Feriarum festorumque dierum ratio in liberis re-   **XII**
quietem habet litium et iurgiorum, in servis ope-   29
rum et laborum; quas conpositio anni conferre debet ad perfectionem operum rusticorum. Quod ad
tempus ut sacrificiorum libamenta serventur fetus-
que pecorum, quae dicta in lege sunt, diligenter
habenda ratio intercalandi est, quod institutum perite a Numa, posteriorum pontificum neglegentia
dissolutum est. Iam illud ex institutis pontificum
et haruspicum non mutandum est, quibus hostiis
immolandum quoique deo, cui maioribus, cui lac-
tentibus, cui maribus, cui feminis.

Plures autem deorum omnium, singuli singulo-
rum sacerdotes et respondendi iuris et conficien-
darum religionum facultatem adferunt. Quomque

der alte Altar der Fiebergöttin auf dem Palatin und der andere auf dem Esquilin, der dem Unglück geweiht ist, entschieden abzulehnen, und alles dieser Art ist zurückzuweisen. Wenn aber Namen erdacht werden müssen, dann lieber Namen wie Vicapota, Stata und die Beinamen des Juppiter Stator und Invictus, die Namen erstrebenwerter Dinge wie zum Beispiel Salus (Heil), Honos (Ehre), Ops (Hilfe), Victoria (Sieg); und da durch die Erwartung guter Dinge die Seele aufgerichtet wird, ist mit Recht auch Spes (Hoffnung) von Calatinus zur Gottheit erhoben worden. Es soll auch eine Fortuna des „heutigen Tages" geben – denn sie wirkt in alle Tage hinein – oder eine „Fürsorgliche", die für Hilfeleistung zuständig ist, oder einen „Zufall", mit dem eher unvorhersehbare Vorfälle benannt werden, oder eine „gute Fee", die uns von Geburt an begleitet. (...)

(29) Die Berücksichtigung von Feiertagen und Festtagen bedeutet bei den freien Römern eine Erholung von Prozessen und Streitfällen, bei den Sklaven ein Ausruhen von Arbeit und Mühe; bei der Einteilung des Jahres müssen diese Ruhezeiten mit der Erledigung landwirtschaftlicher Arbeiten in Einklang gebracht werden. Damit bis zu diesem Zeitpunkt die Opfergaben und die Jungtiere aus den Viehbeständen, die im Gesetz vorgeschrieben sind, aufgehoben werden können, muß das Verfahren für die Einschiebung von Schalttagen sorgfältig gehandhabt werden, ein Verfahren, das von Numa zwar mit Sachkenntnis eingeführt, durch die Nachlässigkeit der späteren Oberpriester aber zunichte gemacht wurde. Dann darf man auch die entsprechenden Vorschriften der Oberpriester und Opferschauer nicht verändern, womit geregelt ist, mit welchen Opfertieren man jedem einzelnen Gott ein Opfer darbringen muß, wem mit älteren, wem mit noch saugenden, wem mit männlichen und wem mit weiblichen Tieren.

Die Priester aber, die als Kollegium für alle Götter zuständig sind, und diejenigen, die einzeln nur für einen einzelnen Gott zuständig sind, haben die Befugnis, Rechtsauskunft zu erteilen und religiöse Handlungen durchzuführen. Da Vesta

Vesta quasi focum urbis, ut Graeco nomine est
appellata – quod nos prope idem ac Graecum, non
interpretatum nomen tenemus – conplexa sit, ei
colendae VI virgines praesint, ut advigiletur facilius ad custodiam ignis, et sentiant mulieres naturam feminarum omnem castitatem pati.

Quod sequitur vero, non solum ad religionem   30
pertinet, sed etiam ad civitatis statum, ut sine iis,
qui sacris publice praesint, religioni privatae satis
facere non possint. Continet enim rem publicam
consilio et auctoritate optimatium semper populum indigere, discriptioque sacerdotum nullum
iustae religionis genus praetermittit. Nam sunt ad
placandos deos alii constituti, qui sacris praesint
sollemnibus, ad interpretanda alii praedicta vatium, neque multorum, ne esset infinitum, neque
ut ea ipsa, quae suscepta publice essent, quisquam
extra conlegium nosset. Maximum autem et prae-   31
stantissimum in re publica ius est augurum cum
auctoritate coniunctum. Neque vero hoc, quia
sum ipse augur, ita sentio, sed quia sic existimari
nos est necesse. Quid enim maius est, si de iure
quaerimus, quam posse a summis imperiis et summis potestatibus comitiatus et concilia vel instituta
dimittere vel habita rescindere? Quid gravius
quam rem susceptam dirimi, si unus augur ,alio

sozusagen den Herd der Hauptstadt schützt, wie es in ihrem griechischen Namen zum Ausdruck kommt – den wir beinahe unverändert und unübersetzt aus dem Griechischen übernommen haben –, sollen für ihren Kult sechs Jungfrauen zuständig sein, damit die Wache zum Schutz des Feuers leichter fällt und die Römerinnen merken, daß Keuschheit in jeder Hinsicht mit der weiblichen Natur im Einklang steht.

(30) Was nun folgt, hat nicht nur mit dem Götterkult, sondern auch mit der Ordnung des Staates zu tun, in dem Sinne nämlich, daß man ohne die Mitwirkung der Fachleute, die im öffentlichen Auftrag für die religiösen Angelegenheiten zuständig sind, den privaten Götterkult nicht angemessen durchführen kann. Denn die Tatsache, daß das Volk auf das überlegte Handeln und die Überzeugungskraft der Optimaten, der Führungselite, stets angewiesen ist, bildet die Grundlage der öffentlichen Ordnung, und die Aufgabenverteilung der Priester läßt keinen Bereich gesetzmäßiger religiöser Betätigung unberücksichtigt. Denn die einen, die für die heiligen Opfer zuständig sind, bekamen die Aufgabe, die Götter zu besänftigen; die anderen wurden mit der Deutung der Weissagungen der Seher betraut, deren Zahl jedoch beschränkt blieb, damit die Angelegenheit nicht ausuferte und niemand außerhalb des Kollegiums von eben diesen Auskünften, die man im Interesse des Staates erhalten hatte, erfuhr. (31) Aber das größte Gewicht und den höchsten Rang im Staat hat das mit besonderer Überzeugungskraft verbundene Recht der Auguren. Ich denke aber nicht deshalb so, weil ich selbst Augur bin, sondern weil wir Auguren so eingeschätzt werden müssen. Denn was ist bedeutender, wenn wir uns ihr Recht genauer ansehen, als die Macht zu haben, die von den höchsten Stellen und den höchsten Ämtern einberufenen Volksversammlungen und sonstigen Versammlungen entweder aufzulösen, nachdem sie schon einberufen waren, oder für rechtswidrig zu erklären, nachdem man sie bereits abgehalten hatte? Was hat größeres Gewicht als die Unterbrechung eines bereits laufenden Ver-

die' dixerit? Quid magnificentius quam posse
decernere, ut magistratu se abdicent consules?
Quid religiosius quam cum populo, cum plebe
agendi ius aut dare aut non dare? Quid, legem si
non iure rogata est, tollere, ut Titiam decreto con-
legi, ut Livias consilio Philippi consulis et auguris?
Nihil domi, nihil militiae per magistratus gestum
sine eorum auctoritate posse cuiquam probari?

ATTICUS. Age iam ista video fateorque esse magna. Sed est in conlegio vestro inter Marcellum et
Appium optimos augures magna dissensio – nam
eorum ego in libros incidi –, cum alteri placeat
auspicia ista ad utilitatem esse rei publicae composita, alteri disciplina vestra quasi divinari videatur
posse. Hac tu de re quaero, quid sentias.

XIII
32

MARCUS. Egone? Divinationem, quam Graeci
μαντικήν appellant, esse sentio, et huius hanc ipsam partem, quae est in avibus ceterisque signis,
disciplinae nostrae. Si enim deos esse concedimus,
eorumque mente mundum regi, et eosdem hominum consulere generi, et posse nobis signa rerum
futurarum ostendere, non video, cur esse divinationem negem. Sunt autem ea, quae posui, ex quibus id, quod volumus, efficitur et cogitur. Iam
vero permultorum exemplorum et nostra est plena
res publica, et omnia regna omnesque populi
cunctaeque gentes, ex augurum praedictis multa

33

fahrens, wenn nur ein einziger Augur sagt: „An einem anderen Tag"? Was ist großartiger, als entscheiden zu können,
daß die Consuln ihr Amt niederlegen? Was ist von größerer
religiöser Bedeutung als das Recht, mit dem Volk, mit der
Plebs zu verhandeln, entweder zu gewähren oder nicht zu
gewähren? Was ist gewichtiger, als ein Gesetz aufzuheben,
wenn es nicht rechtmäßig eingebracht wurde, wie zum Beispiel das Gesetz des Titius mit einem Beschluß des Augurenkollegiums oder die Gesetze des Livius auf Anraten des
Consuls und Augurs Philippus? Oder daß nichts, was in
Friedens-, nichts was in Kriegszeiten durch die Magistrate in
die Wege geleitet wurde, ohne die Überzeugungskraft der
Auguren bei irgend jemandem auf Anerkennung stößt?

(32) ATTICUS: Gut. Ich sehe das jetzt und gebe zu, daß es
sich dabei um wichtige Dinge handelt. Aber es herrschen
doch in eurem Kollegium zwischen Marcellus und Appius,
die beide die besten Auguren sind, große Meinungsverschie-
denheiten – ich bin nämlich auf deren Bücher gestoßen –,
weil der eine die Auffassung vertritt, eure Auspizien seien
zum Nutzen des Staates eingeführt worden, während der
andere meint, eure Kunst sei dazu in der Lage, so etwas wie
Weissagungen zu treffen. Ich frage dich, was du darüber
denkst.

MARCUS: Wirklich? Ich meine, daß es die Fähigkeit zur
Weissagung gibt, die die Griechen als Mantik bezeichnen,
und daß genau der Teil der Weissagung, der den Vogelflug
und die übrigen Zeichen betrifft, der Gegenstand auch unserer Kunst ist. Wenn wir nämlich einräumen, daß es Götter
gibt, die Welt von deren Geist regiert wird und sie ebenso
auch für das Menschengeschlecht sorgen und uns Zeichen
für die Zukunft übermitteln können, dann sehe ich nicht ein,
warum ich verneinen sollte, daß es die Fähigkeit zur Weissagung gibt. (33) Es stimmt aber alles, was ich angenommen
habe, woraus alles, was wir beweisen wollen, hervorgeht
und zwangsläufig folgt. Es gibt wirklich sehr viele Beispiele
dafür in unserem Staat, in allen Königreichen, bei allen Völkern, allen Stämmen, daß vieles nach den Voraussagungen

incredibiliter vera cecidisse. Neque enim Polyidi
neque Melampodis neque Mopsi neque Amphiarai
neque Calchantis neque Heleni tantum nomen fuisset, neque tot nationes id ad hoc tempus retinuis-
sent, ut Phrygum Lycaonum Cilicum maximeque
Pisidarum, nisi vetustas ea certa esse docuisset.
Nec vero Romulus noster auspicato urbem condi-
disset, neque Atti Navi nomen memoria floreret
tam diu, nisi omnes hi multa ad veritatem admirabilia dixissent. Sed dubium non est, quin haec disciplina et ars augurum evanuerit iam et vetustate et
neglegentia. Ita neque illi adsentior, qui hanc
scientiam negat umquam in nostro collegio fuisse,
neque illi, qui esse etiam nunc putat. Quae mihi
videtur apud maiores fuisse duplex, ut ad rei publicae tempus non numquam, ad agendi consilium
saepissime pertineret.

ATTICUS. Credo hercle ita esse, istique rationi   34
potissimum adsentior. Sed redde cetera.

MARCUS. Reddam vero, et id si potero brevi.   XIV
Sequitur enim de iure belli, in quo et suscipiendo
et gerendo et deponendo ius ut plurimum valeret
et fides, eorumque ut publici interpretes essent,
lege sanximus.

Iam de haruspicum religione, de expiationibus
et procurationibus satis esse plane in ipsa lege dictum puto.
ATTICUS. Adsentior, quoniam omnis haec in religione versatur oratio.
MARCUS. At vero quod sequitur, quo modo aut

der Auguren, so unglaublich es klingt, wirklich eingetroffen ist. Denn der Name eines Polyides, Melampus, Mopsus, Amphiaraus, Calchas oder Helenus wäre nicht so bedeutend gewesen, und es hätten auch nicht so viele Völker wie die Phryger, Lykaonier, Kilikier und vor allem die Pisidier daran bis in unsere Gegenwart festgehalten, wenn die in älteste Zeiten zurückreichende Tradition nicht gelehrt hätte, daß man sich auf Weissagungen verlassen kann. Sogar unser Romulus hätte Rom nicht nach der Beobachtung des Vogelfluges gegründet, und der Name des Attius Navius lebte nicht so lange in unserer Erinnerung, wenn nicht alle diese Seher vieles erstaunlich Wahre gesagt hätten. Aber es steht außer Zweifel, daß diese hochentwickelte Kunst der Auguren jetzt aufgrund ihres hohen Alters und durch Gleichgültigkeit verlorengegangen ist. So stimme ich weder jenem zu, der behauptet, es habe diese Wissenschaft niemals in unserem Kollegium gegeben, noch jenem, der meint, es gebe sie auch jetzt noch. Sie scheint mir bei unseren Vorfahren zwei Zwecken gedient zu haben: erstens bestimmte sie manchmal die praktische Politik und zweitens beeinflußte sie sehr oft den Entschluß, in einem bestimmten Sinne zu handeln.

(34) ATTICUS: Beim Herkules, ich glaube wirklich, daß es so ist, und ich stimme diesen Überlegungen in jeder Hinsicht zu. Aber fahr bitte fort.

MARCUS: Gewiß werde ich fortfahren, und ich fasse mich kurz, so gut ich kann. Es geht jetzt nämlich um das Recht im Zusammenhang mit dem Krieg; daß bei der Kriegserklärung, der Kriegsführung und der Beendigung eines Krieges das Recht und die Rechtssicherheit höchste Geltung haben und daß es dafür staatliche Vermittler gibt, das haben wir durch ein Gesetz bestimmt.

Über die religiösen Verpflichtungen der Eingeweideschau, über die Entsühnungen und Reinigungszeremonien ist meiner Ansicht nach im Gesetz selbst schon genug gesagt.

ATTICUS: Das gebe ich zu, da sich diese Rede ausschließlich mit religiösen Fragen beschäftigt.

MARCUS: Was aber das Folgende betrifft, so frage ich mich

tu adsentiare aut ego reprehendam, sane quaero
Tite.

ATTICUS. Quid tandem id est?

MARCUS. De nocturnis sacrificiis mulierum.   35

ATTICUS. Ego vero adsentior, excepto praesertim in ipsa lege sollemni sacrificio ac publico.

MARCUS. Quid ergo aget Iacchus Eumolpidae-
que nostri et augusta illa mysteria, si quidem sacra
nocturna tollimus? Non enim populo Romano,
sed omnibus bonis firmisque populis leges damus.

ATTICUS. Excipis credo illa, quibus ipsi initiati   36
sumus.

MARCUS. Ego vero excipiam. Nam mihi cum
multa eximia divinaque videntur Athenae tuae pe-
perisse atque in vitam hominum attulisse, tum nihil melius illis mysteriis, quibus ex agresti immani-
que vita exculti ad humanitatem et mitigati sumus,
initiaque ut appellantur ita re vera principia vitae
cognovimus, neque solum cum laetitia vivendi rationem accepimus, sed etiam cum spe meliore mo-
riendi. Quid autem mihi displiceat in nocturnis,
poetae indicant comici. Qua licentia Romae data
quidnam egisset ille, qui in sacrificium cogitatam
libidinem intulit, quo ne inprudentiam quidem
oculorum adici fas fuit?

ATTICUS. Tu vero istam Romae legem rogato,
nobis nostra ne ademeris.

MARCUS. Ad nostras igitur revertor. Quibus   **XV**
profecto diligentissime sanciendum est, ut mulie-   37
rum famam multorum oculis lux clara custodiat,

doch, Titus, inwiefern du zustimmen kannst oder ich etwas zurücknehmen muß.

ATTICUS: Worum geht es dann?

(35) MARCUS: Um die nächtlichen Opferfeiern der Frauen.

ATTICUS: Darauf lasse ich mich wirklich gern ein, zumal im Gesetz selbst das feierliche öffentliche Opfer (vom Verbot) ausgenommen ist.

MARCUS: Was also werden Iakchos und unsere Eumolpiden tun, und was wird mit jenen ehrwürdigen Mysterien geschehen, wenn wir die nächtlichen Opferfeiern aufheben? Denn wir schaffen nicht nur für das römische Volk, sondern für alle zivilisierten Völker Gesetze.

(36) ATTICUS: Du machst doch, glaube ich, für jene Mysterien eine Ausnahme, in die wir selbst eingeweiht sind.

MARCUS: Ich werde hier tatsächlich eine Ausnahme machen. Denn dein Athen scheint mir viel Hervorragendes und Göttliches erzeugt und in das Leben der Menschen hineingebracht zu haben, vor allem aber jene unübertrefflichen Mysterien, durch die wir uns aus einem primitiven und ungesitteten Leben zur Menschlichkeit fortentwickelt und verfeinert, die Anfänge, wie es heißt, in Wirklichkeit aber die Grundlagen des Lebens kennengelernt und die Möglichkeit nicht nur eines Lebens in Freude, sondern auch eines Sterbens in der Hoffnung auf ein besseres Leben bekommen haben. Was mir aber an den nächtlichen Veranstaltungen nicht gefällt, darauf weisen die Komödiendichter hin. Wenn diese ungezügelte Freiheit in Rom gegeben wäre, was hätte dann der Mann getan, der von Begierde besessen vorsätzlich in die heilige Feier eindrang, in die man nicht einmal aus Versehen einen Blick hätte werfen dürfen?

ATTICUS: Du sollst meinetwegen dieses Gesetz für Rom beantragen, aber nimm uns unsere Mysterien nicht weg.

(37) MARCUS: Ich komme also auf unsere Gesetze zurück. In diesen muß zweifellos mit größter Sorgfalt festgeschrieben werden, daß das helle Tageslicht den guten Ruf unserer Frauen vor den Augen vieler Menschen bewache

initienturque eo ritu Cereri, quo Romae initiantur.
Quo in genere severitatem maiorum senatus vetus
auctoritas de Bacchanalibus et consulum exercitu
adhibito quaestio animadversioque declarat. Atque omnia nocturna – ne nos duriores forte vide-
amur – in media Graecia Pagondas Thebanus lege
perpetua sustulit. Novos vero deos et in his colen-
dis nocturnas pervigilationes sic Aristophanes fa-
cetissumus poeta veteris comoediae vexat, ut apud
eum Sabazius et quidam alii dei peregrini iudicati e
civitate eiciantur.

Publicus autem sacerdos inprudentiam consilio
expiatam metu liberet audaciam ad libidines inmit-
tendas religionibus foedas damnet atque inpiam
iudicet.

Iam ludi publici quoniam sunt cavea circuque   38
divisi, sint corporum certationes cursu et pugillatu
et luctatione curriculisque equorum usque ad cer-
tam victoriam in circo constitutae, cavea cantu vi-
geat ac fidibus et tibiis, dummodo ea moderata
sint, ut lege praescribitur. Adsentior enim Platoni
nihil tam facile in animos teneros atque mollis in-
fluere quam varios canendi sonos, quorum dici vix
potest, quanta sit vis in utramque partem. Namque et incitat languentis, et languefacit excitatos, et
tum remittit animos tum contrahit, civitatumque
hoc multarum in Graecia interfuit, antiquom vo-
cum conservare modum; quarum mores lapsi ad
mollitias pariter sunt inmutati cum cantibus, aut
hac dulcedine corruptelaque depravati ut quidam

und daß sie nach dem Ritus in die Mysterien der Ceres
eingeweiht werden sollen, nach welchem man in Rom
üblicherweise eingeweiht wird. In dieser Angelegenheit zeigen der alte Beschluß des Senats über die Bacchanalien und
die Untersuchung und Bestrafung durch die Consuln unter
Hinzuziehung des Heeres die Strenge unserer Vorfahren.
Und damit wir nicht vielleicht allzu hart erscheinen – alles
nächtliche Feiern hat der Thebaner Pagondas im Herzen von
Griechenland durch ein unumstößliches Gesetz aufgehoben.
Die neuen Götter aber und die nächtlichen Veranstaltungen
zu ihrer Verehrung greift Aristophanes, der geistreichste
Dichter der alten Komödie, in dem Maße an, daß bei ihm
Sabazios und bestimmte andere fremde Götter vor Gericht
gestellt und aus der Stadt gejagt werden.

Ein staatlich angestellter Priester soll aber unbedachtes
Handeln mit kluger Überlegung entsühnen und die Betrof-
fenen von Furcht befreien; die Unverschämtheit, schändlichen Begierden zu den Kulthandlungen Zugang zu verschaffen, soll er als verbrecherisch verdammen und als Ruchlosigkeit brandmarken.

(38) Da ja die öffentlichen Spiele in Theater- und Zirkus-
spiele unterteilt sind, sollen die körperlichen Wettkämpfe im
Laufen, im Faustkampf, im Ringen und im Wagenrennen
zur Ermittlung des Siegers im Zirkus stattfinden; das Thea-
ter soll von Gesang, Lautenklang und Flötenspiel erfüllt
sein, wenn sich dies nur in Grenzen hält, wie es vom Gesetz
vorgeschrieben wird. Ich stimme nämlich Platon zu, daß
nichts so leicht in die zarten und weichen Seelen eindringt
wie die unterschiedlichen Klänge des Gesangs; es läßt sich
kaum beschreiben, wie groß ihre Macht ist, das eine wie das
andere zu bewirken: Denn sie regen die Müden an und beruhigen die Aufgeregten, und sie schaffen mal Entspannung,
mal erzeugen sie Spannung, und vielen Städten in Griechenland lag daran, die alte Form des Gesanges zu bewahren;
ihre verweichlichten Sitten und Gewohnheiten änderten sich
in dem Maße wie ihre Musik; entweder wurden sie durch
den Reiz und die Verführung dieser Klänge verdorben, wie

putant, aut cum severitas eorum ob alia vitia ceci-
disset, tum fuit in auribus animisque mutatis etiam
huic mutationi locus. Quam ob rem ille quidem   39
sapientissimus Graeciae vir longeque doctissimus
valde hanc labem veretur. Negat enim mutari posse musicas leges sine mutatione legum publicarum.
Ego autem nec tam valde id timendum nec plane
contemnendum puto. Illud quidem videmus, quae
solebat quondam conpleri severitate iucunda Li-
vianis et Naevianis modis, nunc ut eadem cavea
exultet et cervices oculosque pariter cum modo-
rum flexionibus torqueat. Graviter olim ista vindi-
cabat vetus illa Graecia, longe providens, quam
sensim pernicies inlapsa civium in animos, malis
studiis malisque doctrinis repente totas civitates
everteret, si quidem illa severa Lacedaemo nervos
iussit, quos plures quam septem haberet, in Ti-
mothei fidibus incidi.

Deinceps in lege est, ut de ritibus patriis colan-   XVI
tur optuma. De quo cum consulerent Athenienses   40
Apollinem Pythium, quas potissimum religiones
tenerent oraclum editum est ,eas quae essent in
more maiorum'. Quo cum iterum venissent maiorumque morem dixissent saepe esse mutatum,
quaesissentque quem morem potissimum seque-
rentur e variis, respondit ,optumum'. Et profecto
ita est, ut id habendum sit antiquissimum et deo
proximum, quod sit optumum.

Stipem sustulimus nisi eam, quam ad paucos
dies propriam Idaeae Matris excepimus. Implet

manche glauben, oder weil sich ihre strenge Lebensführung schon aufgrund anderer Fehler gelockert hatte, war in den veränderten Ohren und Herzen auch für diese Veränderung Platz. (39) Daher fürchtet jener weiseste Mann und bei weitem bedeutendste Gelehrte Griechenlands diesen Niedergang sehr. Er behauptet nämlich, daß sich die musikalischen Gesetze nicht ohne Veränderung der staatlichen Gesetze ändern können. Ich glaube aber, daß man diesen Vorgang nicht so sehr zu fürchten braucht, aber auch nicht ganz vernachlässigen darf. Wir sehen allerdings auch, wie dasselbe Publikum, das einst bei den Klängen des Livius und des Naevius von heiterem Ernst erfüllt wurde, jetzt laut jubelt und Hälse und Augen bei jeder Veränderung des Gesanges verdreht. Einst bestrafte jenes alte Griechenland dieses Verhalten mit großer Strenge; denn es sah lange voraus, wie das Verderben allmählich in die Herzen der Bürger eindrang und mit schlechten Bestrebungen und schlechten Lehren plötzlich ganze Städte zugrunde richtete, so wahr jenes sittenstrenge Sparta befahl, daß die Saiten auf der Laute des Timotheos, die über die übliche Zahl von sieben Saiten hinausgingen, abgeschnitten werden sollten.

(40) Anschließend steht im Gesetz, daß man von den überkommenen Bräuchen das Beste pflegen solle. Als die Athener den pythischen Apoll danach fragten, an welchen religiösen Einrichtungen sie vor allem festhalten sollten, lautete das Orakel: „An allen, die bei den Vorfahren gebräuchlich waren." Als sie ein zweites Mal dorthin gekommen waren und gesagt hatten, der Brauch der Vorfahren habe sich häufig geändert, und als sie gefragt hatten, welchem der verschiedenen Bräuche sie sich vor allem anschließen sollten, gab das Orakel zur Antwort: „Dem besten." Und tatsächlich ist es so, daß das Beste als das Älteste und das Nächste zu Gott anzusehen ist.

Das Sammeln von Almosen haben wir aufgehoben, abgesehen von der Sammlung, bei der wir für wenige Tage ausschließlich zugunsten der Mutter vom Idagebirge eine Ausnahme gemacht haben. Denn das Sammeln von Almosen

enim superstitione animos et exhaurit domus.

   Sacrilego poena est, neque ei soli, qui sacrum abstulerit, sed etiam ei, qui sacro commendatum. Quod et nunc multis fit in fanis, et Alexander in Cilicia deposuisse apud Solensis in delubro pecuniam dicitur, et Atheniensis Clisthenes Iunoni Samiae, civis egregius, quom rebus timeret suis, filiarum dotis credidisse.   41

   Iam de periuriis, de incesto nihil sane hoc quidem loco disputandum est.

   Donis impii ne placare audeant deos, Platonem audiant, qui vetat dubitare, qua sit mente futurus deus, quom vir nemo bonus ab inprobo se donari velit.

   Diligentiam votorum satis in lege dictum est   **XVII** servari oportere: gravissima enim ex omnibus promissis est ac votis sponsio, qua obligamur deo. Poena vero violatae religionis iustam recusationem non habet. Quid ego hic sceleratorum utar exemplis, quorum plenae tragoediae? Quae ante oculos sunt, ea potius adtingam. Etsi haec commemoratio vereor ne supra hominis fortunam esse videatur, tamen quoniam sermo mihi est apud vos, nihil reticebo volamque hoc, quod loquar, diis inmortalibus gratum potius videri quam grave hominibus. Cum perditorum civium scelere discessu meo religionum iura polluta sunt, vexati nostri Lares familiares, in eorum sedibus exaedificatum templum Licentiae, pulsus a delubris is, qui illa servarat: 42

erfüllt die Herzen mit Aberglauben und saugt die Haushalte
aus. Der Tempelräuber bekommt eine Strafe, aber nicht
allein der Täter, der einen heiligen Gegenstand gestohlen
hat, sondern auch derjenige, der etwas entwendete, was in
einem Heiligtum aufbewahrt wurde. (41) Dies geschieht
heute noch in vielen Heiligtümern, aber auch schon Alexander soll in einem Tempel im kilikischen Soloi Geld hinterlegt, und der Athener Kleisthenes, ein herausragender Bürger, der Iuno von Samos die Mitgift seiner Tochter anvertraut haben, als er wegen seines Vermögens Angst hatte.

Über Meineid und Unzucht brauchen wir in diesem Zusammenhang auf keinen Fall mehr zu sprechen.

Damit die Gottlosen es nicht wagen, die Götter mit
Geschenken zu besänftigen, sollen sie auf Platon hören, der
keinen Zweifel daran zuläßt, welche Einstellung ein Gott
dazu haben wird, da doch auch kein rechtschaffener Mensch
sich von einem Verbrecher beschenken lassen will.

Daß man bei der Erfüllung von Gelübden Sorgfalt walten
lassen muß, steht ausführlich genug im Gesetz: Denn das
ernsthafteste Gelöbnis unter allen Versprechungen und
Gelübden ist dasjenige, mit dem wir uns einem Gott gegenüber binden. Aber die Strafe für die Verletzung religiöser
Pflichten läßt keinen rechtmäßigen Einspruch zu. Warum
soll ich hier Beispiele von Verbrechern nennen, von denen es
genug in den Tragödien gibt? Ich will lieber auf die Fälle
eingehen, die wir vor Augen haben. Wenn ich auch fürchte,
den Anschein zu erwecken, mich mit diesen Hinweisen über
die dem Menschen vom Schicksal zugewiesene Rolle zu
erheben, so werde ich dennoch, weil ich das Gespräch mit
euch führe, nichts verschweigen, und ich möchte mir wünschen, daß meine Worte lieber den unsterblichen Göttern
willkommen als den Menschen unangenehm erscheinen.
(42) Als durch das verbrecherische Handeln verkommener
Mitbürger die rechtlichen Bestimmungen für die religiösen
Bräuche bei meinem Weggang beschmutzt und unsere
eigenen Hausgötter geschändet wurden, als an deren Wohn-
sitz ein Tempel der Willkür errichtet und derjenige, der sie

circumspicite celeriter animo – nihil enim attinet
quemquam nominari –, qui sint rerum exitus consecuti: Nos, qui illam custodem urbis omnibus
ereptis nostris rebus ac perditis violari ab impiis
passi non sumus, eamque ex nostra domo in ipsius
patris domum detulimus, iudicia senatus, Italiae,
gentium denique omnium conservatae patriae consecuti sumus. Quo quid accidere potuit homini
praeclarius? Quorum scelere religiones tum pro-
stratae adflictaeque sunt, partim ex illis distracti ac
dissipati iacent; qui vero ex iis et horum scelerum
principes fuerant, et praeter ceteros in omni religione inpii, non solum nullo in vita cruciatu atque
dedecore, verum etiam sepultura et iustis exse-
quiarum caruerunt.

QUINTUS. Equidem ista agnosco frater, et meri- 43
tas dis gratias ago. Sed nimis saepe secus aliquanto
videmus evadere.

MARCUS. Non enim Quinte recte existimamus,
quae poena divina sit, sed opinionibus vulgi rapi-
mur in errorem, nec vera cernimus. Morte aut do-
lore corporis aut luctu animi aut offensione iudicii
hominum miserias ponderamus, quae fateor humana esse et multis bonis viris accidisse. Sceleris
est poena tristis, et praeter eos eventus, qui secun-
tur, per se ipsa maxima est: Vidimus eos, qui, nisi
odissent patriam, numquam inimici nobis fuissent,

beschützt hatte, von den heiligen Stätten vertrieben wurde: führt euch schnell vor Augen – es tut nämlich nichts zur Sache, einen bestimmten Namen zu nennen –, wohin dies geführt hat: Wir, die wir es nicht duldeten, daß jene Schutzgöttin der Stadt, nachdem unser gesamter Besitz geplündert und zerstört worden war, auch noch von den Frevlern befleckt wurde, und sie aus unserem Haus in das Haus ihres eigenen Vaters brachten, haben vom Senat, von Italien und schließlich allen Völkern bestätigt bekommen, daß wir unser Vaterland gerettet hatten. Welche Auszeichnung hätte für einen Menschen größer sein können als diese? Die Leute, durch deren verbrecherisches Handeln die religiösen Bräuche damals in den Schmutz getreten und vernichtet wurden, sind zum Teil in alle Winde zerstreut und liegen am Boden; die anderen aber, die sich als die Hauptverantwortlichen für diese Verbrechen erwiesen und sich weit mehr als die übrigen jedes nur denkbaren Religionsfrevels schuldig gemacht haben, mußten nicht nur im Leben jedes Leid und jede Schande über sich ergehen lassen, sondern bekamen auch kein Begräbnis und keine feierliche Bestattung, wie es sonst üblich ist.

(43) QUINTUS: Mir ist das alles bekannt, mein Bruder, und ich erweise den Göttern die Dankbarkeit, die ihnen zusteht. Aber leider sehen wir, daß die Verhältnisse oft ganz anders sind.

MARCUS: Ja, Quintus, denn wir durchschauen nicht richtig, was eine göttliche Strafe ist, sondern lassen uns durch die Meinungen der Masse in die Irre führen und sehen die Wahrheit nicht. Im Hinblick auf den Tod, den körperlichen Schmerz, den seelischen Kummer oder eine Niederlage vor Gericht beurteilen wir das Unglück der Menschen; doch ich muß gestehen, daß diese Ereignisse ganz menschlich sind und schon vielen rechtschaffenen Leuten zustießen. Das Verbrechen als solches bedeutet schon eine harte Strafe, und abgesehen von den Folgen der bösen Tat ist diese an sich schon die größte Strafe: Wir haben gesehen, wie sich diejenigen, die niemals unsere Feinde geworden wären, wenn sie

ardentis tum cupiditate, tum metu, tum conscientia, quid agerent, modo timentis, vicissim contem-
nentis religiones, iudicia perrupta ab isdem cor-
ruptela hominum, non deorum.

Reprimam iam me, non insequar longius, eoque   44
minus quo plus poenarum habeo, quam petivi.
Tantum ponam brevi, duplicem poenam esse divinam, quod constat et ex vexandis vivorum animis,
et ea fama mortuorum, ut eorum exitium et iudicio
vivorum et gaudio conprobetur.

Agri autem ne consecrentur, Platoni prorsus ad-   XVIII
sentior, qui, si modo interpretari potuero, his fere   45
verbis utitur: ,Terra igitur ut focus domiciliorum
sacra deorum omnium est. Quocirca ne quis iterum idem consecrato. Aurum autem et argentum
in urbibus et privatim et in fanis invidiosa res est.
Tum ebur ex inani corpore extractum haud satis
castum donum deo. Iam aes atque ferrum duelli
instrumenta, non fani. Ligneum autem, quod quisque voluerit, uno e ligno dicato, itemque lapi-
deum, in delubris communibus, textile ne operosius quam mulieris opus menstruum. Color autem
albus praecipue decorus deo est, cum in cetero
tum maxime in textili; tincta vero absint nisi a
bellicis insignibus. Divinissima autem dona aves et
formae ab uno pictore uno absolutae die, itemque

nicht das Vaterland gehaßt hätten, bald von ihrer Gier, bald von Furcht, bald von Schuldbewußtsein angesichts ihrer Taten verzehren ließen, und wie sie einerseits von Angst befallen wurden und andererseits alle religiösen Gefühle verachteten und wie schließlich die gerichtlichen Untersuchungen durch die Bestechung der Menschen, nicht aber der Götter von denselben Leuten zunichte gemacht wurden.

(44) Ich werde mich jetzt zurückhalten und der Sache nicht weiter nachgehen, und zwar deshalb, weil ich mehr Entschädigung erhielt, als ich verlangte. Ich will nur ganz kurz feststellen, daß die göttliche Strafe zwei Seiten hat, weil sie einerseits aus den seelischen Qualen besteht, die die Täter zu Lebzeiten spüren, und andererseits, wenn sie tot sind, aus einem Leumund, der sich so anhört, daß ihr Ende von den Lebenden aus innerer Überzeugung und mit Freude begrüßt wird.

(45) Aber daß man die Äcker nicht weihen soll, darin stimme ich ganz mit Platon überein, der, wenn ich es nur richtig übersetzen kann, ungefähr diese Worte gebraucht: „Die Erde ist also wie der Herd in den Häusern allen Göttern heilig. Darum soll niemand dasselbe ein zweites Mal weihen. Aber Gold und Silber ist in den Städten, sowohl zu Hause als auch in den Tempeln, ein niederregender Besitz. Ferner ist Elfenbein, weil es aus einem toten Körper herausgezogen wurde, kein Geschenk, das über die für einen Gott erforderliche Reinheit verfügt. Weiterhin sind Bronze und Eisen Werkzeuge des Krieges und nicht für ein Heiligtum geeignet. Aber einen Gegenstand aus Holz, sofern er aus einem Stück ist, und ebenso aus Stein soll jeder nach Belieben in den öffentlichen Tempeln als Weihgeschenk darbringen; dasselbe gilt für ein Stück Stoff, das aber nicht mehr Arbeit machen darf, als eine Frau in einem Monat schafft. Als Farbe aber paßt Weiß besonders gut zu einem Gott, das trifft im allgemeinen und ganz besonders auf ein Stück Stoff zu; bunte Farben aber soll man vermeiden außer bei kriegerischem Schmuck. Die den Göttern liebsten Geschenke aber sind Vögel und Bilder, sofern sie von einem einzigen Maler

cetera huius exempli dona sunto'. Haec illi pla-
cent. Sed ego cetera non tam restricte praefinio, vel
hominum vitiis vel subsidiis temporum victus: terrae cultum segniorem suspicor fore, si ad eam
utendam ferroque subigendam superstitionis aliquid accesserit.

ATTICUS. Habeo ista. Nunc de sacris perpetuis
et de Manium iure restat.

MARCUS. O miram memoriam Pomponi tuam!
At mihi ista exciderant.

ATTICUS. Ita credo. Sed tamen hoc magis eas res   46
et memini et exspecto, quod et ad pontificium ius
et ad civile pertinent.

MARCUS. Vero, et a peritissimis sunt istis de rebus et responsa et scripta multa, et ego in hoc
omni sermone nostro, quod ad cumque legis genus
me disputatio nostra deduxerit, tractabo, quoad
potero, eius ipsius generis ius civile nostrum, sed
ita locus ut ipse notus sit, ex quo ducatur quaeque
pars iuris, ut non difficile sit, qui modo ingenio
possit moveri, quaecumque nova causa consulta-
tiove acciderit, eius tenere ius, quom scias, a quo   XIX
sit capite repetendum. Sed iuris consulti, sive erro-   47
ris obiciundi causa, quo plura et difficiliora scire
videantur, sive, quod similius veri est, ignoratione
docendi – nam non solum scire aliquid artis est,
sed quaedam ars est etiam docendi – saepe quod

an einem einzigen Tag vollendet wurden; und die übrigen Geschenke sollen ebenfalls diesem Muster entsprechen." So sieht es Platon. Aber ich lege das Übrige nicht so streng fest, weil ich mich angesichts der menschlichen Fehler und der großen Mittel unserer Zeit geschlagen geben muß: Ich vermute aber, daß die Pflege des Landes weniger ertragreich sein wird, wenn zu seiner Nutzung und Bearbeitung mit dem Pflug irgendwelche abergläubischen Handlungen hinzukommen.

ATTICUS: Ich habe alles verstanden. Jetzt ist nur noch offen, was du über die immerwährenden Kulthandlungen und über das Recht der göttlichen Seelen unserer Verstorbenen sagen willst.

MARCUS: Was hast du bloß für ein erstaunliches Gedächtnis, Pomponius. Mir dagegen war dies schon ganz entfallen.

(46) ATTICUS: Das glaube ich. Trotzdem denke ich um so mehr daran und warte gespannt darauf, weil es hier sowohl um das Priesterrecht als auch um das Zivilrecht geht.

MARCUS: Richtig. Einerseits gibt es von den größten Fachleuten viele Rechtsgutachten und Abhandlungen über diese Fragen, und andererseits will auch ich bei jeder sich bietenden Gelegenheit in unserem derzeitigen Gespräch, auf welches gesetzliche Sachgebiet mich unsere Erörterung auch führt, auf unser Zivilrecht im Zusammenhang mit eben diesem Sachgebiet eingehen, soweit ich dazu in der Lage bin, aber so, daß der Lebensbereich selbst bekannt ist, woraus jedes Teilgebiet des Rechts hervorgeht. Denn es ist für niemanden schwierig, soweit er nur über einen beweglichen Geist verfügt, das Recht jedes beliebigen neuen Falles oder jeder beliebigen Anfrage zu erfassen, da man weiß, aus welcher Quelle man es herzuleiten hat. (47) Aber die Rechtsgelehrten, ob sie nun Unsicherheit hervorrufen wollen, um dadurch den Anschein zu erwecken, noch mehr und noch schwierigere Dinge zu wissen, oder, was wahrscheinlicher ist, weil sie nichts vom Lehren verstehen – denn eine Kunst beruht nicht nur darauf, etwas zu wissen, sondern es ist auch eine Art von Kunst, Wissen zu vermitteln –, zerlegen oft ein

positum est in una cognitione, id in infinita disper-
tiuntur. Velut in hoc ipso genere, quam magnum
illud Scaevolae faciunt, pontifices ambo et eidem
iuris peritissimi! ‚Saepe‘ inquit Publi filius ‚ex pa-
tre audivi, pontificem bonum neminem esse, nisi
qui ius civile cognosset.‘ Totumne? Quid ita?
Quid enim ad pontificem de iure parietum aut
aquarum aut ullo omnino nisi eo quod cum religione coniunctum est? Id autem quantulum est?
De sacris credo, de votis, de feriis et de sepulcris,
et si quid eius modi est. Cur igitur haec tanta faci-
mus, cum cetera perparva sint, de sacris autem, qui
locus patet latius, haec sit una sententia, ut conser-
ventur semper et deinceps familiis prodantur, et ut
in lege posui perpetua sint sacra? Haec iura ponti-   48
ficum auctoritate consecuta sunt, ut, ne morte patris familias sacrorum memoria occideret, iis essent ea adiuncta, ad quos eiusdem morte pecunia
venerit. Hoc uno posito, quod est ad cognitionem
disciplinae satis, innumerabilia nascuntur, quibus
implentur iuris consultorum libri. Quaeruntur
enim, qui adstringantur sacris. Heredum causa iu-
stissima est; nulla est enim persona, quae ad vicem
eius, qui e vita emigrarit, propius accedat. Deinde
qui morte testamentove eius tantundem capiat,
quantum omnes heredes: id quoque ordine, est
enim ad id, quod propositum est, adcommoda-
tum. Tertio loco, si nemo sit heres, is qui de bonis,

Problem, das eigentlich schon mit einer einzigen Untersuchung erledigt ist, in zahllose Einzelfragen. Das ist zum Beispiel der Fall auf dem Sachgebiet, das uns gerade beschäftigt: Welch große Bedeutung räumen ihm die beiden Scaevola ein, die beide Oberpriester und zugleich hervorragende Juristen waren. „Oft", sagte der Sohn des Publius, „habe ich von meinem Vater gehört, niemand sei ein guter Oberpriester, wenn er nicht auch das Zivilrecht kenne." Das Ganze? Wieso? Was hat denn ein Oberpriester mit dem Mauer- oder Wasserrecht oder mit irgendeinem anderen sonst noch zu tun außer mit dem Recht, das mit der Religion verbunden ist? Aber wie wenig ist das doch. Ich glaube, es geht hier nur um die Kulthandlungen, die Gelübde, die Feiertage, die Grabstätten und was es sonst noch gibt von dieser Art. Warum also räumen wir diesen Fragen eine so große Bedeutung ein, wo doch das Übrige wirklich sehr klein ist, für die Kulthandlungen aber, einen Lebensbereich größeren Ausmaßes, nur dieser eine Satz gilt, daß sie bewahrt und in den Familien von Generation zu Generation weitergegeben werden und daß sie, wie ich es im Gesetz formuliert habe, auf immer erhalten bleiben? (48) Diese Kulthandlungen erhielten durch die Überzeugungskraft der Oberpriester eine Rechtsgrundlage. Das hatte zur Folge, daß sie, um durch den Tod des Familienoberhauptes nicht in Vergessenheit zu geraten, denjenigen anvertraut wurden, denen nach dessen Tod das Vermögen zufiel. Aus dieser einen Regelung, die für das Verständnis des Verfahrens ausreicht, entstehen unzählige Fragen, die die Bücher der Rechtsgelehrten füllen. So fragt man nämlich, welche Leute denn zu den Kulthandlungen verpflichtet werden. Das ist die ureigene Angelegenheit der Erben; denn es gibt keine Person, die an die Stellung dessen, der aus dem Leben gegangen ist, näher heranreichte. Dann kommt derjenige, der durch dessen Tod oder Testament ebensoviel erhält wie alle Erben zusammen: Auch das hat seine Richtigkeit; denn es paßt zu dem Grundsatz, der zuvor aufgestellt wurde. Wenn es keinen Erben gibt, kommt an dritter Stelle derjenige, der von den Gütern, die dem

quae eius fuerint, quom moritur, usu ceperit plurimum possidendo. Quarto, si nemo sit, qui ullam
rem ceperit, is qui de creditoribus eius plurimum   49
servet. Extrema illa persona est, ut is, si qui ei, qui
mortuus sit, pecuniam debuerit neminique eam
solverit, proinde habeatur, quasi eam pecuniam
ceperit.

Haec nos a Scaevola didicimus, non ita descripta   XX
ab antiquis. Nam illi quidem his verbis docebant:
tribus modis sacris adstringi:hereditate, aut si
maiorem partem pecuniae capiat, aut si maior pars
pecuniae legata est, si inde quippiam ceperit. Sed
Pontificem sequamur. Videtis igitur omnia pende-   50
re ex uno illo, quod pontifices cum pecunia sacra
coniungi volunt, isdemque ferias et caerimonias
adscribendas putant.

Atque etiam dant hoc Scaevolae, quom est parti-
tio, ut, si in testamento deducta scripta non sit,
ipsique minus ceperint quam omnibus heredibus
relinquatur, sacris ne alligentur. In donatione hoc
idem secus interpretantur: quod pater familias in
eius donatione, qui in ipsius potestate est, adpro-
bavit, ratum est; quod eo insciente factum est, si id
is non adprobat, ratum non est. His propositis   51
quaestiunculae multae nascuntur, quas qui non intellegat, si ad caput referat, per se ipse facile per-
spiciat. Veluti si minus quis cepisset, ne sacris alli-
garetur, ac post de eius heredibus aliquis exegisset

Eigentümer gehörten, als er starb, den größten Teil erhielt,
weil er ihn schon durch lange Nutzung in Besitz hatte.
Wenn es niemanden gibt, der irgend etwas erhielt, steht an
vierter Stelle derjenige, der sich aus der Schar seiner Gläubi-
ger den höchsten Anteil sichern kann. (49) Zuletzt finden
wir noch die Person dessen vor, der dem Verstorbenen Geld
schuldete und keinem diesen Betrag zurückgezahlt hat und
infolgedessen so behandelt wird, als ob er dieses Geld
bekommen hätte.

Das haben wir bei Scaevola gelernt. Es war von den Alten
so nicht aufgeschrieben worden. Denn jene vertraten folgende Lehre: Auf dreierlei Weise werde man zu den Kulthandlungen verpflichtet: Durch Erbschaft oder wenn man
den größten Teil des Vermögens bekomme, oder sollte der
größere Teil des Vermögens testamentarisch vermacht worden sein, wenn man daraus etwas bekommen habe. Doch
wir wollen dem Scaevola Pontifex folgen. (50) Ihr seht also,
alles hängt nur davon ab, daß die Oberpriester die Kulthandlungen mit dem Vermögen verknüpft sehen wollen und daß
ihrer Ansicht nach denselben Personen die Aufsicht über die
Feiertage und die Feierlichkeiten zu übertragen ist.

Und auch dies gestatten die beiden Scaevola, daß die in
Frage kommenden Personen im Falle einer Vermögenstei-
lung, wenn der abgezogene Teil im Testament nicht festgelegt ist und sie selbst weniger angenommen haben, als allen
Erben insgesamt hinterlassen wird, nicht zu den Kulthandlungen verpflichtet werden. Im Falle einer Schenkung inter-
pretieren sie dies anders: Was ein Familienvater bei einer
Schenkung durch eine Person, die seiner Gewalt untersteht,
anerkannt hat, ist gültig; was ohne sein Wissen geschehen
ist, ist nicht gültig, wenn er es nicht anerkennt. (51) Aus
diesen Regelungen erwachsen viele kleine Fragen, die
jemand, falls er sie nicht versteht, leicht für sich allein durchschauen dürfte, wenn er sie auf ihren Entstehungsgrund
zurückführt. Ein Beispiel: Wenn jemand weniger angenommen hätte, um sich der Verpflichtung zu den Kulthandlungen zu entziehen, und später einer von seinen Erben für

pro sua parte id, quod ab eo, quoi ipse heres esset,
praetermissum fuisset, eaque pecunia non minor
esset facta cum superiore exactione quam heredibus omnibus esset relicta, qui eam pecuniam exegisset, solum sine coheredibus sacris alligari.
Quin etiam cavent, ut, cui plus legatum sit, quam
sine religione capere liceat, is per aes et libram
heredes testamenti solvat, propterea quod eo loco
res est ita soluta hereditate, quasi ea pecunia legata
non esset.

Hoc ego loco multisque aliis quaero a vobis   **XXI**
Scaevolae, pontifices maximi et homines meo qui-   52
dem iudicio acutissimi, quid sit, quod ad ius pontificium civile adpetatis. Civilis enim iuris scientia
pontificium quodam modo tollitis. Nam sacra
cum pecunia pontificum auctoritate, nulla lege
coniuncta sunt. Itaque si vos tantummodo pontifices essetis, pontificalis maneret auctoritas; sed
quod idem iuris civilis estis peritissimi, hac scientia
illam eluditis. Placuit P. Scaevolae et Ti. Corunca-
nio pontificibus maximis itemque ceteris, eos, qui
tantundem caperent, quantum omnes heredes sacris alligari. Habeo ius pontificium. Quid huc ac-   53
cessit ex iure civili? Partitionis caput scriptum caute, ut centum nummi deducerentur: inventa est
ratio, qua pecunia sacrorum molestia liberaretur.
Quodsi hoc, qui testamentum faciebat, cavere no-
luisset, admonet iuris consultus hic quidem ipse

seinen Teil Anspruch erhoben hätte auf das, was von seinem Erblasser ausgeschlagen worden war, und diese Summe zusammen mit dem von ihm bisher geltend gemachten Anspruch nicht kleiner geblieben wäre als die Summe, die allen Erben insgesamt hinterlassen wurde, dann wäre dieser, der auf diese Summe Anspruch erhoben hätte, als einziger ohne seine Miterben zu den Kulthandlungen verpflichtet. Ja, sie sorgen sogar dafür, daß jemand, dem mehr vermacht worden ist, als er ohne Verpflichtung zu den Kulthandlungen annehmen dürfte, durch förmlichen Kauf die Erben des Testaments befreit, weil sich bei einer solchermaßen befreiten Erbschaft die Sache so verhält, als wäre die betreffende Summe gar nicht vermacht worden.

(52) An diesem Punkt und an vielen anderen frage ich euch, ihr beiden Scaevola, die ihr doch höchste Oberpriester und meiner Ansicht nach jedenfalls Menschen von schärfstem Verstand seid, aus welchem Grund ihr zum Priesterrecht auch noch das Zivilrecht beansprucht. Mit der Kenntnis des Zivilrechts hebt ihr nämlich in einem gewissen Sinne das Priesterrecht auf. Denn die Kulthandlungen sind aufgrund der Überzeugungskraft der Priester, nicht durch irgendein Gesetz an das Vermögen gebunden. Wenn ihr daher eben nur Priester wäret, bliebe eure priesterliche Überzeugungskraft erhalten; doch weil ihr zugleich hervorragende Kenner des Zivilrechts seid, verspottet ihr mit diesem Wissen eure priesterliche Überzeugungskraft. Publius Scaevola und Tiberius Coruncanius, die höchsten Oberpriester, haben ebenso wie die anderen beschlossen, daß diejenigen, die ebensoviel bekämen wie alle Erben zusammen, zu den Kulthandlungen verpflichtet seien. Soweit das Priesterrecht. (53) Was ist nun aus dem Zivilrecht noch hinzugekommen? Eine die Teilung betreffende Maßnahme, daß hundert Sesterzen abgezogen werden sollen: Hiermit fand man eine Möglichkeit, wie das Vermögen von der Last der Kulthandlungen befreit werden konnte. Wenn nun der Verfasser des Testaments dies nicht hätte vermeiden wollen, dann empfiehlt doch tatsächlich eben dieser Rechtsgelehrte

Mucius, pontifex idem, ut minus capiat, quam omnibus heredibus relinquatur. Supra dicebant, quic-
quid cepisset, adstringi: rursus sacris liberantur.
Hoc vero nihil ad pontificium ius et e medio est
iure civili, ut per aes et libram heredem testamenti
solvant et eodem loco res sit, quasi ea pecunia legata non esset, etsi is, cui legatum est, stipulatus
est id ipsum, quod legatum est, ut ea pecunia ex
stipulatione debeatur, sitque eadem sacris non alli-
gata. Venio ad Manium iura, quae maiores nostri   54
et sapientissime instituerunt et religiosissime co-
luerunt. Februario autem mense, qui tum extre-
mus anni mensis erat, mortuis parentari voluerunt;
quod tamen D. Brutus, ut scriptum a Sisenna est,
Decembri facere solebat. Cuius ego rei causam
cum mecum quaererem, Brutum reperiebam in
hac re idcirco a more maiorum discessisse – nam
Sisennam video causam, cur ille vetus institutum
non servaret, ignorare, Brutum autem maiorum
nostrorum institutum temere neglexisse non sit
mihi veri simile, doctum hominem sane, cuius fuit
Accius perfamiliaris –; sed mensem credo extremum anni ut veteres Februarium sic hic Decemb-
rem sequebatur. Hostia autem maxima parentare
pietatis esse adiunctum putabat.

Iam tanta religio est sepulcrorum, ut extra sacra   **XXII**
et gentem inferri fas negent esse, idque apud maio-   55
res nostros A. Torquatus in gente Popillia iudica-

Mucius, der zugleich Priester ist, daß man weniger annehme, als allen Erben insgesamt hinterlassen wird. Früher hieß es, man sei zu den Kulthandlungen verpflichtet, was immer man angenommen habe: Dann aber wird man wieder von den Kulthandlungen befreit. Das hat wirklich nichts mit dem Priesterrecht zu tun und stammt mitten aus dem Zivilrecht, daß man durch förmlichen Kauf den Erben des Testaments befreit und dann die Verhältnisse so sind, als ob dieses Geld nicht vermacht worden wäre, und wenn derjenige, dem die Summe vermacht wurde, sich eben dies förmlich ausbedungen hat, was ihm vermacht wurde, so daß ihm dieses Geld aufgrund der getroffenen Vereinbarung zusteht und ihn nicht gleichzeitig zu den Kulthandlungen verpflichtet hat. (54) Ich komme jetzt auf die Rechte der göttlichen Seelen unserer Verstorbenen, die unsere Vorfahren sehr vernünftig eingerichtet und sehr gewissenhaft gepflegt haben. Im Monat Februar aber, der damals der letzte Monat des Jahres war, wollten sie, daß ihren Verstorbenen Totenopfer dargebracht wurden; doch Decimus Brutus pflegte dies, wie es bei Sisenna heißt, im Dezember zu tun. Als ich mich nach dem Grund dafür fragte, fand ich heraus, daß Brutus in dieser Angelegenheit deshalb von der Sitte unserer Vorfahren abwich – denn ich sehe, daß Sisenna den Grund dafür nicht kennt, daß jener die alte Einrichtung nicht beachtete; daß Brutus aber die Einrichtung unserer Vorfahren aus Gedankenlosigkeit mißachtet habe, kommt mir nicht wahrscheinlich vor, war er doch ein wirklich gelehrter Mann, mit dem Accius in enger Verbindung stand –; ich glaube vielmehr, er hielt sich an den Dezember als den letzten Monat des Jahres, wie die Alten sich an den Februar hielten. Er hielt es zudem für ein besonderes Merkmal von Frömmigkeit, das Totenopfer mit dem größten Opfertier zu vollziehen. (55) Außerdem ist die Achtung vor den Grabstätten so groß, daß sie es zu einer Freveltat erklären, wenn dort eine Bestattung ohne entsprechende Kulthandlungen und Zugehörigkeit zum Familienverband vorgenommen wird, und so hat es bei unseren Vorfahren Aulus Torquatus im Falle des

vit. Nec vero tam denicales, quae a nece appellatae
sunt, quia residentur mortuis, quam ceterorum
caelestium quieti dies feriae nominarentur, nisi
maiores eos, qui ex hac vita migrassent, in deorum
numero esse voluissent. Eas in eos dies conferre
ius, ut nec ipsius neque publicae feriae sint. Tota-
que huius iuris conpositio pontificalis magnam religionem caerimoniamque declarat. Neque necesse
est edisseri a nobis, quae finis funestae familiae,
quod genus sacrificii Lari vervecibus fiat, quem ad
modum os resectum terra obtegatur, quaeque in
porca contracta iura sint, quo tempore incipiat sepulcrum esse et religione teneatur. At mihi quidem
antiquissimum sepulturae genus illud fuisse videtur, quo apud Xenophontem Cyrus utitur: reddi-
tur enim terrae corpus, et ita locatum ac situm
quasi operimento matris obducitur. Eodemque ritu in eo sepulcro, quod haud procul a Fontis ara
est, regem nostrum Numam conditum accepimus, gentemque Corneliam usque ad memoriam
nostram hac sepultura scimus esse usam. C. Mari
sitas reliquias apud Anienem dissipari iussit Sylla
victor, acerbiore odio incitatus, quam si tam sapiens fuisset, quam fuit vehemens. Quod haud
scio an timens, ne suo corpori posset accidere, primus e patriciis Corneliis igni voluit cremari. Declarat enim Ennius de Africano: ‚Hic est ille situs.‘
Vere, nam siti dicuntur ii, qui conditi sunt. Nec

56

57

Familienverbandes der Popillier entschieden. Aber auch die Totenfeste, die ihren Namen vom Tod haben, weil sie für die Verstorbenen gefeiert werden, würden nicht genauso wie die Ruhetage zu Ehren der übrigen Götter als Feiertage bezeichnet, wenn unsere Vorfahren nicht die Auffassung vertreten hätten, daß diejenigen, die aus dem irdischen Leben geschieden sind, zu den Göttern gehörten. Es ist rechtmäßig, die Totenfeste auf solche Tage zu legen, wo weder private noch öffentliche Festtage liegen. Die Abfassung des priesterlichen Rechts beweist in jeder Hinsicht große Gewissenhaftigkeit und Ehrfurcht vor den Göttern. Und es ist nicht nötig, daß von uns in allen Einzelheiten dargelegt wird, wie die Trauerzeit einer Familie beendet wird, in welcher Form einem Laren ein Hammelopfer dargebracht wird, auf welche Weise ein abgetrennter Knochen mit Erde bedeckt wird und welche Rechte bei der Opferung eines Mutterschweines vereinbart wurden, zu welchem Zeitpunkt ein Grab ein Grab zu sein beginnt und Achtung genießt. (56) Aber mir wenigstens scheint die älteste Form der Bestattung jene gewesen zu sein, die Kyros bei Xenophon anordnet: Der tote Körper wird nämlich der Erde zurückgegeben, und wenn er so bestattet und hingelegt ist, wird er gleichsam vom schützenden Mantel der Mutter umhüllt. Und auf dieselbe Art und Weise wurde, wie wir gehört haben, unser König Numa in dem Grab bestattet, das nicht weit vom Altar des Quellgottes Fons entfernt ist, und wir wissen, daß im Familienverband der Cornelier bis in unsere Zeit diese Art der Bestattung üblich war. Die sterblichen Überreste des Gaius Marius, die am Anio beigesetzt worden waren, ließ Sulla als Sieger in alle Winde zerstreuen, angestachelt von einem Haß, der bitterer war, als es der Fall gewesen wäre, wenn er genauso viel Weisheit wie Heftigkeit besessen hätte. (57) Vielleicht weil er befürchtete, daß dies auch seinem eigenen Leichnam angetan werden könne, wollte Sulla als erster aus dem Geschlecht der patrizischen Cornelier vom Feuer verbrannt werden. Ennius sagt nämlich noch von Africanus: „Hier liegt jener begraben." Mit Recht, denn nur

tamen eorum ante sepulcrum est, quam iusta facta
et porcus caesus est. Et quod nunc communiter in
omnibus sepultis venit usu, ut humati dicantur, id
erat proprium tum in iis, quos humus iniecta con-
texerat, eumque morem ius pontificale confirmat.
Nam prius quam in os iniecta gleba est, locus ille,
ubi crematum est corpus, nihil habet religionis;
iniecta gleba tum mortuus humatus est et sepulcrum vocatur, ac tum denique multa religiosa iura
conplectitur. Itaque in eo, qui in nave necatus,
deinde in mare proiectus esset, decrevit P. Mucius
familiam puram, quod os supra terram non exta-
ret; porcam heredi esse contractam, et habendas
triduum ferias et porco femina piaculum faciundum. Si in mari mortuus esset, eadem praeter
piaculum et ferias.

ATTICUS. Video, quae sint in pontificio iure, sed   **XXIII**
quaero, ecquidnam sit in legibus.   58

MARCUS. Pauca sane Tite, et ut arbitror non
ignota vobis. Sed ea non tam ad religionem spec-
tant quam ad ius sepulcrorum. ‚Hominem mortu-
um‘ inquit lex in XII ‚in urbe ne sepelito neve
urito‘. Credo vel propter ignis periculum. Quod
autem addit ‚neve urito‘, indicat non qui uratur
sepeliri, sed qui humetur.

ATTICUS. Quid qui post XII in urbe sepulti sunt
clari viri?
MARCUS. Credo Tite fuisse aut eos, quibus hoc

von denen, die in der Erde bestattet sind, sagt man, sie liegen begraben. Doch es ist noch nicht ihr Grab, bevor die vom Recht vorgeschriebenen Handlungen vollzogen sind und das Schwein geschlachtet ist. Und was heutzutage allgemein bei allen Bestatteten üblich ist, daß sie als Beerdigte bezeichnet werden, das war seinerzeit auf diejenigen beschränkt, die von der Erde, die man auf sie geworfen hatte, bedeckt waren, und diese Sitte bestätigt das Priesterrecht. Denn bevor man einen Klumpen Erde auf die Gebeine geworfen hat, steht der Platz, wo der Leichnam verbrannt wurde, unter keinem religiösen Schutz; wenn aber Erde auf die Gebeine geworfen ist, dann ist der Tote beerdigt, und der Platz wird Grabstätte genannt, und dann erst hat er viele religiöse Rechte. Daher entschied Publius Mucius Scaevola, daß bei einem Menschen, der auf einem Schiff umgebracht und darauf ins Meer geworfen wurde, die Familie unbefleckt sei, weil die Gebeine nicht unbestattet auf der Erde liegen; der Erbe sei jedoch verpflichtet, ein Schwein zu opfern, und drei Tage lang sei eine Totenfeier abzuhalten, und mit einem weiblichen Schwein sei ein Sühneopfer durchzuführen. Wenn ein Mensch im Meer gestorben sei, gelte dasselbe außer dem Sühneopfer und der Totenfeier.

(58) ATTICUS: Ich sehe jetzt, was alles im Priesterrecht festgelegt ist, aber ich frage, ob wohl auch etwas in den Gesetzen steht.

MARCUS: Ja, aber nicht viel, Titus, und wie ich glaube, ist es euch nicht unbekannt. Aber das bezieht sich nicht so sehr auf die religiösen Pflichten wie auf das Begräbnisrecht. „Einen toten Menschen", so sagt das Gesetz auf den Zwölf Tafeln, „soll man in der Stadt nicht bestatten oder verbrennen." Ich glaube wohl wegen der Brandgefahr. Wenn es aber hinzufügt „oder verbrennen", zeigt es an, daß nicht derjenige, den man verbrennt, bestattet wird, sondern nur derjenige, den man beerdigt.

ATTICUS: Warum sind noch nach dem Zwölftafelgesetz berühmte Männer in der Stadt bestattet worden?

MARCUS: Ich glaube, Titus, es handelte sich entweder um

ante hanc legem virtutis causa tributum est, ut Po-
plicolae, ut Tuberto, quod eorum posteri iure te-
nuerunt, aut eos si qui hoc ut C. Fabricius virtutis
causa soluti legibus consecuti sunt. Sed ut in urbe
sepeliri lex vetat, sic decretum a pontificum collegio, non esse ius in loco publico fieri sepulcrum.
Nostis extra portam Collinam aedem Honoris.
Aram in eo loco fuisse memoriae proditum est. Ad
eam cum lamina esset inventa, et in ea scriptum
lamina ,Honoris‘, ea causa fuit, ut aedis haec dedi-
caretur. Sed quom multa in eo loco sepulcra fuissent, exarata sunt. Statuit enim collegium locum
publicum non potuisse privata religione obligari.

Iam cetera in XII minuendi sumptus sunt la-   59
mentationisque funebris, translata de Solonis fere
legibus. ,Hoc plus‘, inquit, ,ne facito. Rogum as-
cea ne polito‘. Nostis, quae sequuntur. Disceba-
mus enim pueri XII ut carmen necessarium, quas
iam nemo discit. Extenuato igitur sumptu tribus
reciniis et tunicula purpurea et decem tibicinibus,
tollit etiam lamentationem: ,mulieres genas ne ra-
dunto neve lessum funeris ergo habento‘. Hoc veteres interpretes Sex. Aelius L. Acilius non satis se
intellegere dixerunt, sed suspicari vestimenti aliquod genus funebris, L. Aelius lessum quasi lu-
gubrem eiulationem, ut vox ipsa significat. Quod

solche Männer, denen dieses Privileg aufgrund ihrer hervorragenden Leistungen schon vor dem Zwölftafelgesetz verlie-
hen wurde, wie dem Poplicola und dem Tubertus, deren
Nachkommen mit gutem Recht daran festgehalten haben,
oder um solche, die wie Gaius Fabricius ebenfalls aufgrund
ihrer hervorragenden Leistungen von den gesetzlichen
Bestimmungen befreit wurden und so dieses Vorrecht
erhielten. Doch wie das Gesetz die Bestattung in der Stadt
verbietet, so wurde vom Priesterkollegium entschieden, daß
es nicht rechtens sei, auf einem öffentlichen Platz ein Grabmal zu bauen. Ihr kennt den Tempel des Honos (Ehre) vor
der Porta Collina. Es ist überliefert, daß an dieser Stelle ein
Altar gestanden hat. Als man neben diesem eine Scheibe
gefunden hatte und auf dieser Scheibe das Wort „Honoris"
stand, war dies der Grund dafür, diesen Tempel zu weihen.
Weil sich aber an dieser Stelle viele Grabstätten befunden
hatten, wurden sie entfernt. Das Kollegium stellte nämlich
fest, ein öffentlicher Platz habe nicht durch einen privaten
Kult in Anspruch genommen werden können.
(59) Weiterhin dienen die übrigen Bestimmungen im
Zwölftafelgesetz dem Zweck, den Aufwand und die Totenklage zu vermindern; sie wurden im großen und ganzen aus
den Gesetzen des Solon übernommen. „Mehr als das", heißt
es dort, „darf man nicht tun: das Holz für den Scheiterhaufen darf man nicht mit der Axt glätten." Ihr wißt, was folgt.
Denn wir haben als Kinder die Zwölf Tafeln wie ein unent-
behrliches Gedicht auswendig gelernt; heutzutage lernt sie
niemand mehr. Nachdem also der Aufwand auf drei Tücher,
eine kleine purpurfarbene Tunika und zehn Flötenspieler
eingeschränkt worden war, beseitigte das Gesetz auch die
Totenklage: „Die Frauen sollen sich die Wangen nicht zerkratzen und keinen ‚Lessus' während der Bestattung haben."
Die alten Ausleger Sextus Aelius und Lucius Acilius sagten,
sie verständen dies nicht hinlänglich, vermuteten aber, es
handle sich bei „Lessus" um irgendeine Art von Trauerkleid.
Lucius Aelius meinte, „Lessus" sei so etwas wie ein Wehkla-
gen aus Trauer, wie es auch das Wort selbst ausdrückt. Das

eo magis iudico verum esse, quia lex Solonis id
ipsum vetat. Haec laudabilia et locupletibus fere
cum plebe communia. Quod quidem maxime e   **XXIV**
natura est, tolli fortunae discrimen in morte. Cete-   60
ra item funebria, quibus luctus augetur, XII sustu-
lerunt. ,Homini' inquit ,mortuo ne ossa legito,
quoi pos funus faciat'. Excipit bellicam peregri-
namque mortem. Haec praeterea sunt in legibus:
,Servilis unctura tollitur omnisque circumpotatio'.
Quae et recte tolluntur, neque tollerentur, nisi
fuissent. ,Ne sumptuosa respersio, ne longae coro-
nae, ne acerrae' praetereantur. Illa iam significatio
est laudis ornamenta ad mortuos pertinere, quod
coronam virtute partam et ei qui peperisset et eius
parenti sine fraude esse lex inpositam iubet. Cre-
doque quod erat factitatum, ut uni plura funera
fierent lectique plures sternerentur, id quoque ne
fieret lege sanctum est. Qua in lege quom esset
,neve aurum addito', videtote, quam humane exci-
piat altera lex: ,At cui auro dentes iuncti escunt,
ast im cum illo sepeliet uretve, se fraude esto'. Et
simul illud videtote, aliud habitum esse sepelire et
urere.

Duae sunt praeterea leges de sepulcris, quarum   61
altera privatorum aedificiis, altera ipsis sepulcris
cavet. Nam quod ,rogum bustumve novum' vetat

halte ich um so mehr für richtig, als das Gesetz des Solon genau dies verbietet. Diese Maßnahmen sind lobenswert und betreffen die Reichen normalerweise genauso wie das arme Volk. Allerdings ist es ohne jeden Zweifel naturbedingt, daß der Unterschied in der gesellschaftlichen Stellung durch den Tod aufgehoben wird. (60) Die Zwölf Tafeln haben ebenso die übrigen Bestattungsriten, mit denen nur die Trauer vergrößert wird, aufgehoben. „Einem verstorbenen Menschen", sagt das Zwölftafelgesetz, „soll man nicht die Knochen sammeln, um ihm später ein feierliches Begräbnis zuteil werden zu lassen." Das Gesetz nimmt den Tod im Krieg und in der Fremde aus. Auch noch folgendes steht in den Gesetzen: „Das Salben durch Sklaven und jede Art von Trinkgelage werden aufgehoben." Dies wird auch zu Recht aufgehoben, und es würde nicht aufgehoben, wenn es nicht stattgefunden hätte. Auf die Verbote „Kein teures Besprengen, keine langen Gebinde, keine Weihrauchkästchen" soll nicht weiter eingegangen werden. Daß man weiterhin die Verstorbenen mit den Zeichen ihres Ruhmes schmücken soll, geht aus folgender Anweisung des Gesetzes hervor: Es sei kein Vergehen, wenn ein durch hervorragende Leistung erworbener Ehrenkranz sowohl dem, der ihn erworben habe, als auch dessen Vater aufgesetzt werde. Und wie ich glaube, wurde auch das, was immer wieder vorkam, vom Gesetz untersagt, daß für eine einzige Person mehrere Bestattungsfeiern veranstaltet und mehrere Totenbahren hingestellt wurden. Obwohl in diesem Gesetz stand: „Man soll kein Gold beigeben", so seht doch, mit welcher Menschlichkeit ein anderes Gesetz eine Ausnahme gestattete: „Doch wenn jemandem die Zähne mit Gold verbunden sind, man ihn aber damit beerdigt oder verbrennt, soll dies geschehen, ohne ein Vergehen zu sein." Und achtet zugleich darauf, daß zwischen Beerdigen und Verbrennen ein Unterschied besteht.

(61) Außerdem beziehen sich zwei Gesetze auf die Grabstätten, von denen das eine für die Häuser von Privatleuten, das andere für die Grabstätten selbst Sicherheitsmaßnahmen verordnet. Denn wenn das Gesetz verbietet, „einen Scheiter-

‚propius sexaginta pedes adigi aedes alienas invito
domino‘, incendium veretur a cinerum volatibus.
Quod autem ‚forum‘, id est vestibulum sepulcri,
‚bustumve usu capi‘ vetat, tuetur ius sepulcrorum.
Haec habemus in XII, sane secundum naturam,
quae norma legis est. Reliqua sunt in more: funus
ut indicatur, si quid ludorum, dominusque funeris
utatur accenso atque lictoribus, honoratorum vi-   62
rorum laudes in contione memorentur, easque
etiam cantus ad tibicinem prosequatur, cui nomen
neniae, quo vocabulo etiam apud Graecos cantus
lugubres nominantur.

ATTICUS. Gaudeo nostra iura ad naturam ac-   XXV
commodari, maiorumque sapientia admodum delector. Sed requiro ut ceteri sumptus sic etiam sepulcrorum modum.

MARCUS. Recte requiris. Quos enim ad sumptus
progressa iam ista res sit, in C. Figuli sepulcro vidisse te credo. Minimam olim istius rei fuisse cupi-
ditatem multa extant exempla maiorum. Nostrae
quidem legis interpretes, quo capite iubentur
sumptum et luctum removere a deorum Manium
iure, hoc intellegant in primis, sepulcrorum magnificentiam esse minuendam. Nec haec a sapientis-   63
simis legum scriptoribus neglecta sunt. Nam et
Atheniensium in more a Cecrope ut aiunt perman-
sit hoc ius terra humandi, quod quom proxumi
fecerant obductaque terra erat, frugibus obsereba-

haufen oder ein neues Grab näher als sechzig Fuß an ein fremdes Haus ohne Zustimmung des Eigentümers heranzurücken", dann trifft es Vorsorge gegen einen Brand durch Funkenflug. Wenn das Gesetz aber verbietet, daß man „das Forum", das heißt den Vorhof, „oder den Grabhügel durch Gebrauch in Besitz nimmt (ersitzt)", dann schützt es das Recht der Grabstätten. Das haben wir im Zwölftafelgesetz, und es entspricht durchaus der Natur, die der Maßstab des Gesetzes ist. Das übrige beruht auf dem Brauch: daß ein Begräbnis angesagt wird, wenn irgendwelche Spiele stattfinden, daß der Veranstalter des Begräbnisses einen Helfer und die Liktoren einsetzt, (62) daß die ruhmvollen Taten hochgestellter Persönlichkeiten in einer Ansprache erwähnt werden und daß auch ein Lied mit Flötenbegleitung diese noch weiter beschreibt; dieses Lied heißt „Nenie", womit auch bei den Griechen Trauerlieder benannt werden.

ATTICUS: Ich freue mich, daß unsere Rechte der Natur entsprechen, und die Weisheit unserer Vorfahren bereitet mir ein besonderes Vergnügen. Aber wie bei dem sonstigen Aufwand, so erwarte ich auch bei den Grabmalen Einschränkung.

MARCUS: Mit Recht erwartest du das. Denn bis wohin der Aufwand auf diesem Gebiet schon getrieben wurde, hast du, wie ich glaube, beim Grabmal des Gaius Figulus gesehen. Daß einst das Bedürfnis nach Aufwand sehr gering war, beweisen viele Beispiele unserer Vorfahren. Die Ausleger unseres Gesetzes sollen ja aus dem Kapitel, wo verordnet wird, Aufwand und Trauer aus dem Recht der göttlichen Seelen unserer Verstorbenen zu entfernen, vor allem auch den Grundsatz entnehmen, daß der Luxus der Grabstätten eingeschränkt werden muß. (63) Gerade das ist von den weisesten Gesetzgebern nicht übersehen worden. Denn auch im Brauch der Athener hat sich von Kekrops her, wie sie sagen, folgendes Recht der Erdbestattung erhalten: Sobald die nächsten Angehörigen das Erforderliche durchgeführt hatten und die Erde über den Toten geschaufelt war, wurde diese noch mit Getreidekörnern besät, damit dem Toten

tur, ut sinus et gremium quasi matris mortuo tribueretur, solum autem frugibus expiatum ut vivis
redderetur. Sequebantur epulae, quas inibant pro-
pinqui coronati, apud quos de mortui laude, quom
siquid veri erat, praedicatum – nam mentiri nefas
habebatur –, iusta confecta erant. Postea quom, ut   64
scribit Phalereus Demetrius, sumptuosa fieri funera et lamentabilia coepissent, Solonis lege sublata
sunt, quam legem eisdem prope verbis nostri Xviri
in decimam tabulam coniecerunt. Nam de tribus
reciniis et pleraque illa Solonis sunt. De lamentis
vero expressa verbis sunt: ‚Mulieres genas ne ra-
dunto neve lessum funeris ergo habento‘.

De sepulcris autem nihil est apud Solonem am-   XXVI
plius quam ‚ne quis ea deleat neve alienum inferat‘,
poenaque est, ‚si quis bustum – nam id puto appellari τύμβον – aut monimentum‘ inquit ‚aut colum-
nam violarit deiecerit fregerit‘. Sed post aliquanto
propter has amplitudines sepulcrorum, quas in
Ceramico videmus, lege sanctum est, ‚ne quis sepulcrum faceret operosius quam quod decem homines effecerint triduo‘, neque id opere tectorio   65
exornari nec hermas hos, quos vocant, licebat inponi, nec de mortui laude nisi in publicis sepultu-
ris, nec ab alio nisi qui publice ad eam rem consti-
tutus esset, dici licebat. Sublata etiam erat celebri-

gewissermaßen die Brust und der Schoß der Mutter überlassen wurde, der Boden aber den Lebenden zurückgegeben wurde, nachdem er durch die Getreidekörner rituell gereinigt worden war. Darauf folgte ein Totenmahl, an welchem die Verwandten mit Kränzen geschmückt teilnahmen. In ihrer Gegenwart wurden über die lobenswerten Taten des Verstorbenen, wenn es etwas Wahres zu berichten gab, Reden gehalten – denn zu lügen hielt man für Ruchlosigkeit. Damit waren die rechtlichen Vorschriften erfüllt. (64) Als man später begonnen hatte, wie Demetrios aus Phaleron schreibt, die Leichenbegängnisse mit großem Aufwand zu betreiben und mit Totenklagen zu begleiten, wurden diese Mißstände durch das Gesetz des Solon aufgehoben, das unsere Zehnmänner mit fast denselben Worten auf die zehnte Tafel gesetzt haben. Denn die Anweisung über die drei Tücher stammt wie das meiste andere von Solon. Die Bestimmung über die Totenklage ist sogar wörtlich übernommen: „Die Frauen sollen sich die Wangen nicht zerkratzen und keine Totenklage während der Bestattung anstimmen."

Über die Grabmale steht bei Solon allerdings nichts anderes, als „daß niemand sie zerstören oder einen Fremden hineinlegen soll", und es wird bestraft, so sagt Solon, „wenn jemand einen Grabhügel" – denn der heißt, wie ich glaube, im Griechischen „Tymbos" – „oder ein Denkmal oder eine Säule beschädigt, einreißt, zerbricht". Aber erheblich später wurde aufgrund der erwähnten Größe und Ausdehnung der Grabmale, die wir auf dem Kerameikos-Friedhof sehen, durch ein Gesetz bestimmt, „daß niemand ein Grabmal bauen dürfe, das so aufwendig sei, daß es zehn Männer nicht in drei Tagen fertigstellen könnten", (65) und es war auch nicht erlaubt, das Grabmal mit Stuckarbeiten zu verzieren und Hermen, wie sie sie nennen, daraufzustellen, und über die ruhmvollen Taten der Verstorbenen durfte nur bei öffentlichen Bestattungen und dann nur von jemandem, der dazu von den Behörden beauftragt worden war, eine Rede gehalten werden. Auch der große Andrang von Männern

tas virorum ac mulierum, quo lamentatio minu-
eretur; auget enim luctum concursus hominum.
Quocirca Pittacus omnino accedere quemquam
vetat in funus aliorum. Sed ait rursus idem Demetrius increbruisse eam funerum sepulcrorumque
magnificentiam, quae nunc fere Romae est. Quam
consuetudinem lege minuit ipse. Fuit enim hic vir,
ut scitis, non solum eruditissimus, sed etiam civis
de re publica maxime meritus tuendaeque civitatis
peritissimus. Is igitur sumptum minuit non solum
poena, sed etiam tempore: ante lucem enim iussit
efferri. Sepulcris autem novis finivit modum; nam
super terrae tumulum noluit quidquam statui nisi
columellam tribus cubitis ne altiorem aut mensam
aut labellum, et huic procurationi certum magistratum praefecerat.

Haec igitur Athenienses tui. Sed videamus Platonem, qui iusta funerum reicit ad interpretes religionum; quem nos morem tenemus. De sepulcris
autem dicit haec: vetat ex agro culto, eove qui coli
possit, ullam partem sumi sepulcro; sed quae natura agri tantum modo efficere possit, ut mortuorum corpora sine detrimento vivorum recipiat, ea
potissimum ut conpleatur; quae autem terra fruges
ferre et ut mater cibos suppeditare possit, eam ne
quis nobis minuat neve vivos neve mortuos. Extrui
autem vetat sepulcrum altius, quam quod quinque
homines quinque diebus absolverint, nec e lapide
excitari plus nec inponi, quam quod capiat laudem

66

XXVII
67

68

und Frauen wurde unterbunden, damit auf diese Weise das Klagen vermindert werden konnte; denn ein großer Menschenauflauf erhöht die Trauer. (66) Deshalb verbietet Pittakos überhaupt, daß man am Leichenbegängnis fremder Leute teilnimmt. Aber andererseits sagt der obengenannte Demetrios, die Pracht der Leichenbegängnisse und Grabmale habe immer mehr zugenommen, wie sie heutzutage in Rom zu beobachten ist. Diese Gewohnheit schränkte er selbst durch ein Gesetz ein. Dieser Mann war nämlich, wie ihr wißt, nicht nur hochgebildet, sondern auch ein Bürger, der sich um den Staat ganz besonders verdient gemacht hatte und größte Erfahrung im Einsatz zum Wohl der Bürgerschaft besaß. Dieser Mann schränkte also den Aufwand nicht nur durch Strafandrohung, sondern auch durch zeitliche Begrenzung ein: Er ordnete nämlich an, daß Bestattungen nur vor Tagesanbruch stattfinden durften. Für neue Grabmale legte er aber ein Maß fest; denn er wollte nicht, daß auf dem Grabhügel etwas aufgestellt wurde außer einer kleinen Säule, die nicht höher als drei Ellen sein durfte, oder einem Tisch oder einem Becken, und mit der Aufsicht darüber hatte er einen bestimmten Beamten beauftragt.

(67) Diese Maßnahmen haben also deine Athener getroffen. Aber sehen wir uns Platon an, der die Verordnungen über die Leichenbegängnisse den Erklärern der religiösen Bräuche überträgt; an dieser Regelung halten auch wir fest. Über die Grabmale aber sagt er folgendes: Er verbietet, daß aus einem bebauten Stück Land oder aus einem Stück, das man bebauen könnte, ein Teil für eine Grabstätte genommen wird; aber ein Stück Land, das aufgrund seiner Beschaffenheit nur dazu taugt, die Körper der Toten ohne Schaden für die Lebenden aufzunehmen, soll man hauptsächlich dafür in Anspruch nehmen; das Land jedoch, das Früchte tragen und wie eine Mutter Nahrung spenden kann, soll uns niemand vermindern, ob er nun lebendig oder tot ist. (68) Er ordnet aber auch an, ein Grabmal dürfe nur so hoch gebaut werden, daß fünf Männer es in fünf Tagen fertigstellen können, und aus Stein dürfe nur soviel aufgebaut oder aufgestellt werden,

mortui incisam ne plus quattuor herois versibus,
quos longos appellat Ennius. Habemus igitur
huius quoque auctoritatem de sepulcris summi viri, a quo iterum funerum sumptus praefinitur ex
censibus a minis quinque usque ad minam. Deinceps dicit eadem illa de inmortalitate animorum et
reliqua post mortem tranquillitate bonorum, poenis impiorum.

Habetis igitur explicatum omnem, ut arbitror,
religionum locum.

QUINTUS. Nos vero frater, et copiose quidem;
sed perge cetera.

MARCUS. Pergo equidem, et quoniam libitum
est vobis me ad haec inpellere, hodierno sermone
conficiam, spero, hoc praesertim die; video enim
Platonem idem fecisse, omnemque orationem eius
de legibus peroratam esse uno aestivo die. Sic igitur faciam, et dicam de magistratibus. Id enim est
profecto, quod constituta religione rem publicam
contineat maxime.

ATTICUS. Tu vero dic et istam rationem, quam
coepisti, tene.

daß es ein eingemeißeltes Lobgedicht zu Ehren des Verstorbenen von höchstens vier heroischen Versen, die Ennius als Langverse bezeichnet, aufnehmen kann. Jetzt kennen wir also auch die überzeugende Auffassung dieses außerordentlich bedeutenden Mannes über die Grabmale, von dem wiederum der Aufwand für die Leichenbegängnisse je nach dem geschätzten Vermögen auf eine Summe von fünf bis zu einer Mine begrenzt wird. Anschließend spricht Platon über die Unsterblichkeit der Seelen, über die nach dem Tod zu erwartende Ruhe für die Rechtschaffenen und über die Strafe für die Bösen.

(69) Nun habt ihr also, wie ich meine, den gesamten Bereich der religiösen Bestimmungen erklärt bekommen.

QUINTUS: Ja, wirklich, Bruder, und noch dazu ausführlich; aber jetzt fahr mit deiner Darstellung fort.

MARCUS: Selbstverständlich fahre ich fort, und da es euch gefiel, mich dazu aufzufordern, werde ich im heutigen Gespräch zum Schluß kommen, wie ich hoffe, und vor allem an einem solchen Tag; wie ich sehe, hat Platon dasselbe getan, und seine ganze Rede über die Gesetze wurde an einem einzigen Sommertag abgeschlossen. So werde ich es also auch tun und gleich über die Magistrate sprechen. Denn das ist in der Tat die Einrichtung, die nach der Festigung der religiösen Ordnung den Bestand des Staates vor allem gewährleistet.

ATTICUS: Sprich nur und halte an dem Verfahren, mit dem du begonnen hast, fest.

LIBER TERTIUS

MARCUS. Sequar igitur, ut institui, divinum illum virum, quem quadam admiratione commotus
saepius fortasse laudo quam necesse est.

ATTICUS. Platonem videlicet dicis.

MARCUS. Istum ipsum Attice.

ATTICUS. Tu vero eum nec nimis valde umquam
nec nimis saepe laudaveris. Nam hoc mihi etiam
nostri illi, qui neminem nisi suum laudari volunt,
concedunt, ut eum arbitratu meo diligam.

MARCUS. Bene hercle faciunt. Quid enim est
elegantia tua dignius? Cuius et vita et oratio consecuta mihi videtur difficillimam illam societatem
gravitatis cum humanitate.

ATTICUS. Sane gaudeo, quod te interpellavi,
quoniam quidem tam praeclarum mihi dedisti
iudicii tui testimonium. Sed perge, ut coeperas.

MARCUS. Laudemus igitur prius legem ipsam
veris et propriis generis sui laudibus?

ATTICUS. Sane quidem, sicut de religionum lege
fecisti.

MARCUS. Videtis igitur magistratus hanc esse
vim, ut praesit praescribatque recta et utilia et coniuncta cum legibus. Ut enim magistratibus leges,
ita populo praesunt magistratus, vereque dici potest, magistratum legem esse loquentem, legem autem mutum magistratum. Nihil porro tam aptum
est ad ius condicionemque naturae – quod quom

DRITTES BUCH

(1) MARCUS: Ich werde also, wie ich es mir vorgenommen habe, jenem göttlichen Mann folgen, den ich, weil ich ihn so sehr bewundere, vielleicht häufiger lobe, als es nötig ist.

ATTICUS: Du sprichst selbstverständlich von Platon.

MARCUS: Ja, Atticus, von keinem anderen.

ATTICUS: Du lobst ihn aber wohl kaum jemals zu viel oder zu oft. Denn sogar unsere philosophischen Freunde, die es nicht zulassen, daß jemand außer ihrem Meister gelobt wird, erlauben mir, ihn so zu verehren, wie es mir gefällt.

MARCUS: Beim Herkules, sie tun recht daran. Denn was wäre deines vornehmen Geschmackes würdiger? Dein Leben und dein Sprechen scheinen mir jene äußerst schwierige Einheit von Menschlichkeit und Würde verwirklicht zu haben.

ATTICUS: Ich freue mich wirklich, daß ich dich unterbrochen habe, da du mir einen so deutlichen Beweis deiner Auffassung gegeben hast. Aber fahr jetzt fort, wie du begonnen hast.

MARCUS: Sollen wir also zuvor das Gesetz als solches mit wahren und seinem Wesen entsprechenden Worten loben?

ATTICUS: Ja, ganz genauso, wie du es bei dem Gesetz über die religiösen Pflichten getan hast.

(2) MARCUS: Ihr seht also, daß es die eigentümliche Aufgabe eines Magistrats ist, die Führung zu haben und das Richtige, Nützliche und den Gesetzen Entsprechende vorzuschreiben. Wie nämlich über den Magistraten die Gesetze stehen, so stehen die Magistrate über dem Volk, und es kann ernstlich behauptet werden, daß ein Magistrat ein sprechendes Gesetz und ein Gesetz ein stummer Magistrat ist. (3) Außerdem ist nichts dem Naturrecht und den natürlichen Verhältnissen so eng angepaßt – wenn ich dies so aus-

dico, legem a me dici intellegi volo –, quam impe-
rium, sine quo nec domus ulla nec civitas nec gens
nec hominum universum genus stare, nec rerum
natura omnis nec ipse mundus potest. Nam et hic
deo paret, et huic oboediunt maria terraeque, et
hominum vita iussis supremae legis obtemperat.
Atque ut ad haec citeriora veniam et notiora nobis: II
Omnes antiquae gentes regibus quondam parue-   4
runt. Quod genus imperii primum ad homines iu-
stissimos et sapientissimos deferebatur (idque et in
re publica nostra maxime valuit, quoad ei regalis
potestas praefuit), deinde etiam deinceps posteris
prodebatur, quod et in iis etiam, qui nunc regnant,
manet. Quibus autem regia potestas non placuit,
non ii nemini, sed non semper uni parere voluerunt. Nos autem quoniam leges damus liberis populis, quaeque de optima re publica sentiremus, in
sex libris ante diximus, accommodabimus hoc
tempore leges ad illum, quem probamus, civitatis
statum. Magistratibus igitur opus est, sine quorum   5
prudentia ac diligentia esse civitas non potest,
quorumque discriptione omnis rei publicae mode-
ratio continetur. Neque solum iis praescribendus
est imperandi, sed etiam civibus obtemperandi
modus. Nam et qui bene imperat, paruerit aliquando necesse est, et qui modeste paret, videtur
qui aliquando imperet dignus esse. Itaque oportet
et eum qui paret sperare, se aliquo tempore impe-
raturum, et illum qui imperat cogitare, brevi tempore sibi esse parendum. Nec vero solum ut ob-
temperent oboediantque magistratibus, sed etiam
ut eos colant diligantque praescribimus, ut Charondas in suis facit legibus. Noster vero Plato Ti-
tanum e genere statuit eos, qui ut illi caelestibus,

drücke, dann soll man verstehen, daß ich damit das Gesetz meine –, wie Führung und Herrschaft, ohne die weder ein Haus noch eine Bürgerschaft noch ein Volk noch die gesamte Menschheit noch die ganze Schöpfung noch der Kosmos als solcher bestehen kann. Denn auch dieser ist Gott unterworfen, dem Meere und Länder gehorchen, und das Leben der Menschen folgt den Weisungen des höchsten Gesetzes. (4) Und um auf Vertrauteres und uns Bekannteres zu kommen: Alle Völker gehorchten in ihrer Frühzeit Königen. Diese Art von Führung und Herrschaft wurde ursprünglich den gerechtesten und weisesten Männern übertragen (dieser Grundsatz war auch in unserem Staat von sehr großer Bedeutung, solange er von königlicher Gewalt beherrscht wurde), darauf wurde sie an die jeweiligen Nachkommen weitergegeben, was auch noch bei den Königen der Fall ist, die heute regieren. Diejenigen aber, denen die Macht eines Königs nicht zusagte, wollten nicht etwa niemandem, sondern nur nicht immer einem einzigen gehorchen. Da wir aber freien Völkern Gesetze geben und unsere Auffassung über den besten Staat schon vorher in sechs Büchern dargestellt haben, werden wir jetzt die Gesetze an jene Verfassung der Bürgerschaft anpassen, die wir für die beste halten. (5) Magistrate sind also notwendig, ohne deren Klugheit und Sorgfalt eine Bürgerschaft nicht bestehen kann und auf deren Aufgabenverteilung die gesamte Verwaltung des Staates beruht. Aber man muß nicht nur Magistraten einen Maßstab für das Befehlen, sondern auch den Bürgern einen Maßstab für das Gehorchen verordnen. Denn wer gut befiehlt, muß irgendwann einmal auch schon gehorcht haben, und wer besonnen gehorcht, scheint es wert zu sein, auch irgendwann einmal zu befehlen. Daher ist es notwendig, daß jeder, der gehorcht, erwarten kann, zu irgendeinem Zeitpunkt zu herrschen, und jeder, der herrscht, daran denkt, in Kürze gehorchen zu müssen. Doch wie Charondas in seinen Gesetzen schreiben auch wir nicht nur vor, den Magistraten zu gehorchen und zu folgen, sondern auch sie zu achten und zu lieben. Unser Platon also stellt fest, daß diejenigen Men-

sic hi adversentur magistratibus. Quae cum ita sint, ad ipsas iam leges veniamus si placet.

ATTICUS. Mihi vero et istud et ordo iste rerum placet.

MARCUS. ‚Iusta imperia sunto, isque cives modeste ac sine recusatione parento. Magistratus necoboedientem et noxium civem multa vinculis verberibusve coherceto, ni par maiorve potestas populusve prohibessit, ad quos provocatio esto. Cum magistratus iudicassit inrogassitve, per populummultae poenae certatio esto. Militiae ab eo, qui imperabit, provocatio nec esto, quodque is, qui bellum geret, imperassit, ius ratumque esto.‘

‚Minoris magistratus partiti iuris ploeres in ploera sunto. Militiae, quibus iussi erunt, imperanto eorumque tribuni sunto. Domi pecuniam publicam custodiunto, vincula sontium servanto, capitalia vindicanto, aes argentum aurumve publice signanto, litis contractas iudicanto, quodcumque senatus creverit, agunto.‘

‚Suntoque aediles curatores urbis annonae ludorumque sollemnium, ollisque ad honoris amplioris gradum is primus ascensus esto.‘

‚Censoris populi aevitates suboles familias pecuniasque censento, urbis templa vias aquas aerarium vectigalia tuento, populique partis in tribus discri-

III
6

7

schen aus dem Titanengeschlecht stammten, die sich so wie diese den himmlischen Göttern den Magistraten widersetzten. Da die Dinge nun einmal so sind, wollen wir jetzt zu den Gesetzen selbst kommen, wenn es recht ist.

ATTICUS: Mir ist dieses Vorgehen ebenso recht wie die vorgeschlagene Reihenfolge.

(6) MARCUS: *Verordnungen sollen gerecht sein, und die Bürger sollen ihnen besonnen und widerspruchslos gehorchen. Ein Magistrat soll einen ungehorsamen und straffälligen Bürger mit einer Geldbuße, mit Gefängnis oder mit Schlägen bestrafen, wenn nicht eine gleichrangige oder eine höhere Gewalt oder das Volk Einspruch erhebt; bei diesen soll man Berufung einlegen können. Wenn ein Magistrat ein Urteil gefällt oder eine Strafe verhängt hat, soll durch das Volk eine Entscheidung über die Geldbuße oder die Strafe gefällt werden. Im Krieg soll es gegenüber dem Befehlshaber keine Berufung geben, und was derjenige, der den Krieg führt, befiehlt, soll gültiges Recht sein.*

Es soll mehrere untergeordnete Magistrate mit beschränkter rechtlicher Befugnis geben, die für mehrere Aufgaben zuständig sind. Im Heer sollen sie denen Befehle erteilen, über die sie Befehlsgewalt haben, und sie sollen deren Tribune sein. Zu Hause sollen sie die öffentlichen Gelder verwalten, die Gefängnisse für die Verbrecher beaufsichtigen, die Kapitalverbrechen bestrafen, Erz, Silber oder Gold im staatlichen Auftrag zu Münzen prägen, anhängige Streitigkeiten entscheiden und alles, was der Senat beschlossen hat, ausführen.

(7) Und die Ädilen sollen die Aufsicht über die Stadtverwaltung, die Getreideversorgung und die feierlichen Spiele haben, und dieses Amt soll für sie die erste Stufe zu einem Amt höheren Ranges sein.

Die Censoren sollen die Altersstufen, die Nachkommen, die Haushalte und die Vermögensklassen des Volkes registrieren, die Tempel in der Stadt, die Straßen, die Wasserleitungen, den Staatsschatz und die Steuern überwachen und die Bevölkerung den Bezirken (Tribus) zuweisen, darauf

bunto, exin pecunias aevitatis ordinis partiunto, equitum peditumque prolem discribunto, caelibes esse prohibento, mores populi regunto, probrum in senatu ne relinquonto. Bini sunto, magistratum quinquennium habento; reliqui magistratus annui sunto; eaque potestas semper esto.‘

,Iuris disceptator, qui privata iudicet iudicarive iubeat, praetor esto. Is iuris civilis custos esto. Huic potestate pari quotcumque senatus creverit populusve iusserit, tot sunto.‘

8

,Regio imperio duo sunto, iique a praeeundo iudicando consulendo praetores iudices consules appellamino. Militiae summum ius habento, nemini parento. Ollis salus populi suprema lex esto.‘

,Eumdem magistratum, ni interfuerint decem anni, ne quis capito. Aevitatem annali lege servanto.‘

9

,Ast quando duellum gravius aut discordiae civium escunt, oenus ne amplius sex menses, si senatus creverit, idem iuris, quod duo consules, teneto, isque ave sinistra dictus populi magister esto. Equitatumque qui regat, habeto pari iure cum eo, quicumque erit iuris disceptator.‘

,Ast quando consules magisterve populi nec erunt, reliqui magistratus ne sunto, auspicia patrum sunto, ollique ec se produnto, qui comitiatu creare consules rite possit.‘

nach Einkommen, Altersstufen und Ständen unterscheiden, den Nachwuchs der Reiter und Fußsoldaten einteilen, Ehelosigkeit unterbinden, die Sitten des Volkes steuern, schändliches Verhalten im Senat nicht auf sich beruhen lassen. Es sollen jeweils zwei Censoren sein, sie sollen ihr Amt fünf Jahre lang verwalten; die übrigen Magistrate sollen ein Jahr im Amt sein; und diese Amtsgewalt soll immer bestehen bleiben.

(8) Ein Schiedsrichter in Rechtsfragen, der private Streitangelegenheiten entscheidet oder die Anweisung erteilt, daß sie entschieden werden, soll der Prätor sein. Dieser soll der Hüter des Zivilrechts sein. Ihm sollen so viele Prätoren mit gleicher Amtsgewalt zur Seite gestellt werden, wie der Senat entscheidet oder das Volk befiehlt.

Zwei sollen es sein, die über königliche Befehlsgewalt verfügen, und diese sollen nach ihren Aufgaben benannt werden: Prätoren (,die an der Spitze Gehenden') nach dem ,an der Spitze Gehen', Richter nach dem ,Richten', Consuln (,die Sorgenden') nach dem ,Sorgen (für den Staat)'. Im Krieg sollen sie die höchste Gewalt haben, niemandem sollen sie gehorchen. Ihnen soll das Wohl des Volkes das oberste Gesetz sein.

(9) Dasselbe Amt soll niemand erhalten, wenn nicht zehn Jahre dazwischenliegen. Das Alter sollen sie nach dem Gesetz über das Mindestalter von Amtsbewerbern beachten.

Aber wenn ein ernsthafter Krieg oder Kämpfe unter den Bürgern ausbrechen, dann soll ein einziger Mann nicht länger als sechs Monate auf Beschluß des Senats dieselbe Rechtsstellung wie die beiden Consuln haben, und dieser soll bei einem günstigen Vorzeichen zum Dictator ernannt werden. Und er soll jemanden bei sich haben, der die Reiterei befehligt, in der gleichen Rechtsstellung wie der, der jeweils Schiedsrichter in Rechtsfragen ist.

Wenn es aber keine Consuln oder keinen Dictator gibt, sollen auch die übrigen Magistrate nicht mehr im Amt sein, vielmehr sollen die Senatoren Auspizien anstellen und aus ihren Reihen jemanden berufen, der in einer Volksversammlung nach altem Brauch die Consuln wählen lassen kann.

‚Imperia potestates legationes, cum senatus creverit populusve iusserit, ex urbe exeunto, duella
iusta iuste gerunto, sociis parcunto, se et suos con-
tinento, populi sui gloriam augento, domum cum
laude redeunto.‘

‚Rei suae ergo ne quis legatus esto.‘

‚Plebes quos pro se contra vim auxilii ergo decem creassit, ei tribuni eius sunto, quodque ei pro-
hibessint quodque plebem rogassint, ratum esto;
sanctique sunto, neve plebem orbam tribunis
relinquunto.‘

‚Omnes magistratus auspicium iudiciumque ha-   10
bento, exque is senatus esto. Eius decreta rata sunto. Ast potestas par maiorve prohibessit, perscrip-
ta servanto.‘
‚Is ordo vitio vacato, ceteris specimen esto.‘

‚Creatio magistratuum, iudicia populi, iussa vetita cum suffragio cosciscentur, suffragia optuma-
tibus nota, plebi libera sunto.‘
‚Ast quid erit, quod extra magistratus coerari   IV
oesus sit, qui coeret, populus creato eique ius
coerandi dato.‘

‚Cum populo patribusque agendi ius esto consuli praetori magistro populi equitumque, eique
quem patres produnt consulum rogandorum ergo;
tribunisque quos sibi plebes creassit, ius esto cum

Oberbefehlshaber, zivile Amtsträger und offiziell Beauftragte sollen, wenn der Senat es beschließt oder das Volk es befiehlt, die Stadt verlassen, gerechte Kriege rechtmäßig führen, die Bundesgenossen schonen, sich selbst und ihre Untergebenen im Zaum halten, den Ruhm ihres Volkes vergrößern und mit ehrenvoll erbrachten Leistungen nach Hause zurückkehren.

Zum eigenen Vorteil soll niemand einen offiziellen Auftrag erhalten.

Die zehn Männer, die sich das Volk zur Unterstützung gegen Willkür gewählt hat, sollen seine Tribune sein, und wogegen diese Einspruch erheben und was sie dem Volk zur Entscheidung vorgeschlagen haben, soll rechtsgültig sein; sie sollen unantastbar sein, und man soll das Volk nicht ohne Tribune lassen.

(10) Alle Magistrate sollen das Recht haben, Auspizien durchzuführen, und über die Gerichtsbarkeit verfügen, und aus ihnen soll der Senat bestehen. Seine Beschlüsse sollen rechtsgültig sein.

Aber eine gleichgestellte oder höhere Gewalt kann Einspruch dagegen erheben.

In diesem Fall sollen die Beschlüsse in schriftlicher Form aufbewahrt werden. Dieser Stand soll ohne Fehl und Tadel und allen anderen ein Vorbild sein.

Wenn die Wahl der Magistrate, die Entscheidungen des Volkes, die Verordnungen und Verbote durch Abstimmungen beschlossen werden, sollen die Abstimmungen den Optimaten bekannt sein, auf seiten des Volkes aber dürfen sie keiner Einschränkung unterliegen.

Aber wenn es etwas gibt, das ohne die Magistrate besorgt werden sollte, dann soll das Volk jemanden wählen, der es besorgt, und ihm das Recht geben, es zu besorgen.

Das Recht, mit dem Volk und dem Senat zu verhandeln, soll dem Consul, dem Prätor, dem Dictator und dem Befehlshaber der Reiter zustehen, außerdem dem Mann, den die Senatoren für die Wahl der Consuln ernennen; ferner sollen die Tribune, die sich das Volk gewählt hat, das Recht haben, mit den Senatoren zu verhandeln; ebenso sollen die

patribus agendi; idem ad plebem, quod oesus erit,
ferunto.'

‚Quae cum populo quaeque in patribus agentur,
modica sunto.'

‚Senatori, qui nec aderit, aut causa aut culpa
esto. Loco senator et modo orato, causas populi
teneto.'

‚Vis in populo abesto. Par maiorve postetas plus
valeto. Ast quid turbassitur in agendo, fraus actoris esto. Intercessor rei malae salutaris civis esto.'

‚Qui agent, auspicia servanto, auguri publico
parento, promulgata proposita in aerario condita
sunto; nec plus quam de singulis rebus semel con-
sulunto, rem populum docento, doceri a magistratibus privatisque patiunto.'

‚Privilegia ne inroganto. De capite civis nisi per
maximum comitiatum ollosque quos censores in
partibus populi locassint ne ferunto.'

‚Donum ne capiunto neve danto neve petenda
neve gerenda neve gesta potestate. Quod quis
earum rerum migrassit, noxiae poena par esto'.

‚Cesoris fidem legum custodiunto. Privati ad
eos acta referunto, nec eo magis lege liberi sunto.'

Tribune alles, was nützlich ist, vor die Volksversammlung bringen.

Was mit dem Volk und im Senat verhandelt wird, soll angemessen sein.

(11) Ein Senator, der bei einer Sitzung fehlt, muß entweder einen triftigen Grund haben, oder er macht sich eines Vergehens schuldig. Ein Senator soll an der richtigen Stelle und mit Zurückhaltung das Wort ergreifen, die Beweggründe des Volkes sollen ihm vertraut sein.

Gewalt soll im Volk keinen Platz haben. Eine gleichrangige oder höhere Gewalt soll das größere Gewicht haben. Aber wenn es in einer Verhandlung zu einer Störung der Ordnung kommt, soll dies als ein Vergehen des Verhandlungsführers gelten. Wer gegen eine schlechte Entscheidung einschreitet, soll als ein Bürger gelten, der sich um das Wohl des Staates verdient gemacht hat.

Diejenigen, die verhandeln, sollen die Auspizien beachten und dem staatlichen Vogelschauer gehorchen. Was in Aussicht gestellt und dann öffentlich bekannt gemacht wurde, soll im Staatsschatz aufbewahrt werden; man soll nicht mehr als einmal über jeweils ein Vorhaben Rat einholen, das Volk über die Angelegenheit informieren und gestatten, daß es von Magistraten und Privatleuten informiert wird.

Ausnahmegesetze soll man nicht beantragen. Über lebensbedrohende Maßnahmen gegen einen Bürger soll man nur in der größten Volksversammlung und nur durch jene, die die Censoren in den einzelnen Abteilungen des Volkes dafür eingesetzt haben, Entscheidungen herbeiführen.

Man soll kein Geschenk annehmen oder geben, und zwar weder bei der Bewerbung noch bei der Führung noch nach der Niederlegung eines Amtes. Wenn sich jemand in diesem Zusammenhang eines Vergehens schuldig macht, soll die Strafe der Schuld entsprechen.

Die Censoren sollen die Zuverlässigkeit der Gesetze überwachen; als Privatpersonen sollen die ehemaligen Magistrate vor ihnen ihre Maßnahmen rechtfertigen, aber sie sollen deshalb nicht weniger dem Gesetz verantwortlich sein.

Lex recitata est: discedere et tabellam iubebo dari.

QUINTUS. Quam brevi frater in conspectu posi-   V
ta est a te omnium magistratuum discriptio, sed ea   12
paene nostrae civitatis, etsi a te paulum adlatum est
novi.

MARCUS. Rectissime Quinte animadvertis. Haec
est enim, quam Scipio laudat in illis libris et quam
maxime probat temperationem rei publicae, quae
effici non potuisset, nisi tali discriptione magistratuum. Nam sic habetote, magistratibus iisque qui
praesint contineri rem publicam, et ex eorum com-
positione, quod cuiusque rei publicae genus sit,
intellegi. Quae res cum sapientissime moderatissi-
meque constituta esset a maioribus nostris, nihil
habui sane aut non multum, quod putarem novan-
dum in legibus.

ATTICUS. Reddes igitur nobis, ut in religionis   13
lege fecisti admonitu et rogatu meo, sic de magistratibus, ut disputes, quibus de causis maxime
placeat ista discriptio.

MARCUS. Faciam Attice ut vis, et locum istum
totum, ut a doctissimis Graeciae quaesitum et
disputatum est, explicabo, et ut institui nostra iura
attingam.

ATTICUS. Istud maxime exspecto disserendi
genus.

MARCUS. Atqui pleraque sunt dicta in illis libris,
quod faciendum fuit, quom de optuma re publica
quaereretur. Sed huius loci de magistratibus sunt
propria quaedam, a Theophrasto primum, deinde
a Diogene Stoico quaesita subtilius.

Das Gesetz ist vorgelesen: Ich werde dazu auffordern, daß man sich anstellt und das Stimmtäfelchen bekommt.

(12) QUINTUS: In welcher Kürze hast du, mein Bruder, die Aufgabenverteilung für alle Magistrate vor unseren Augen ausgebreitet, aber es handelt sich im großen und ganzen um die Aufgabenverteilung in unserer Bürgerschaft, auch wenn du Neues in geringem Umfang hinzugefügt hast.

MARCUS: Das stellst du, Quintus, mit vollem Recht fest. Es handelt sich hier nämlich um die Staatsordnung, die Scipio in den bereits erwähnten Büchern lobt und ganz besonders schätzt und die nicht ohne eine derartige Aufgabenverteilung für die Magistrate hätte entworfen werden können. Denn daran müßt ihr festhalten, daß ein Staat nur mit Hilfe der Magistrate und der führenden Männer bestehen kann und daß aus der Art und Weise ihrer Zusammenarbeit zu erkennen ist, mit welcher Staatsform man es jeweils zu tun hat. Da dieser Staat von unseren Vorfahren mit höchster Weisheit und größter Umsicht eingerichtet worden war, hatte ich wirklich nichts oder nicht viel, was meiner Meinung nach noch an den Gesetzen zu erneuern war.

(13) ATTICUS: Du wirst uns also die Freude machen, wie du es bei dem Gesetz über die religiösen Fragen auf meine Erinnerung und Bitte hin getan hast, auch im Falle der Magistrate darzulegen, aus welchen Gründen dir diese Aufgabenverteilung am meisten gefällt.

MARCUS: Atticus, ich werde deinem Wunsch entsprechen und diesen ganzen Gedankengang in Übereinstimmung mit den Forschungsergebnissen der größten Gelehrten Griechenlands erläutern und, wie angekündigt, auf unsere eigenen Rechtsvorschriften eingehen.

ATTICUS: Auf diese Art der Darstellung warte ich ganz besonders gespannt.

MARCUS: Allerdings habe ich das meiste schon in den erwähnten Büchern gesagt, was ich tun mußte, weil es um die Frage nach dem besten Staat ging. Aber zu diesem Gedankengang über die Magistrate gehören einige Fragen, die zuerst von Theophrast, dann von dem Stoiker Diogenes ziemlich gründlich untersucht wurden.

ATTICUS. Ain tandem? Etiam a Stoicis ista trac-   **VI**
tata sunt?   14

MARCUS. Non sane nisi ab eo, quem modo no-
minavi, et postea a magno homine et in primis
erudito Panaetio. Nam veteres verbo tenus acute
illi quidem, sed non ad hunc usum popularem atque civilem, de re publica disserebant. Ab hac familia ista manarunt Platone principe. Post Aristoteles inlustravit omnem hunc civilem in disputando locum, Heraclidesque Ponticus profectus ab
eodem Platone. Theophrastus vero institutus ab
Aristotele habitavit ut scitis in eo genere rerum, ab
eodemque Aristotele doctus Dicaearchus huic rationi studioque non defuit. Post a Theophrasto
Phalereus ille Demetrius, de quo feci supra men-
tionem, mirabiliter doctrinam ex umbraculis eru-
ditorum otioque non modo in solem atque in pul-
verem, sed in ipsum discrimen aciemque produxit.
Nam et mediocriter doctos magnos in re publica
viros, et doctissimos homines non nimis in re publica versatos multos commemorare possumus:
qui vero utraque re excelleret, ut et doctrinae studiis et regenda civitate princeps esset, quis facile
praeter hunc inveniri potest?

ATTICUS. Puto posse, et quidem aliquem de tribus nobis. Sed perge, ut coeperas.

MARCUS. Quaesitum igitur ab illis est, placeret-   **VII**
ne unum in civitate esse magistratum, cui reliqui   15
parerent. Quod exactis regibus intellego placuisse
nostris maioribus. Sed quoniam regale civitatis

(14) Atticus: Meinst du wirklich? Sind diese Fragen auch von den Stoikern behandelt worden?

Marcus: Nein, durchaus nicht, außer von dem Mann, den ich gerade genannt habe, und später von dem großen und hochgelehrten Panaitios. Denn die alten Stoiker stellten in ihren Büchern zwar scharfsinnige Erörterungen über den Staat an, aber nicht mit dem Ziel einer Anwendung zugunsten des Volkes und der Bürgerschaft. Dies ging von der Akademie aus, als Platon noch die Leitung hatte. Später hat Aristoteles diesen staatstheoretischen Zusammenhang umfassend in seinen philosophischen Schriften beleuchtet, ferner Herakleides von Pontos, der von demselben Platon ausging. Theophrast aber, der Schüler des Aristoteles, war, wie ihr wißt, auf diesem Gebiet zu Hause, und Dikaiarchos, Schüler desselben Aristoteles, hat sich eingehend mit diesem Forschungsgebiet befaßt. Danach führte, ausgehend von Theophrast, der berühmte Demetrios von Phaleron, den ich oben bereits erwähnte, mit erstaunlichem Erfolg die Wissenschaft aus der Dunkelheit und Abgeschiedenheit der Studierstube nicht nur in die Sonne und in den Staub der Straße, sondern geradewegs in den Entscheidungskampf und in die Schlacht. Denn wir können sowohl halbwegs gelehrte Männer, die in der Politik große Erfolge hatten, als auch hochgebildete Leute, die in der Politik nicht allzu viel geleistet haben, in großer Zahl erwähnen: Wer ließe sich aber so ohne weiteres außer unserem Demetrios finden, der sich tatsächlich auf beiden Gebieten so auszeichnete, daß er sowohl in seiner wissenschaftlichen Arbeit als auch in der Leitung eines Gemeinwesens überragende Erfolge erzielte?

Atticus: Ich glaube schon, daß sich jemand finden ließe, und zwar einer von uns dreien. Aber mach weiter, wie du angefangen hast.

(15) Marcus: Von jenen Fachleuten wurde also die Frage gestellt, ob es gut sei, daß es in einer Bürgerschaft nur einen einzigen Amtsinhaber gebe, dem die übrigen unterstellt seien. Nach der Vertreibung der Könige haben unsere Vorfahren dies für gut befunden, wie ich sehe. Doch da die

genus, probatum quondam, postea non tam regni
quam regis vitiis repudiatum est, nomen tantum
videbitur regis repudiatum, res manebit, si unus
omnibus reliquis magistratibus imperabit. Quare   16
nec ephori Lacedaemone sine causa a Theopompo
oppositi regibus, nec apud nos consulibus tribuni.
Nam illud quidem ipsum, quod in iure positum
est, habet consul, ut ei reliqui magistratus omnes
pareant, excepto tribuno, qui post exstitit, ne id,
quod fuerat, esset. Hoc enim primum minuit con-
sulare ius, quod exstitit ipse, qui eo non teneretur,
deinde quod attulit auxilium reliquis non modo
magistratibus, sed etiam privatis consuli non
parentibus.

QUINTUS. Magnum dicis malum. Nam ista po-   17
testate nata gravitas optimatium cecidit, convaluit-
que vis multitudinis.

MARCUS. Non est Quinte ita. Non ius enim illud solum superbius populo et violentius videri
necesse erat. Quo posteaquam modica et sapiens
temperatio accessit ... (...)

,Domum cum laude redeunto'. Nihil enim prae-   VIII
ter laudem bonis atque innocentibus neque ex   18
hostibus neque a sociis reportandum.

Iam illud apertum est profecto, nihil esse turpius quam quemquam legari nisi rei publicae causa. Omitto quem ad modum isti se gerant atque
gesserint, qui legatione hereditates aut syngraphas
suas persecuntur. In hominibus est hoc fortasse

Staatsform der Königsherrschaft, die in früheren Zeiten gebilligt wurde, später aber aufgrund der Fehler nicht so sehr der Königsherrschaft selbst wie des Königs verworfen wurde, hat man offensichtlich nur die Bezeichnung „König" verworfen; in der Sache aber wird sich nichts ändern, wenn ein einziger allen anderen Amtsinhabern Weisungen erteilt. (16) Deshalb wurden in Sparta die Ephoren von Theopomp nicht ohne Grund den Königen und bei uns den Consuln die Tribune gegenübergestellt. Denn ein Consul hat eben jene Stellung, die ihm rechtlich verbürgt ist, daß ihm alle übrigen Magistrate unterstellt sind mit Ausnahme des Tribuns, der später eingesetzt wurde, damit nicht wieder geschehe, was schon einmal geschehen war. Dieser Umstand beschränkte nämlich das Recht des Consuls: erstens, daß jemand auftrat, der selbst an dieses Recht nicht gebunden war, und zweitens, daß er nicht nur den übrigen Magistraten Hilfe leistete, sondern auch den Privatleuten, die dem Consul nicht unterstellt waren.

(17) QUINTUS: Du erwähnst einen großen Mißstand. Denn nach der Einrichtung dieses Amtes verfiel das Gewicht der Optimaten, und die Macht der Masse nahm zu.

MARCUS: Ganz so ist es nicht, Quintus. Denn jenes Recht mußte nicht nur dem Volk zu anmaßend und zu gewalttätig vorkommen. Nachdem eine maßvolle und weise Beschränkung eingetreten war ... (...)

(18) „Sie sollen mit ehrenvoll erbrachten Leistungen nach Hause zurückkehren." Denn nichts außer ehrenvoll erbrachten Leistungen dürfen tüchtige und unbescholtene Männer von den Feinden und von den Bundesgenossen zurückbringen.

Ferner ist es wirklich offenkundig, daß es nichts Schändlicheres gibt, als sich einen offiziellen Auftrag übertragen zu lassen, ohne das Wohl des Staates im Auge zu haben. Ich gehe nicht darauf ein, wie sich die Leute benehmen und benommen haben, die sich unter dem Deckmantel eines offiziellen Auftrags um ihre Erbschaften und Schuldscheine kümmerten. Vielleicht ist dies ein Fehler, der in den Men-

vitium. Sed quaero, quid reapse sit turpius, quam
sine procuratione senator legatus, sine mandatis,
sine ullo rei publicae munere? Quod quidem genus legationis ego consul, quamquam ad commodum senatus pertinere videbatur, tamen adproban-
te senatu frequentissimo, nisi mihi levis tribunus
plebis tum intercessisset, sustulissem. Minui tamen tempus, et quod erat infinitum, annuum feci.
Ita turpitudo manet, diuturnitate sublata.

Sed iam si placet de provinciis decedatur, in ur-
bemque redeatur.

ATTICUS. Nobis vero placet, sed iis, qui in provinciis sunt, minime placet.

MARCUS. At vero Tite, si parebunt his legibus,   19
nihil erit iis urbe, nihil domo sua dulcius, nec labo-
riosius molestiusque provincia.

Sed sequitur lex, quae sancit eam tribunorum
plebis potestatem, quae est in re publica nostra. De
qua disseri nihil necesse est.

QUINTUS. At mehercule ego frater quaero, de
ista potestate quid sentias. Nam mihi quidem pe-
stifera videtur, quippe quae in seditione et ad sedi-
tionem nata sit. Cuius primum ortum si recordari
volumus, inter arma civium et occupatis et obses-
sis urbis locis procreatam videmus. Deinde quom
esset cito necatus tamquam ex XII tabulis insignis
ad deformitatem puer, brevi tempore nescio quo
pacto recreatus multoque taetrior et foedior natus
est. Quid enim ille non edidit? Qui primum, ut   IX
inpio dignum fuit, patribus omnem honorem eri-
puit, omnia infima summis paria fecit, turbavit,

schen steckt. Aber ich frage, was ist wirklich schändlicher als ein Senator, der sich ohne offiziellen Auftrag, ohne Weisung, ohne irgendeine Aufgabe für den Staat als Legat auf eine Dienstreise begibt? Diese Art von Legation hätte ich jedenfalls als Consul, obwohl sie dem Senat offensichtlich Vorteile verschaffte, gleichwohl mit Unterstützung des gesamten Senats abgeschafft, wenn mir nicht ein flinker Volkstribun damals in die Parade gefahren wäre. Dennoch habe ich den Zeitraum verkürzt und, was bisher unbegrenzt war, auf ein Jahr beschränkt. So bleibt die Schande leider bestehen, obwohl die lange Dauer aufgehoben ist.

Aber wenn es euch recht ist, verlassen wir die Provinzen und kehren in die Stadt zurück.

ATTICUS: Ja, es ist uns recht, aber den Leuten, die in den Provinzen leben, ist es keinesfalls recht.

(19) MARCUS: Aber, Titus, wenn sie diesen Gesetzen gehorchen werden, wird ihnen ohne Zweifel nichts angenehmer sein als die Stadt und ihr eigenes Zuhause und nichts mühseliger und lästiger als eine Provinz.

Aber jetzt folgt das Gesetz, das das Amt der Volkstribune bestätigt, das in unserem Staat existiert. Darüber brauchen wir uns nicht mehr zu unterhalten.

QUINTUS: Doch ich frage dich, beim Herkules, was du, mein Bruder, von diesem Amt hältst. Denn mir wenigstens scheint es Schaden anzurichten, da es ja während eines Aufstands und für einen Aufstand geschaffen wurde. Wenn wir uns an seinen Ursprung erinnern wollen, sehen wir, daß es im Bürgerkrieg nach der Besetzung und Belagerung von öffentlichen Plätzen der Stadt ins Leben gerufen wurde. Als dann das auffallend mißgebildete Kind sozusagen im Sinne der Bestimmungen des Zwölftafelgesetzes schnell getötet worden war, wurde es auf unerklärliche Weise in kurzer Zeit wieder lebendig und noch viel häßlicher und scheußlicher neu geboren. Was hat es nämlich nicht hervorgebracht? Wie es zu einem bösartigen Kind paßt, raubte es zuerst den Vätern (Senatoren) alle Ehre, machte das Niedrigste dem Höchsten vollständig gleich, wirbelte alles durcheinander

miscuit. Cum adflixisset principum gravitatem,
numquam tamen conquievit. Namque ut C. Fla- 20
minium atque ea, quae iam prisca videntur, propter vetustatem relinquam, quid iuris bonis viris Ti-
beri Gracchi tribunatus reliquit? Etsi quinquennio
ante Decimum Brutum et P. Scipionem consules –
quos et quantos viros! – homo omnium infimus et
sordidissimus tribunus plebis C. Curiatius in vincula coniecit, quod ante factum non erat. C. vero
Gracchi ruinis et iis sicis, quas ipse se proiecisse in
forum dixit, quibus digladiarentur inter se cives,
nonne omnem rei publicae statum permutavit?
Quid iam de Saturnino, Sulpicio, reliquis dicam?
Quos ne depellere quidem a se sine ferro potuit res
publica. Cur autem aut vetera aut aliena proferam 21
potius quam et nostra et recentia? Quis umquam
tam audax, tam nobis inimicus fuisset, ut cogitaret
umquam de statu nostro labefactando, nisi mucro-
nem aliquem tribunicium exacuisset in nos? Quem
quom homines scelerati ac perditi non modo ulla
in domo, sed nulla in gente reperirent, gentis sibi
in tenebris rei publicae perturbandas putaverunt.
Quod nobis quidem egregium et ad inmortalitatem memoriae gloriosum, neminem in nos mercede ulla tribunum potuisse reperiri, nisi cui ne esse
quidem licuisset tribuno. Sed ille quas strages edi- 22
dit! Eas videlicet, quas sine ratione ac sine ulla spe
bona furor edere potuit inpurae beluae, multorum

und vermischte es. Obwohl es die Würde der führenden Männer in den Schmutz getreten hatte, gab es dennoch niemals Ruhe. (20) Denn um Gaius Flaminius und die Vorkommnisse, die offensichtlich schon der Vergangenheit angehören, aufgrund des großen zeitlichen Abstands beiseite zu lassen, frage ich nur: Welche Rechte hat das Tribunat des Tiberius Gracchus den patriotisch gesinnten Männern noch gelassen? Indessen hat das allerniedrigste und verächtlichste Subjekt, der Volkstribun Gaius Curiatus, fünf Jahre zuvor die Consuln Decimus Brutus und Publius Scipio – was waren das für große und bedeutende Männer – ins Gefängnis geworfen, was bis dahin nie geschehen war. Aber erst das Tribunat des Gaius Gracchus: Hat der Mann nicht mit seinen Verwüstungen und den Dolchen, die er nach seinen eigenen Worten auf das Forum geworfen hatte und mit denen sich die Bürger gegenseitig umbringen sollten, den Zustand des Staates vollkommen aus dem Gleichgewicht gebracht? Was soll ich noch über Saturninus, Sulpicius und die übrigen sagen? Diese konnte der Staat ohne Waffengewalt nicht einmal aus dem Amt entfernen. (21) Aber warum soll ich lieber alte oder uns fernliegende Vorgänge hervorheben, statt auf das einzugehen, was vor unseren Augen geschieht und ganz neu ist? Wer wäre jemals so unverschämt, war uns so feindlich gewesen, daß er geplant hätte, unsere Stellung zu erschüttern, wenn er nicht irgendeinen tribunizischen Dolch gegen uns hätte wetzen können? Weil die verbrecherischen und verkommenen Subjekte einen solchen Kerl nicht nur in keinem Haus, sondern auch in keiner Familie fanden, meinten sie, sie müßten die Familienverhältnisse in der finstersten Stunde des Staates durcheinanderbringen. Diese Tatsache ist für uns zwar ehrenvoll und bringt uns unsterblichen Ruhm ein, daß man um keinen Preis einen Tribun hatte finden können außer diesem, der eigentlich gar nicht Tribun hätte sein dürfen. (22) Aber welches Unheil hat jener angerichtet! Ein solches natürlich, das nur das Wüten einer schmutzigen Bestie ohne Vernunft und ohne jeden Sinn und Zweck anrichten konnte, nachdem es

inflammatus furoribus. Quam ob rem in ista quidem re vehementer Sullam probo, qui tribunis plebis sua lege iniuriae faciendae potestatem ademerit, auxilii ferendi reliquerit, Pompeiumque nostrum ceteris rebus omnibus semper amplissimis summisque ecfero laudibus, de tribunicia potestate taceo. Nec enim reprehendere libet, nec laudare possum.

MARCUS. Vitia quidem tribunatus praeclare Quinte perspicis, sed est iniqua in omni re accusanda praetermissis bonis malorum enumeratio vitiorumque selectio. Nam isto quidem modo vel consulatus vituperari potest, si consulum, quos enumerare nolo, peccata collegeris. Ego enim fateor in ista ipsa potestate inesse quiddam mali, sed bonum, quod est quaesitum in ea, sine isto malo non haberemus. ‚Nimia potestas est tribunorum plebis‘. Quis negat? Sed vis populi multo saevior multoque vehementior; quae ducem quod habet interdum lenior est, quam si nullum haberet. Dux enim suo se periculo progredi cogitat, populi impetus periculi rationem sui non habet. ‚At aliquando incenditur‘. Et quidem saepe sedatur. Quod enim est tam desperatum collegium, in quo nemo e decem sana mente sit? Quin ipsum Ti. Gracchum non solum neglectus, sed etiam sublatus intercessor evertit. Quid enim illum aliud perculit, nisi quod potestatem intercedenti collegae abrogavit? Sed tu sapientiam maiorum in illo vide: concessa

X
23

24

durch die wahnsinnige Wut vieler anderer noch mehr aufge-
peitscht war. Darum stimme ich wenigstens in diesem Punkt
Sulla rückhaltlos zu, der den Tribunen mit seinem Gesetz
die Möglichkeit nahm, Unrecht zu tun, ihnen aber weiterhin
gestattete, Hilfe zu leisten. Und unseren Pompeius hebe ich
sonst immer und in jeder Hinsicht mit unbeschränktem und
unübertrefflichem Lob in den Himmel, was aber die tribunizische Gewalt betrifft, so schweige ich. Ich möchte ihm
nämlich keine Vorwürfe machen, aber loben kann ich ihn
auch nicht.

(23) MARCUS: Du durchschaust die Mängel des Tribunats
zwar sehr genau, Quintus, aber immer wenn man etwas
beklagt, ist es ungerecht, das Gute zu übersehen, nur das
Schlechte aufzuzählen und die Mängel hervorzuheben.
Denn auf diese Weise kann ohne weiteres sogar das Consulat
getadelt werden, wenn man die Fehler der Consuln, die ich
nicht aufzählen will, sammelt. Ich gebe nämlich zu, daß
gerade in diesem Amt etwas Schlechtes steckt, aber das
Gute, das man darin suchte, hätten wir nicht ohne dieses
schlechte. „Die Macht der Volkstribune ist zu groß." Wer
bestreitet das? Doch die Gewalttätigkeit des Volkes wäre
sonst viel wilder und viel heftiger; wenn sie einen Führer
hat, ist sie mitunter beherrschter als ohne diesen. Denn der
Führer denkt daran, daß er auf seine eigene Gefahr öffentlich
auftritt; das Volk aber nimmt in seiner Leidenschaft keine
Rücksicht auf die ihm selbst drohende Gefahr. (24) „Aber
manchmal wird es aufgehetzt." Ja. Oft wird es aber auch
beruhigt. Welches Kollegium befindet sich denn schon in
einem so hoffnungslosen Zustand, daß dort keiner von zehn
Männern mehr bei Vernunft ist? Ja, sogar den Tiberius
Gracchus hat ein von ihm nicht nur mißbrauchter, sondern
auch abgesetzter Gegenspieler, der Einspruch erhob,
gestürzt. Was hat jenen denn sonst zugrunde gerichtet, wenn
nicht die Tatsache, daß er dem Kollegen, der gegen ihn Einspruch erhob, das Amt aberkannte? Sieh dir lieber die Weisheit unserer Vorfahren in jener Sache an: Nachdem die Senatoren dem Volk dieses Amt zugestanden hatten, wurden die

plebei a patribus ista potestate, arma ceciderunt,
restincta seditio est, inventum est temperamen-
tum, quo tenuiores cum principibus aequari se putarent, in quo uno fuit civitatis salus. ‚At duo
Gracchi fuerunt‘. Et praeter eos quamvis enume-
res multos licet, cum deni creantur, nonnullos in
omni memoria reperies perniciosos tribunos, leves
etiam, non bonos, fortasse plures: invidia quidem
summus ordo caret, plebes de suo iure periculosas
contentiones nullas facit. Quam ob rem aut   25
exigendi reges non fuerunt, aut plebi re, non verbo, danda libertas. Quae tamen sic data est, ut
multis institutis praeclarissimis adduceretur, ut
auctoritati principum cederet. Nostra autem causa   **XI**
quae, optume et dulcissume frater, incidit in trib-
uniciam potestatem, nihil habuit contentionis cum
tribunatu. Non enim plebes incitata nostris rebus
invidit, sed vincula soluta sunt et servitia incitata,
adiuncto terrore etiam militari. Neque nobis cum
illa tum peste certamen fuit, sed cum gravissimo
rei publicae tempore, cui si non cessissem, non
diuturnum beneficii mei patria fructum tulisset.
Atque haec rerum exitus indicavit: quis enim non
modo liber, sed etiam servus libertate dignus fuit,
cui nostra salus cara non esset? Quodsi is casus   26
fuisset rerum, quas pro salute rei publicae gessi-
mus, ut non omnibus gratus esset, et si nos multitudinis furentis inflammata invidia pepulisset,
tribuniciaque vis in me populum, sicut Gracchus

Waffen niedergelegt, der Aufstand wurde erstickt, man fand
eine maßvolle Lösung, durch die die Leute niederen Standes
zu der Überzeugung kamen, daß sie den führenden Schichten gleichgestellt wurden, worin allein das Heil des Staates
lag. „Aber es gab da die beiden Gracchen." Und du kannst
außer diesen auch noch viele andere aufzählen: Wenn zehn
Männer gewählt werden, wirst du zu jeder Zeit einige Tribune finden, die Unheil anrichten, auch verantwortungslose,
nicht rechtschaffene, vielleicht sogar mehr als andere: Allerdings ist der höchste Stand nicht mehr das Ziel von Neid und
Mißgunst, und das Volk führt keine gefährlichen Kämpfe
mehr um sein Recht. (25) Daher hätte man entweder die
Könige nicht vertreiben dürfen oder dem Volk nicht nur
formal, sondern wirklich die Freiheit geben müssen. Diese
wurde ihm jedoch so gegeben, daß es durch viele vorzügliche Einrichtungen dazu veranlaßt wurde, der Glaubwürdigkeit der führenden Männer nachzugeben. Unser eigener Fall
aber, der uns, mein liebster und bester Bruder, in Konflikt
mit der tribunizischen Gewalt geraten ließ, hatte nichts mit
einem Kampf gegen das Tribunat als solches zu tun. Denn
nicht das Volk war mit unserem Handeln unzufrieden, nachdem es erst einmal aufgewiegelt worden war, sondern die
Gefängnisse wurden geöffnet und die Sklavenschaft aufgehetzt, und hinzu kam auch noch die Schreckensherrschaft
bewaffneter Banden. Doch unser Kampf galt damals nicht
jenem Unhold, sondern der äußerst ernsthaften Lage unseres
Staates; wenn ich darauf keine Rücksicht genommen hätte,
dann hätte das Vaterland auf Dauer keinen Nutzen von meiner richtigen Entscheidung gehabt. Und das hat auch der
Ausgang der Ereignisse gezeigt: Denn wo hätte man nicht
nur einen freien Mann, sondern auch einen Sklaven, der die
Freiheit verdient hätte, finden können, dem unser Wohl
nicht willkommen gewesen wäre? (26) Wenn aber die
Dinge, die wir zum Wohl des Staates getan haben, nicht so
verlaufen wären, daß sie nicht bei allen Beifall gefunden hätten, und wenn uns der entflammte Haß einer wütenden
Menge vertrieben und die tribunizische Gewalt das Volk

in Laenatem, Saturninus in Metellum incitasset,
ferremus o Quinte frater, consolarenturque nos
non tam philosophi, qui Athenis fuerunt (qui hoc
facere debebant), quam clarissimi viri, qui illa urbe
pulsi carere ingrata civitate quam manere in inpro-
ba maluerunt. Pompeium vero quod una ista in re
non ita valde probas, vix satis mihi illud videris
attendere, non solum ei, quid esset optimum, videndum fuisse, sed etiam quid necessarium. Sensit
enim deberi non posse huic civitati illam potestatem: quippe quam tanto opere populus noster
ignotam expetisset, qui posset carere cognita? Sapientis autem civis fuit, causam nec perniciosam et
ita popularem, ut non posset obsisti, perniciose
populari civi non relinquere. – Scis solere frater in
huius modi sermone, ut transiri alio possit, dici
‚Admodum‘ aut ‚Prorsus ita est‘.

QUINTUS. Haud equidem adsentior. Tu tamen
ad reliqua pergas velim.

MARCUS. Perseveras tu quidem et in tua vetere
sententia permanes.
ATTICUS. Nec mehercule ego sane a Quinto
nostro dissentio. Sed ea, quae restant, audiamus.

MARCUS. Deinceps igitur omnibus magistratibus auspicia et iudicia dantur: iudicia ita ut esset
populi potestas, ad quam provocaretur, auspicia ut

XII
27

gegen mich aufgehetzt hätte, wie es Gracchus gegen Laenas und Saturninus gegen Metellus getan hat, dann würden wir es, lieber Bruder Quintus, ertragen, und es würden uns nicht so sehr die Philosophen trösten, die in Athen gelebt haben (und die dazu verpflichtet waren), als vielmehr die berühmtesten Männer, die aus jener Stadt vertrieben wurden und es vorzogen, auf einen undankbaren Staat zu verzichten, statt in einem Staat zu bleiben, der sich als so schändlich erwiesen hatte. Wenn du aber den Pompeius in dieser einen Angelegenheit nicht so sehr gelten läßt, dann scheinst du mir die Tatsache kaum genug zu berücksichtigen, daß er nicht nur im Auge haben mußte, was am besten, sondern auch, was notwendig war. Er merkte nämlich, daß man diesem Gemeinwesen jenes Amt nicht vorenthalten konnte: Denn wie hätte unser Volk auf dieses Amt verzichten können, nachdem es ihm schon bekannt geworden war, wo es doch mit solcher Inbrunst danach verlangt hatte, als es ihm noch unbekannt war? Außerdem war es die Pflicht eines klugen Staatsbürgers, eine keinesfalls schädliche Einrichtung, die noch dazu beim Volk so beliebt war, daß man sich ihr nicht entgegenstellen konnte, nicht einem zum Schaden des Staates wirkenden Demagogen zu überlassen. – Du weißt, Bruder, daß es in einem Gespräch dieser Art üblich ist zu sagen „Ja, ganz recht" oder „Völlig richtig", damit man weitergehen kann.

QUINTUS: Leider kann ich nicht zustimmen. Dennoch hätte ich gern, daß du zu den noch ausstehenden Fragen übergehst.

MARCUS: Du bist wirklich recht hartnäckig und bleibst bei deiner alten Überzeugung.

ATTICUS: Beim Herkules, auch ich bin durchaus derselben Meinung wie unser Quintus. Aber wir wollen hören, was noch nicht behandelt wurde.

(27) MARCUS: Darauf werden also allen Magistraten die Auspizien und die Gerichtsbarkeit überlassen: die Gerichtsbarkeit mit der Einschränkung, daß das Volk die Instanz war, bei der man Berufung einlegen konnte, die Auspizien

multos inutiles comitiatus probabiles inpedirent
morae. Saepe enim populi impetum iniustum
auspiciis di immortales represserunt.

Ex iis autem qui magistratum ceperunt, quod
senatus efficitur, populare est sane neminem in
summum locum nisi per populum venire, sublata
cooptatione censoria. Sed praesto est huius viti
temperatio, quod senatus lege nostra confirmatur
auctoritas. Sequitur enim: ,eius decreta rata sunto'.   28
Nam ita se res habet, ut si senatus dominus sit
publici consilii, quodque is creverit, defendant
omnes, et si ordines reliqui principis ordinis consilio rem publicam gubernari velint, possit ex tem-
peratione iuris, cum potestas in populo, auctoritas
in senatu sit, teneri ille moderatus et concors civitatis status, praesertim si proximae legi parebitur;
nam proximum est: ,is ordo vitio careto, ceteris
specimen esto'.

QUINTUS. Praeclara vero frater ista lex, sed et
late patet, ut vitio careat ordo, et censorem quaerit
interpretem.

ATTICUS. Ille vero etsi tuus est totus ordo, gra-   29
tissimamque memoriam retinet consulatus tui, pace tua dixerim: non modo censores, sed etiam iudices omnes potest defatigare.

MARCUS. Omitte ista Attice! Non enim de hoc   XIII
senatu nec his de hominibus, qui nunc sunt, sed de
futuris, si qui forte his legibus parere voluerint,
haec habetur oratio. Nam cum omni vitio carere
lex iubeat, ne veniet quidem in eum ordinem quis-

zu dem Zweck, daß anerkennungswürdige Verzögerungs-
gründe viele nutzlose Volksversammlungen verhinderten.
Denn schon oft haben die unsterblichen Götter mit Hilfe der
Auspizien ein ungerechtes Begehren des Volkes abgewiesen.
Wenn aber der Senat aus denjenigen gebildet wird, die ein
öffentliches Amt innehatten, dann ist es durchaus im Sinne
des Volkes, daß man nach Abschaffung der Ergänzung des
Senats durch die Censoren nur noch mit Zustimmung des
Volkes zur höchsten Würde gelangt. Aber die Abmilderung
dieses Fehlers ist dadurch gegeben, daß die Glaubwürdigkeit
des Senats durch unser Gesetz gestärkt wird. (28) Es folgt
nämlich der Satz: „Seine Beschlüsse sollen rechtsgültig sein."
Denn die Sache ist so: Wenn der Senat Herr aller öffentlichen Entscheidungen ist und alle verteidigen, was er
beschließt, und wenn die übrigen Stände gewillt sind, daß
der Staat mit den Entscheidungen des führenden Standes
regiert wird, kann aufgrund der richtigen Mischung der
rechtlichen Befugnisse, da die Macht beim Volk, die Glaubwürdigkeit beim Senat liegt, jene von Ausgeglichenheit und
Eintracht getragene Verfassung der Bürgerschaft Bestand
haben, besonders wenn man auch das nächste Gesetz beachtet; denn der nächste Satz lautet: „Dieser Stand soll ohne
Fehl und Tadel und allen anderen ein Vorbild sein."
QUINTUS: Dieses Gesetz, mein Bruder, ist wirklich her-
vorragend, aber es ist nicht hinreichend festgelegt, was es
heißt, daß der Stand ohne Fehl und Tadel sein soll, und es
benötigt die Auslegung durch den Censor.
(29) ATTICUS: Aber wenn auch jener ganz dein Stand ist
und sich in größter Dankbarkeit an dein Consulat erinnert,
so möchte ich doch sagen, ohne dich ärgern zu wollen: Er
kann nicht nur die Censoren, sondern auch alle Richter zur
völligen Erschöpfung bringen.
MARCUS: Laß das auf sich beruhen, Atticus. Wir sprechen
hier nämlich nicht über diesen Senat und auch nicht über
diese Menschen, die jetzt leben, sondern über die Menschen
der Zukunft, jedenfalls wenn sie diesen Gesetzen gehorchen
wollen. Denn da das Gesetz befiehlt, in jeder Hinsicht ohne

quam vitii particeps. Id autem difficile factu est
nisi educatione quadam et disciplina; de qua dicemus aliquid fortasse, si quid fuerit loci aut temporis.

ATTICUS. Locus certe non derit, quoniam tenes 30
ordinem legum; tempus vero largitur longitudo
diei. Ego autem etiam si praeterieris, repetam a te
istum de educatione et de disciplina locum.

MARCUS. Tu vero et istum Attice, et si quem
alium praeteriero.
,Ceteris specimen esto'. Quod si tenemus, tenemus omnia. Ut enim cupiditatibus principum et
vitiis infici solet tota civitas, sic emendari et corrigi
continentia. Vir magnus et nobis omnibus amicus
L. Lucullus ferebatur, quasi commodissime re-
spondisset, cum esset obiecta magnificentia villae
Tusculanae, duo se habere vicinos, superiorem
equitem Romanum, inferiorem libertinum: quorum cum essent magnificae villae, concedi sibi
oportere, quod iis, qui inferioris ordinis essent,
liceret. Non vides, Luculle, a te id ipsum natum, ut
illi cuperent, quibus id, si tu non faceres, non liceret? Quis enim ferret istos, cum videret eorum 31
villas signis et tabulis refertas, partim publicis, partim etiam sacris et religiosis, quis non frangeret
eorum libidines, nisi illi ipsi, qui eas frangere deberent, cupiditatis eiusdem tenerentur? Nec enim XIV
tantum mali est peccare principes, quamquam est
magnum hoc per se ipsum malum, quantum illud,

Fehl und Tadel zu sein, wird es ausgeschlossen sein, daß jemand, der sich etwas hat zuschulden kommen lassen, in diesen Stand aufgenommen wird. Das ist aber nur durch eine bestimmte Erziehung und Ausbildung zu erreichen; über diese werden wir vielleicht noch etwas sagen, wenn sich eine Gelegenheit bietet und wir noch etwas Zeit haben.

(30) Atticus: Eine Gelegenheit wird sicher nicht fehlen, da du ja die Reihenfolge der Gesetze bestimmst; die Zeit aber schenkt uns die Länge des Tages reichlich. Doch auch wenn du nicht darauf eingehst, werde ich von dir verlangen, daß du diesen Gedanken über die Erziehung und Ausbildung darlegst.

Marcus: Bestehe ruhig darauf, Atticus, auch wenn ich auf irgendeinen anderen Gedanken nicht eingehe.

„Allen anderen soll er ein Vorbild sein." Wenn wir dies festhalten, halten wir alles fest. Denn ebenso wie das Gemeinwesen als ganzes von den Begierden und Fehlern der führenden Männer angesteckt zu werden pflegt, so wird es auch durch deren Selbstbeherrschung verbessert und auf die richtige Bahn gebracht. Man sprach von Lucius Lucullus, einem bedeutenden Mann und Freund von uns allen, als ob er eine sehr passende Antwort gegeben hätte, nachdem man ihm die Pracht seiner Villa in Tusculum vorgehalten hatte: Er habe zwei Nachbarn, oberhalb einen römischen Ritter, unterhalb einen Freigelassenen. Da deren Villen prachtvoll seien, müsse ihm dasselbe zugestanden werden, was den Leuten erlaubt sei, die einem niedrigeren Stand angehörten. Siehst du nicht, Lucullus, daß du schuld daran bist, daß jene Leute diesen Luxus begehrten, denen dies nicht erlaubt wäre, wenn du nicht dasselbe tätest? (31) Denn wer ertrüge diese Leute, wenn er ihre Villen mit Statuen und Bildern vollgestopft sähe, die teils profaner, teils auch sakraler und religiöser Herkunft sind? Wer würde deren Zügellosigkeit nicht bändigen, wenn nicht diejenigen, die diese bändigen müßten, selbst von derselben Gier erfaßt würden? Es ist nämlich nicht so schlimm, daß die führenden Männer Fehler begehen, obwohl dies schon an sich ein großes Übel ist, wie

quod permulti imitatores principum existunt.
Nam licet videre, si velis replicare memoriam temporum, qualescumque summi civitatis viri fuerint,
talem civitatem fuisse; quaecumque mutatio morum in principibus extiterit, eandem in populo se-
cutam. Idque haud paulo est verius, quam quod   32
Platoni nostro placet. Qui musicorum cantibus ait
mutatis mutari civitatum status: ego autem nobi-
lium vita victuque mutato mores mutari civitatum
puto. Quo perniciosius de re publica merentur vi-
tiosi principes, quod non solum vitia concipiunt
ipsi, sed ea infundunt in civitatem, neque solum
obsunt, quod ipsi corrumpuntur, sed etiam quod
corrumpunt, plusque exemplo quam peccato no-
cent. Atque haec lex, dilatata in ordinem cunctum,
coangustari etiam potest: pauci enim atque admodum pauci honore et gloria amplificati vel cor-
rumpere mores civitatis vel corrigere possunt. Sed
haec et nunc satis, et in illis libris tractata sunt
diligentius. Quare ad reliqua veniamus.

Proximum autem est de suffragiis, quae iubeo   XV
nota esse optimatibus, populo libera.   33

ATTICUS. Ita mehercule attendi, nec satis intel-
lexi, quid sibi lex aut quid verba ista vellent.

MARCUS. Dicam Tite et versabor in re difficili ac
multum et saepe quaesita, suffragia in magistratu

der Umstand, daß sehr viele als Nachahmer der führenden Männer in Erscheinung treten. Man kann nämlich sehen, wenn du die Vergangenheit wieder aufrollen willst, daß die Bürgerschaft so war wie die führenden Männer der Bürgerschaft, und daß dieselbe moralische Veränderung, die die Führungsschicht durchmachte, auch beim Volk stattfand. (32) Das entspricht der Wirklichkeit erheblich mehr als das, was unser Platon für richtig hält. Er behauptet, der Zustand der Bürgerschaft ändere sich mit der Veränderung der Musik: Ich aber meine, daß sich die moralische Beschaffenheit der Bürgerschaften mit der Veränderung der Lebensweise und des Lebensstil der führenden Persönlichkeiten ändert. Das Fehlverhalten führender Männer hat deshalb besonders verheerende Auswirkungen auf den Staat, weil sie nicht nur selbst Fehler begehen, sondern diese auch in die Bürgerschaft hineinströmen lassen, und sie richten nicht nur deshalb Schaden an, weil sie selbst verdorben werden, sondern auch weil sie andere verderben, und sie schaden mehr durch ihr Beispiel als durch ihre Verfehlung. Und dieses Gesetz, das sich auf den ganzen Stand bezieht, kann auch eingeschränkt werden: Wenige nämlich und sogar sehr wenige können, nachdem sie durch Ehre und Ruhm erhoben wurden, die moralische Beschaffenheit der Bürgerschaft verderben oder verbessern. Aber das reicht für jetzt, wurde es doch in den schon genannten Büchern ziemlich sorgfältig behandelt. Darum wollen wir uns den übrigen Fragen zuwenden.

(33) Als nächstes kommt das Gesetz über die Abstimmungen, die nach meiner Vorstellung den Optimaten bekannt sein sollen, auf seiten des Volkes aber keiner Einschränkung unterliegen dürfen.

ATTICUS: Beim Herkules, soweit habe ich es begriffen, aber habe ich nicht richtig verstanden, was das Gesetz als solches beziehungsweise was diese Worte bedeuten.

MARCUS: Titus, ich werde es sagen und mich mit der schwierigen und ebenso eingehend wie häufig gestellten Frage befassen, ob es besser ist, bei der Übertragung eines

mandando ac de reo iudicando sciscendaque in lege aut rogatione clam an palam ferri melius esset.

QUINTUS. An etiam id dubium est? Vereor, ne a
te rursus dissentiam.

MARCUS. Non facies Quinte. Nam ego in ista
sum sententia, qua te fuisse semper scio, nihil ut
fuerit in suffragiis voce melius; sed optineri an
possit, videndum est.

QUINTUS. Atqui frater, bona tua venia dixerim,   34
ista sententia maxime et fallit imperitos, et obest
saepissime rei publicae, cum aliquid verum et rectum esse dicitur, sed optineri id est obsisti posse
populo negatur. Primum enim obsistitur, cum agi-
tur severe, deinde vi opprimi in bona causa est
melius quam malae cedere. Quis autem non sentit
omnem auctoritatem optimatium tabellariam legem abstulisse? Quam populus liber numquam
desideravit, idem oppressus dominatu ac potentia
principum flagitavit. Itaque graviora iudicia de
potentissimis hominibus extant vocis quam tabel-
lae. Quam ob rem suffragandi nimia libido in non
bonis causis eripienda fuit potentibus, non latebra
danda populo, in qua bonis ignorantibus, quid
quisque sentiret, tabella vitiosum occultaret suffragium. Itaque isti rogationi neque lator quisquam est inventus nec auctor umquam bonus.
Sunt enim quattuor leges tabellariae, quarum pri-   XVI
ma de magistratibus mandandis: ea est Gabinia,   35
lata ab homine ignoto et sordido. Secuta biennio

Amtes, der Aburteilung eines Angeklagten und bei der Verabschiedung oder Beantragung eines Gesetzes geheim oder offen abzustimmen.

QUINTUS: Ist etwa auch das zweifelhaft? Ich fürchte, ich bin wieder anderer Meinung als du.

MARCUS: Das wird nicht der Fall sein, Quintus. Denn ich vertrete dieselbe Meinung, die du meines Wissens immer vertreten hast, daß bei den Abstimmungen die offene Stimmabgabe den Vorzug verdient; aber man muß sehen, ob man daran festhalten kann.

(34) QUINTUS: Nun aber, lieber Bruder, verzeih mir bitte, wenn ich es sage, diese Auffassung führt unerfahrene Menschen unweigerlich in die Irre und schadet sehr oft dem Staat, wenn etwas als wahr und richtig gilt, aber bestritten wird, daß man es durchsetzen kann, das heißt, daß man in der Lage ist, dem Volk entgegenzutreten. Denn man tritt vor allem dann dem Volk entgegen, wenn man streng vorgeht; dann ist es aber besser, in einer guten Sache der Gewalt zu erliegen, als einer schlechten Sache nachzugeben. Wer aber merkt nicht, daß das Abstimmungsgesetz den Einfluß der Optimaten vollständig beseitigt hat? Solange das Volk frei war, hat es dieses Gesetz nie gewünscht; als es aber durch die Willkür und Macht der führenden Politiker unterdrückt worden war, hat es danach verlangt. Deshalb sind auch die Urteile über die mächtigsten Männer bei mündlicher Stimmabgabe strenger als bei schriftlicher Abstimmung. Darum hätte man lieber den Mächtigen die allzu große Willkür bei der Handhabung des Stimmrechts in allen unguten Fällen entreißen sollen und nicht dem Volk ein Versteck geben dürfen, in welchem, ohne daß die Rechtschaffenen wußten, was jeder einzelne dachte, das Stimmtäfelchen eine schädliche Abstimmung verbarg. Darum fand man unter den Rechtschaffenen nie jemanden, der einen entsprechenden Gesetzesvorschlag einbrachte oder befürwortete. (35) Es gibt nämlich vier Stimmtafelgesetze, von denen sich das erste auf die Übertragung öffentlicher Ämter bezieht: Es handelt sich um die Lex Gabinia, die von einem unbekannten und

post Cassia est de populi iudiciis, a nobili homine lata L. Cassio, sed, pace familiae dixerim, dissidente a bonis atque omnis rumusculos populari ratione aucupante. Carbonis est tertia de iubendis legibus ac vetandis, seditiosi atque inprobi civis, cui ne reditus quidem ad bonos salutem a bonis potuit adferre. Uno in genere relinqui videbatur vocis suffragium, quod ipse Cassius exceperat, perduellionis. Dedit huic quoque iudicio C. Coelius tabellam, doluitque, quoad vixit, se, ut opprimeret C. Popillium, nocuisse rei publicae. Et avus quidem noster singulari virtute in hoc municipio, quoad vixit, restitit M. Gratidio, cuius in matrimonio sororem aviam nostram habebat, ferenti legem tabellariam. Excitabat enim fluctus in simpulo ut dicitur Gratidius, quos post filius eius Marius in Aegaeo excitavit mari. Ac nostro quidem avo cum res esset ad se delata, M. Scaurus consul: ‚Utinam‘, inquit, ‚M. Cicero isto animo atque virtute in summa re publica nobiscum versari quam in municipali maluisses!‘ Quam ob rem, quoniam non recognoscimus nunc leges populi Romani, sed aut repetimus ereptas, aut novas scribimus, non quid hoc populo optineri possit, sed quid optimum sit, tibi dicendum puto. Nam Cassiae legis culpam Scipio tuus sustinet, quo auctore lata esse dicitur; tu si tabellariam tuleris, ipse praestabis. Nec enim

36

37

gemeinen Menschen beantragt worden war. Darauf folgte
zwei Jahre später die Lex Cassia über die Urteile des Volkes,
die von Lucius Cassius, einem Mann aus dem Adel, beantragt worden war, der sich allerdings – seine Familie möge
meine Worte verzeihen – von den Optimaten lossagte und
jedes Gerede und Geschwätz aufgriff, wenn es den Interessen des Volkes diente. Das dritte Gesetz ist die Lex Papiria
des Gaius Papirius Carbo über die Einführung und die
Ablehnung von Gesetzen, eines aufrührerischen und unred-
lichen Mitbürgers, dem nicht einmal die Rückkehr zu den
Optimaten die Rettung durch die Optimaten verschaffen
konnte. (36) In einem einzigen Punkt, den Cassius selbst als
Ausnahme zugelassen hatte, blieb die mündliche Abstimmung offensichtlich erhalten: bei Hochverrat. Aber Gaius
Coelius führte auch bei diesem Urteil das Stimmtäfelchen
ein, und er bedauerte, solange er lebte, daß er dem Staat
Schaden zugefügt hatte, um Gaius Popillius in die Knie zu
zwingen. Allerdings widersetzte sich unser Großvater hier
in dieser Kleinstadt, solange er lebte, mit einzigartiger Entschlossenheit dem Marcus Gratidius, dessen Schwester,
unsere Großmutter, er zur Frau hatte, als dieser ein Stimmtafelgesetz beantragte. Gratidius schlug nämlich, wie man
sagt, gewaltige Wellen im Schöpflöffel, wie sie später sein
Sohn Marius im Ägäischen Meer verursachte. Zu unserem
Großvater sagte allerdings Marcus Scaurus, als ihm von der
Angelegenheit berichtet wurde: „Wenn du dich doch, Marcus Cicero, bei deinem Mut und deiner Entschlossenheit
lieber mit uns zusammen in der großen Politik betätigt hättest, statt dich mit diesen kleinstädtischen Angelegenheiten
abzugeben." (37) Deshalb glaube ich, da wir jetzt nicht die
Gesetze des römischen Volkes untersuchen, sondern entweder verlorengegangene wieder aufgreifen oder neue schreiben, daß du nicht sagen darfst, was in diesem Volk durchgesetzt werden kann, sondern was am besten ist. Denn die
Schuld an der Lex Cassia trägt dein Scipio, auf dessen Veran-
lassung hin es eingebracht worden sein soll; wenn du ein
Stimmtafelgesetz einbringst, wirst du selbst dafür gerade-

mihi placet nec Attico nostro, quantum e vultu eius intellego.

ATTICUS. Mihi vero nihil umquam populare placuit, eamque optimam rem publicam esse dico, quam hic consul constituerat, quae sit in potestate optimorum.

MARCUS. Vos quidem ut video legem antiquastis sine tabella. Sed ego, etsi satis dixit pro se in illis libris Scipio, tamen ita libertatem istam largior populo, ut auctoritate et valeant et utantur boni. Sic enim a me recitata lex est de suffragiis: ‚optimatibus nota, plebi libera sunto'. Quae lex hanc sententiam continet, ut omnes leges tollat, quae postea latae sunt, quae tegunt omni ratione suffragium, ne quis inspiciat tabellam, ne roget, ne appellet. Pontes etiam lex Maria fecit angustos. Quae si opposita sunt ambitiosis, ut sunt fere, non reprehendo; si non valuerint tamen leges, ut ne sit ambitus, habeat sane populus tabellam quasi vindicem libertatis, dummodo haec optimo cuique et gravissimo civi ostendatur ultroque offeratur, ut in eo sit ipso libertas, in quo populo potestas honeste bonis gratificandi datur. Eoque nunc fit illud, quod a te modo Quinte dictum est, ut minus multos tabella condemnet, quam solebat vox, quia populo licere satis est: hoc retento reliqua voluntas auctoritati aut gratiae traditur. Itaque, ut omittam

XVII

38

39

stehen. Denn es gefällt weder mir noch unserem Atticus, soweit ich es seinem Gesichtsausdruck entnehme.

ATTICUS: Mir hat tatsächlich nie etwas gefallen, was den Popularen gefällt, und ich erkläre, daß dies der beste Staat ist, den dieser Mann als Consul geschaffen hatte und in dem die Besten die Macht haben.

(38) MARCUS: Ihr habt nun, wie ich sehe, ein Gesetz, ohne ein Stimmtäfelchen zu benutzen, abgelehnt. Aber wenn auch Scipio in den genannten Büchern in eigener Sache genug gesagt hat, räume ich dennoch dem Volk diese Freiheit in der Absicht ein, daß die Rechtschaffenen Glaubwürdigkeit besitzen und diese auch nutzen. So nämlich wurde das Gesetz über die Abstimmungen von mir vorgelesen: „Den Optimaten sollen sie bekannt sein, auf seiten des Volkes aber dürfen sie keiner Einschränkung unterliegen." Dieses Gesetz dient diesem einen Zweck, alle anderen Gesetze aufzuheben, die später eingebracht wurden und die Abstimmung auf jede nur erdenkliche Weise schützen und sicherstellen, daß niemand auf das Stimmtäfelchen sieht, Fragen stellt oder Druck ausübt. (39) Die Lex Maria führte sogar dazu, daß die Stege (zu den Wahlkörben) ganz eng wurden. Wenn dies Maßnahmen gegen Wählerbestechung sind, wie es normalerweise der Fall ist, habe ich nichts dagegen; wenn die Gesetze trotzdem nicht bewirken, daß kein Stimmenkauf stattfindet, soll das Volk auf jeden Fall sein Stimmtäfelchen sozusagen als Beschützerin seiner Freiheit haben, allerdings soll es gerade den besten und einflußreichsten Bürgern gezeigt und freiwillig offenbart werden, so daß eben darin die Freiheit zum Ausdruck kommt, daß das Volk die Möglichkeit erhält, den Rechtschaffenen auf ehrenvolle Weise einen Gefallen zu tun. Dadurch geschieht nun das, was du, Quintus, gerade gesagt hast, daß mit dem Stimmtäfelchen weniger Leute verurteilt werden, als es bei der mündlichen Abstimmung gewöhnlich der Fall war, weil es dem Volk genügt, die Möglichkeit dazu zu haben: Wenn diese Möglichkeit grundsätzlich gegeben ist, dann richtet sich sein Wille ansonsten nach der Glaubwürdigkeit oder der Beliebt-

largitione corrupta suffragia, non vides, si quando
ambitus sileat, quaeri in suffragiis, quid optimi viri
sentiant? Quam ob rem lege nostra libertatis species datur, auctoritas bonorum retinetur, conten- XVIII
tionis causa tollitur. Deinde sequitur, quibus ius 40
sit cum populo agendi aut cum senatu. Tum gravis
et ut arbitror praeclara lex: ,quae cum populo
quaeque in patribus agentur, modica sunto', id est
modesta atque sedata. Actor enim moderatur et
fingit non modo mentes ac voluntates, sed paene
vultus eorum apud quos agit. Quod si fit in senatu,
non difficile; est enim ipse senator is, cuius non ab
auctore reflectatur animus, sed qui per se ipse
spectari velit. Huic iussa tria sunt: ut adsit, nam
gravitatem res habet, cum frequens ordo est; ut
loco dicat, id est rogatus; ut modo, ne sit infinitus.
Nam brevitas non modo senatoris, sed etiam oratoris magna laus est in sententia, nec est umquam
longa oratione utendum, nisi aut peccante senatu,
quod fit ambitione saepissime, nullo magistratu
adiuvante, tolli diem utile est, aut cum tanta causa
est, ut opus sit oratoris copia vel ad hortandum vel
ad docendum; quorum generum in utroque magnus noster Cato est. Quodque addit ,causas po- 41
puli teneto', est senatori necessarium nosse rem
publicam – idque late patet: quid habeat militum,

heit der führenden Persönlichkeiten. Siehst du nicht – um nicht von den Abstimmungen zu reden, die durch Bestechung verfälscht sind –, daß man deshalb bei den Abstimmungen, wenn der Stimmenkauf einmal zur Ruhe kommt, fragt, was die Optimaten meinen? Aufgrund dessen wird durch unser Gesetz der Grundsatz der Freiheit nicht aufgegeben, die Glaubwürdigkeit der Optimaten bleibt erhalten, und jeder Anlaß zum Streit wird beseitigt. (40) Darauf folgt die Regelung der Frage, wer das Recht haben soll, mit dem Volk oder dem Senat zu verhandeln. Dann kommt das gewichtige und, wie ich glaube, vorzügliche Gesetz: „Was mit dem Volk und was im Senat verhandelt wird, soll angemessen vorgebracht werden", das heißt in Selbstbeherrschung und Ruhe. Denn derjenige, der die Verhandlung führt, beeinflußt und prägt nicht nur Einstellungen und Absichten, sondern fast schon die Gesichter der Leute, vor denen er auftritt. Wenn dies im Senat geschieht, gibt es keine Schwierigkeiten; denn ein Senator ist ein Mensch, der sich von einem Redner nicht beeinflussen läßt, sondern nur als solcher respektiert werden will. Von ihm wird dreierlei verlangt: Er soll anwesend sein, denn eine Angelegenheit hat erst dann ein besonderes Gewicht, wenn der Senat vollständig zugegen ist; er soll an der richtigen Stelle das Wort ergreifen, das heißt, wenn er darum gebeten wird; er soll angemessen reden, das heißt nicht unbegrenzt lange. Denn bei einer Meinungsäußerung bringt Kürze nicht nur einem Senator, sondern auch einem Redner ein großes Lob ein, und man darf niemals eine lange Rede halten, es sei denn, es ist nützlich, Zeit zu gewinnen, wenn der Senat einen Fehler begeht, was sehr häufig aufgrund von Ehrgeiz und Eitelkeit geschieht, und kein Magistrat Unterstützung bietet oder wenn der Fall so wichtig ist, daß der Redner viele Worte benötigt, um die Leute zu ermahnen oder zu belehren; auf diesen beiden Gebieten ist unser Cato ganz groß. (41) Wenn es dann heißt: „Die Beweggründe des Volkes sollen ihm vertraut sein", dann bedeutet dies, daß ein Senator mit Staat und Politik vertraut sein muß – und das ist ein weites Feld:

quid valeat aerario, quos socios res publica habeat,
quos amicos, quos stipendiarios, qua quisque sit
lege, condicione, foedere –, tenere consuetudinem
decernendi, nosse exempla maiorum. Videtis iam
genus hoc omne scientiae, diligentiae, memoriae,
sine quo paratus esse senator nullo pacto potest.

Deinceps sunt cum populo actiones, in quibus   42
primum et maximum ‚vis abesto'. Nihil est enim
exitiosius civitatibus, nihil tam contrarium iuri ac
legibus, nihil minus civile et inhumanius, quam
composita et constituta re publica quicquam agi
per vim. Parere iubet intercessori, quo nihil
praestabilius: inpediri enim bonam rem melius
quam concedi malae.

Quod vero ‚actoris' iubeo ‚esse fraudem', id to-   XIX
tum dixi ex Crassi sapientissimi hominis sententia,
quem est senatus secutus, cum decrevisset
C. Claudio consule de Cn. Carbonis seditione re-
ferente, invito eo, qui cum populo ageret, seditio-
nem non posse fieri, quippe cui liceat concilium,
simul atque intercessum turbarique coeptum sit,
dimittere. Quod qui permovet, cum agi nihil potest, vim quaerit, cuius inpunitatem amittit hac
lege.

Sequitur illud ‚intercessor rei malae salutaris civis esto'.

Über wie viele Soldaten der Staat verfügt, welche finanziellen Möglichkeiten er besitzt, welche Verbündeten er hat, welche Freunde und Tributpflichtigen, welchem Gesetz jeder einzelne unterworfen ist, unter welchen Bedingungen er lebt und welchen Verträgen er verpflichtet ist –, ferner am herkömmlichen Entscheidungsverfahren festhält und die Beispiele unserer Vorfahren kennt. Ihr habt jetzt diesen ganzen Zusammenhang von Wissen, Sorgfalt und Kenntnis der Vergangenheit vor Augen, ohne den ein Senator auf keinen Fall handlungsfähig sein kann.

(42) Darauf geht es um die Verhandlungen mit dem Volk, bei denen als erste und wichtigste Forderung zu beachten ist: „Keine Gewalt." Denn für die Bürgerschaften ist nichts verderblicher, nichts steht zu Recht und Gesetz in größerem Widerspruch, nichts ist schädlicher für die Gemeinschaft der Bürger und unmenschlicher, als in einem in jeder Hinsicht geordneten Staatswesen etwas mit Gewalt durchzusetzen. Das Gesetz befiehlt, daß man demjenigen, der gegen etwas Einspruch erhebt, nachgibt; keine Verordnung ist vorzüglicher als diese: Denn es ist grundsätzlich besser, daß eine gute Sache verhindert als daß eine schlechte Sache zugelassen wird.

Wenn ich aber bestimme, daß „es als ein Vergehen des Verhandlungsführers gilt" (falls es in einer Verhandlung zu einer Störung der Ordnung kommt), dann habe ich dies ganz im Sinne des Crassus, eines äußerst klugen Mannes, gesagt, dem der Senat zustimmte, als er festgestellt hatte – der Consul Claudius berichtete gerade über den Aufstand des Gnaeus Carbo –, gegen den Willen dessen, der mit dem Volk verhandele, könne kein Aufstand ausbrechen, weil ihm eine Auflösung der Versammlung möglich sei, sobald ein Einspruch erhoben sei und Unruhe eingesetzt habe. Wer die Unruhe noch weiter schürt, wenn die Verhandlung nicht fortgesetzt werden kann, sucht die Gewalt, was aufgrund dieses Gesetzes nicht ungestraft bleibt.

Es folgt der Satz: „Wer gegen eine schlechte Entscheidung einschreitet, soll als ein Bürger gelten, der sich um das Wohl des Staates verdient gemacht hat."

Quis non studiose rei publicae subvenerit hac   43
tam praeclara legis voce laudatus?

Sunt deinde posita deinceps, quae habemus
etiam in publicis institutis atque legibus: ,auspicia
servanto, auguri publico parento'. Est autem boni
auguris meminisse maximis rei publicae temporibus praesto esse debere, Iovique optimo maximo
se consiliarium atque administrum datum, ut sibi
eos, quos in auspicio esse iusserit, caelique partes
sibi definitas esse traditas, e quibus saepe opem rei
publicae ferre possit. Deinde de promulgatione, de
singulis rebus agendis, de privatis magistratibusve
audiendis.

Tum leges praeclarissimae de duodecim tabulis   44
tralatae duae, quarum altera privilegia tollit, altera
de capite civis rogari nisi maximo comitiatu vetat.
Et nondum inventis seditiosis tribunis plebis, ne
cogitatis quidem, admirandum tantum maioris in
posterum providisse. In privatos homines leges
ferri noluerunt, id est enim privilegium: quo quid
est iniustius, cum legis haec vis sit, ut sit scitum et
iussum in omnis? Ferri de singulis nisi centuriatis
comitiis noluerunt. Discriptus enim populus censu
ordinibus aetatibus plus adhibet ad suffragium
consilii quam fuse in tribus convocatus. Quo   45
verius in causa nostra vir magni ingenii summaque
prudentia L. Cotta dicebat, nihil omnino actum
esse de nobis. Praeter enim quam quod comitia illa

(43) Wer möchte wohl darauf verzichten, den Staat mit großem Einsatz zu unterstützen, wenn er einmal aufgrund dieser vorzüglichen Bestimmung des Gesetzes gelobt wurde?

Darauf folgen die Bestimmungen, die wir auch in den staatlichen Vorschriften und Gesetzen haben: „Man soll die Auspizien beachten und dem staatlichen Vogelschauer gehorchen." Es ist aber die Pflicht eines guten Vogelschauers, daran zu denken, daß er in den schwierigsten Situationen des Staates zur Verfügung stehen muß, daß er Juppiter Optimus Maximus als Ratgeber und Helfer dient, wie ihm diejenigen dienen, die er zur Teilnahme an der Vogelschau aufgefordert hat, und daß ihm bestimmte Bereiche des Himmels zugewiesen sind, aus denen er dem Staat oft Hilfe bringen kann. Anschließend geht es um die Bekanntmachung, um die Beschränkung auf jeweils nur ein Vorhaben und um die Information von Privatleuten und Magistraten.

(44) Dann kommen noch zwei hervorragende Gesetze aus den Zwölf Tafeln: Das eine von diesen hebt Ausnahmegesetze auf, das andere ordnet an, daß lebensbedrohende Maßnahmen gegen Bürger nur in der größten Volksversammlung beantragt werden dürfen. Und obwohl noch keine aufrührerischen Volkstribune auftraten und man noch nicht einmal an sie dachte, ist es erstaunlich, daß unsere Vorfahren so weit in die Zukunft schauten. Sie wollten nicht, daß man auf einzelne Menschen bezogene Gesetze einbrachte; denn das bedeutet „Ausnahmegesetz": Was ist ungerechter als dies, da doch das Wesen eines Gesetzes darin liegt, daß etwas für alle beschlossen und befohlen ist? Sie wollten, daß nur in den Zenturiatskomitien über einzelne Personen Anträge eingebracht werden. Denn das nach Vermögen, Standeszugehörigkeit und Lebensalter eingeteilte Volk verfügt bei einer Abstimmung über größere Urteilsfähigkeit als eine zwanglos nach Tribus (Bezirken) zusammengerufene Bevölkerung. (45) Um so mehr trifft in unserer eigenen Sache die Feststellung des Lucius Cotta zu, der ein Mann von großer Begabung und höchster Klugheit war, daß über uns überhaupt keine rechtsgültige Verhandlung stattge-

essent armis gesta servilibus, praeterea neque tri-
buta capitis comitia rata esse posse neque ulla pri-
vilegii. Quocirca nihil nobis opus esse lege, de quibus omnino nihil actum esset legibus. Sed visum
est et vobis et clarissimis viris melius, de quo servi
et latrones scivisse aliquid dicerent, de hoc eodem
cunctam Italiam, quid sentiret, ostendere.

Sequitur de captis percuniis et de ambitu, leges-   **XX**
que cum magis iudiciis quam verbis sanciendae   46
sint, adiungitur ,noxiae poena par esto‘, ut in suo
vitio quisque plectatur, vis capite, avaritia multa,
honoris cupiditas ignominia sanciatur.

Extremae leges sunt nobis non usitatae, rei publicae necessariae. Legum custodiam nullam habemus, itaque eae leges sunt, quas apparitores nostri
volunt: a librariis petimus, publicis litteris consi-
gnatam memoriam publicam nullam habemus.
Graeci hoc diligentius, apud quos νομοφύλακες
creabantur, nec ei solum litteras (nam id quidem
etiam apud maiores nostros erat), sed etiam facta
hominum observabant, ad legesque revocabant.
Haec detur cura censoribus, quando quidem eos in   47
re publica semper volumus esse. Apud eosdem,
qui magistratu abierint, edant et exponant, quid in
magistratu gesserint, deque iis censores praeiudi-
cent. Hoc in Graecia fit publice constitutis accusa-

funden habe. Denn abgesehen davon, daß jene Versammlung nur mit Hilfe bewaffneter Sklaven durchgeführt wurde, könnten darüber hinaus weder die Tribunatskomitien über lebensbedrohende Maßnahmen noch irgendwelche anderen Komitien über ein Ausnahmegesetz rechtsgültige Entscheidungen treffen. Darum sei in unserem Fall gar kein Gesetz erforderlich, da über uns überhaupt nicht auf gesetzlicher Grundlage verhandelt worden sei. Doch es schien sowohl euch als auch den bedeutendsten Männern besser, daß ganz Italien zeigen sollte, was es von dem Mann hielt, über den Sklaven und Räuber einen angeblich rechtsgültigen Beschluß gefaßt hatten.

(46) Darauf folgt das Gesetz über die Annahme von Geld und über Amtserschleichung, und da Gesetze mehr durch Gerichtsurteile als durch bloße Worte durchgesetzt werden müssen, wird hinzugefügt: „Die Strafe soll der Schuld entsprechen", so daß jeder nach der Art seiner Verfehlung belangt wird: Gewalttätigkeit wird mit dem Tode, Habsucht mit einer Geldbuße, Ruhmsucht mit Schande bestraft.

Die Gesetze am Schluß finden bei uns keine Anwendung, sie sind aber für den Staat notwendig. Wir haben keine Aufsicht über die Gesetze. Deshalb sind die Gesetze so, wie unsere Sachbearbeiter sie haben wollen: Bei den Schreibern bemühen wir uns um eine schriftliche Fassung, aber eine öffentlich beurkundete und beglaubigte Gesetzessammlung besitzen wir nicht. Die Griechen übten darin mehr Sorgfalt; bei ihnen wurden „Gesetzeswächter" gewählt, und diese überwachten nicht nur die schriftlichen Aufzeichnungen (denn das war ja auch bei unseren Vorfahren der Fall), sondern auch die Taten der Menschen und bezogen sie auf die Gesetze. (47) Diese Aufgabe soll den Censoren übertragen werden, da wir ja wollen, daß sie immer im Staat tätig sind. Vor den Censoren sollen diejenigen, die ein Amt niedergelegt haben, darstellen und erläutern, was sie in ihrer Amtszeit getan haben, und die Censoren sollen über diese eine vorläufige Beurteilung abgeben. Dies geschieht in Griechenland durch offiziell berufene Ankläger, die allerdings nur

toribus, qui quidem graves esse non possunt, nisi
sunt voluntarii. Quocirca melius rationes referri
causamque exponi censoribus, integram tamen legi
accusatori iudicioque servari.

Sed satis iam disputatum est de magistratibus,
nisi forte quid desideratis.

ATTICUS. Quid? Si nos tacemus, locus ipse te
non admonet, quid tibi sit deinde dicendum?

MARCUS. Mihine? De iudiciis arbitror Pomponi; id est enim iunctum magistratibus.

ATTICUS. Quid? De iure populi Romani, quem   48
ad modum instituisti, dicendum nihil putas?

MARCUS. Quid tandem hoc loco est, quod requiras?

ATTICUS. Egone? Quod ignorari ab iis, qui in re
publica versantur, turpissimum puto. Nam ut modo a te dictum est leges a librariis peti, sic animadverto plerosque in magistratibus ignoratione iuris
sui tantum sapere, quantum apparitores velint.
Quam ob rem si de sacrorum alienatione dicendum putasti, quom de religione leges proposueras,
faciendum tibi est, ut magistratibus lege constitutis
de potestatum iure disputes.

MARCUS. Faciam breviter, si consequi potuero.   49
Nam pluribus verbis scripsit ad patrem tuum
M. Iunius sodalis, perite meo quidem iudicio et
diligenter. Nos autem de iure naturae cogitare per
nos atque dicere debemus de iure populi Romani,
quae relicta sunt et tradita.

dann Gewicht haben können, wenn sie eigenverantwort-
lich handeln. Deshalb ist es besser, daß vor den Censoren
Rechenschaft abgelegt und die Sache dargestellt wird, die
Entscheidung darüber jedoch dem Gesetz, dem Ankläger
und dem Gericht überlassen wird. Doch nun haben wir
genug über die Magistrate gesprochen, falls euch nicht noch
etwas fehlt.

ATTICUS: Wieso? Wenn wir schweigen, bringt dich dann
nicht der gedankliche Zusammenhang selbst darauf, was du
jetzt noch sagen mußt?

MARCUS: Wirklich? Man müßte noch über die Rechtspre-
chung reden, Pomponius; dieses Thema steht nämlich in
enger Verbindung mit den Magistraten.

(48) ATTICUS: Wieso? Glaubst du nicht, du müßtest, wie
du es vorhattest, etwas über das Recht des römischen Volkes
sagen?

MARCUS: Was vermißt du denn an dieser Stelle noch?

ATTICUS: Ich? Wenn diejenigen, die politisch tätig sind,
davon keine Ahnung haben, halte ich das für die größte
Schande. Denn wie du gerade gesagt hast, man bemühe sich
bei den Schreibern um eine schriftliche Fassung der Gesetze,
so stelle ich fest, daß die meisten in ihren Magistraten aufgrund ihrer Unkenntnis des Rechts nur so viel wissen, wie
ihre Sachbearbeiter wollen. Aus diesem Grund mußt du,
wenn du es für richtig hieltest, über die mangelnde Vertrautheit mit den sakralen Angelegenheiten zu sprechen, als du
die Gesetze über die religiösen Verpflichtungen vorgestellt
hattest, dafür sorgen, daß du jetzt über die rechtlichen
Befugnisse der Magistrate sprichst, nachdem diese eine
gesetzliche Grundlage erhalten haben.

(49) MARCUS: Ich werde es kurz machen, wenn ich es
schaffen kann. Denn schon Marcus Iunius, der Freund deines Vaters, widmete diesem Thema eine ausführlichere und
meiner Ansicht nach sachkundige und sorgfältige Abhandlung. Wir aber müssen für uns noch weiter über das Naturrecht nachdenken und alles über das Recht des römischen
Volkes darlegen, was uns hinterlassen und überliefert ist.

ATTICUS. Sic prorsum censeo, et id ipsum quod dicis exspecto.

1. Lactantius Inst. div. III 19, 2. At illi, qui de mortis bono disputant, quia nihil veri sciunt, sic argumentantur: Si nihil est post mortem, non est malum mors; aufert enim sensum mali. Si autem supersunt animae, etiam bonum est, quia inmortalitas sequitur. Quam sententiam Cicero de legibus sic explicavit: Gratulemurque nobis, quoniam mors aut meliorem quam qui est in vita aut certe non deteriorem adlatura est statum. Nam sine corpore animo vigente divina vita est, sensu carente nihil profecto est mali.

2. Macrobius Saturn. VI 4, 8: Sunt qui aestiment hoc verbum umbracula Vergilio auctore conpositum, cum Varro rerum divinarum libro decimo dixerit ... et Cicero in quinto de legibus: Visne igitur, quoniam sol paululum a meridie iam devexus videtur, nequedum satis ab his novellis arboribus omnis hic locus opacatur, descendamus ad Lirim, eaque quae restant in illis alnorum umbraculis persequamur?

ATTICUS: Genau das meine ich und warte auf deine Ausführungen.

Weitere Fragmente

1. Aber diejenigen, die über das Gute am Tod diskutieren, geben folgende Gründe an, weil sie die Wahrheit nicht wissen: Wenn nichts nach dem Tode ist, dann ist der Tod kein Übel; er hebt nämlich die Empfindung des Übels auf. Wenn aber die Seelen weiterleben, dann ist der Tod auch etwas Gutes, weil ihm die Unsterblichkeit folgt. Diese Auffassung erläuterte Cicero in seiner Schrift „De legibus" folgendermaßen: Wir wollen uns gratulieren, weil der Tod entweder einen besseren Zustand herbeiführen wird, als es im Leben der Fall ist, oder sicherlich keinen schlechteren. Denn wenn die Seele ohne Körper bei vollem Bewußtsein bleibt, führt man ein Leben wie die Götter, wenn sie keine Empfindung hat, gibt es wirklich nichts Schlimmes mehr.

2. Es gibt Leute, die glauben, daß das Wort „umbracula" auf Vergil zurückgeht, obwohl Varro schon im fünfzehnten Buch seiner „Res divinae" und Cicero im fünften (!) Buch „De legibus" gesagt hat: Willst du also, da die Sonne den Zenit schon ein wenig überschritten zu haben scheint und diese jungen Bäumchen noch nicht genug Schatten auf diesen ganzen Platz hier werfen, daß wir zum Liris hinabsteigen und alles, was noch aussteht, dort im Schatten der Erlen durchsprechen?

PARADOXA STOICORUM

Prooemium

Animadverti, Brute, saepe Catonem avunculum tuum, cum in senatu sententiam diceret, locos graves ex philosophia tractare abhorrentes ab hoc usu forensi et publico, sed dicendo consequi tamen, ut illa etiam populo probabilia viderentur. Quod eo maius est illi quam aut tibi aut nobis, quia nos ea philosophia plus utimur, quae peperit dicendi copiam et in qua dicuntur ea, quae non multum discrepant ab opinione populari, Cato autem, perfectus mea sententia Stoicus, et ea sentit quae non sane probantur in vulgus, et in ea est haeresi, quae nullum sequitur florem orationis neque dilatat argumentum, sed minutis interrogatiunculis quasi punctis, quod proposuit, efficit. Sed nihil est tam incredibile, quod non dicendo fiat probabile, nihil tam horridum tam incultum, quod non splendescat oratione et tamquam excolatur. Quod cum ita putarem, feci etiam audacius quam ille ipse, de quo loquor. Cato enim dumtaxat de magnitudine animi de continentia de morte de omni laude virtutis de dis immortalibus de caritate patriae Stoice solet oratoriis ornamentis adhibitis dicere; ego tibi illa ipsa, quae vix in gymmasiis et in otio Stoici probant, ludens conieci in communes locos.

STOISCHE PARADOXIEN

Vorwort

(1) Ich habe häufig bemerkt, Brutus, daß dein Onkel Cato, wenn er im Senat seine Meinung vertrat, gewichtige philosophische Sätze vorbrachte, wie sie vor Gericht und in der Öffentlichkeit gewöhnlich nicht gebraucht werden, mit ihrer Darstellung jedoch erreichte, daß sie sogar den einfachen Leuten annehmbar erschienen. (2) Das ist für ihn deshalb ein größerer Erfolg als für dich oder für mich, weil wir uns mehr *der* Philosophie bedienen, der die Redekunst ihren Gedankenreichtum verdankt und in deren Sprache das ausgedrückt wird, was sich von den Vorstellungen der einfachen Leute nicht besonders unterscheidet, Cato dagegen, ein meines Erachtens vollendeter stoischer Philosoph, die Ansichten vertritt, die bei der breiten Masse wohl kaum auf Zustimmung stoßen, und darüber hinaus einer Schule angehört, die auf rhetorischen Schmuck keinen Wert legt und auf eine ausführliche Beweisführung verzichtet und statt dessen nur mit spitzfindigen Schlußfolgerungen wie mit Nadelstichen ihr Beweisziel erreicht. (3) Aber nichts ist so unglaublich, daß es nicht mit Hilfe der Redekunst annehmbar wird, nichts so scheußlich oder so unschön, daß es nicht durch eine Rede Glanz erhielte und in einem gewissen Sinne sogar veredelt werden könnte. Da ich davon überzeugt war, bin ich mit noch größerer Kühnheit vorgegangen als eben der Mann, über den ich gerade spreche. Denn wie ein Stoiker pflegt Cato mit rhetorischen Mitteln eben nur über die Großzügigkeit, die Selbstbeherrschung, den Tod, den Wert der Tugend im allgemeinen, die unsterblichen Götter oder die Vaterlandsliebe zu reden; ich hingegen hatte meine Freude daran, eben jene Lehren, die die Stoiker allenfalls in der Abgeschiedenheit ihrer Schulen glaubhaft vertreten können, für dich in allgemeinverständliche Sätze zu fassen.

Quae quia sunt admirabilia contraque opinio-   4
nem omnium (ab ipsis etiam παράδοξα appellantur), tentare volui, possentne proferri in lucem, id
est in forum, et ita dici, ut probarentur, an alia
quaedam esset erudita, alia popularis oratio: eoque
scripsi libentius, quod mihi ista παράδοξα, quae
appellant, maxime videntur esse Socratica longeque verissima.

Accipies igitur hoc parvum opusculum lucubra-   5
tum his iam contractioribus noctibus, quoniam illud maiorum vigiliarum munus in tuo nomine ap-
paruit, et degustabis genus exercitationum earum,
quibus uti consuevi, cum ea, quae dicuntur in
scholis θετικῶς, ad nostrum hoc oratorium trans-
fero dicendi genus. Hoc tamen opus in acceptum
ut referas nihil postulo; non enim est tale, ut in
arce poni possit quasi Minerva illa Phidiae, sed
tamen ut ex eadem officina exisse appareat.

Paradoxon I

῞Οτι μόνον τὸ καλὸν ἀγαθόν.
Quod honestum sit id solum bonum esse.

Vereor, ne cui vestrum ex Stoicorum hominum   6
disputationibus, non ex meo sensu deprompta
haec videatur oratio; dicam, quod sentio, tamen, et
dicam brevius, quam res tanta poscit.

Numquam mehercule ego neque pecunias istorum neque tecta magnifica neque opes neque
imperia neque eas, quibus maxime astricti sunt,

(4) Weil diese Aussagen Verwunderung hervorrufen und im Widerspruch zur allgemeinen Meinung stehen (die Stoiker selbst bezeichnen sie sogar als „Paradoxa"), entschloß ich mich zu erproben, ob sie ans Licht, das heißt an die Öffentlichkeit, gebracht und so formuliert werden könnten, daß sie Anerkennung fänden, oder ob die gelehrte und die allgemein verständliche Redeweise zwei verschiedene Dinge seien: und ich schrieb deshalb mit noch größerem Vergnügen, weil mir diese Paradoxa, wie die Stoiker sie nennen, ganz besonders sokratisch zu sein und den bei weitem größten Wahrheitsgehalt zu haben scheinen. (5) Du sollst also dieses kleine Werk, das ich im Schein der Ölfunzel in den jetzt schon wieder kürzeren Nächten verfaßt habe, entgegennehmen, zumal jene Arbeit längerer Nächte bereits dir gewidmet und erschienen ist, und die Art der Übungen probieren, die ich gewöhnlich durchführe, wenn ich das, was in den Philosophenschulen als eine Erörterung von Thesen bezeichnet wird, in meine rhetorische Redeweise übertrage. Dennoch verlange ich nicht, daß du dieses Werk als Gewinn verbuchst; denn es ist nicht so, daß es auf der Akropolis aufgestellt werden könnte wie die berühmte Athene des Phidias, aber doch so, daß es erkennen läßt, daß es aus derselben Werkstatt hervorgegangen ist.

Paradoxon I

Nur das Sittliche ist ein Gut.

(6) Ich fürchte, mancher von euch glaubt, diese Abhandlung sei aus den philosophischen Erörterungen der Stoiker und nicht aus meinem eigenen Denken hervorgegangen; doch ich werde darlegen, was ich meine, und ich werde mich kürzer fassen, als es ein so bedeutendes Thema erfordert.

Niemals, beim Herkules, habe ich die Auffassung vertreten, daß das Geld dieser Leute hier, ihre herrlichen Villen, ihre Mittel und Möglichkeiten, ihre einflußreichen Stellun-

vouptates in bonis rebus aut expetendis esse duxi,
quippe cum viderem rebus his circumfluentes ea
tamen desiderare maxime, quibus abundarent. Neque enim umquam expletur nec satiatur cupiditatis
sitis, neque solum ea qui habent libidine augendi
cruciantur sed etiam amittendi metu.

In quo equidem continentissimorum hominum   7
maiorum nostrorum saepe requiro prudentiam,
qui haec imbecilla et commutabilia verbo bona putaverunt appellanda, cum re ac factis longe aliter
iudicavissent. Potestne bonum cuiquam malo esse,
aut potest quisquam in abundantia bonorum ipse
esse non bonus? Atqui ista omnia talia videmus, ut
etiam improbi habeant et obsint probis. Quam ob   8
rem licet irrideat si quis vult, plus apud me tamen
vera ratio valebit quam vulgi opinio, neque ego
umquam bona perdidisse dicam, si qui pecus aut
supellectilem amiserit, neque non saepe laudabo
sapientem illum, Biantem ut opinor, qui numera-
tur in septem, cuius cum patriam Prienen cepisset
hostis ceterique ita fugerent, ut multa de suis rebus
secum asportarent, cum esset admonitus a quodam, ut idem ipse faceret, ,Ego vero,‘ inquit,
,facio, nam omnia mecum porto mea.‘ Ille haec   9
ludibria fortunae ne sua quidem putavit, quae nos
appellamus etiam bona.

,Quid est igitur,‘ quaeret aliquis, ,bonum?‘ Si,
quod recte fit et honeste et cum virtute, id bene

gen und ihre Vergnügungen, denen sie am meisten ausgeliefert sind, zu den guten oder erstrebenswerten Dingen gehören, weil ich nämlich sah, daß sie, obwohl sie in diesen Dingen schwammen, dennoch gerade das am meisten entbehrten, was sie im Überfluß besaßen. Denn die Gier auf Lust wird niemals befriedigt und gestillt, und diejenigen, die diese Dinge haben, werden nicht nur von dem Drang, ihren Besitz zu vergrößern, sondern auch von der Angst, alles zu verlieren, geplagt.

(7) In dieser Hinsicht vermisse ich oft die Klugheit unserer Vorfahren, die zwar ein Höchstmaß an Genügsamkeit und Selbstbeherrschung bewiesen, aber der Meinung waren, daß diese vergänglichen und veränderlichen Dinge mit dem Wort „Güter" zu bezeichnen seien, während sie sie in Wirklichkeit ganz anders beurteilten. Kann denn ein Gut für jemanden zum Übel werden? Oder kann jemand, der mit Gütern reichlich gesegnet ist, selbst nicht gut sein? Und doch sehen wir, daß alle diese Dinge so sind, daß auch schlechte Menschen sie besitzen und daß sie den Guten Schaden zufügen. (8) Deswegen mag mich ruhig jeder, der Lust dazu hat, auslachen: Doch die philosophische Vernunft wird bei mir größeres Gewicht haben als die Meinung der Masse, und ich werde niemals behaupten, jemand habe Güter verloren, wenn ihm ein Stück Vieh oder Möbel abhanden kamen, und ich werde immer jenen weisen Mann loben – ich meine, es war Bias –, der zu den Sieben Weisen gezählt wird: Als der Feind seine Vaterstadt Priene eingenommen hatte und alle anderen auf der Flucht viele ihrer Habseligkeiten bei sich hatten und als jemand ihn ermahnte, dasselbe zu tun, sagte er: „Ich tue das schon, denn ich habe meinen gesamten Besitz bei mir." (9) Bias glaubte, daß ihm diese Spielzeuge des Schicksals, die wir sogar als Güter bezeichnen, nicht eigentlich gehörten.

„Was ist dann", wird jemand fragen, „ein Gut?" Wenn man von dem, was richtig im Einklang mit dem Gebot der Sittlichkeit und mit Tugendhaftigkeit getan wird, zu Recht sagt, daß es gutes Handeln ist, dann ist meiner Meinung nach

fieri vere dicitur, quod rectum et honestum et cum
virtute est, id solum opinor bonum.

Sed haec videri possunt odiosiora, cum lentius
disputantur: vita atque factis illustranda sunt summorum virorum haec, quae verbis subtilius, quam
satis est, disputari videntur. Quaero enim a vobis,
num ullam cogitationem habuisse videantur ei, qui
hanc rempublicam tam praeclare fundatam nobis
reliquerunt, aut argenti ad avaritiam aut amoeni-
tatum ad delectationem aut supellectilis ad delicias
aut epularum ad voluptates? Ponite ante oculos
unum quemque – regum vultis a Romulo? vultis
post liberam civitatem ab eis ipsis, qui liberaverunt
eam? Quibus tandem gradibus Romulus escendit
in caelum, eisne, quae isti bona appellant, an rebus
gestis atque virtutibus? Quid? a Numa Pompilio
minusne gratas dis immortalibus capedines ac fic-
tiles hirnulas fuisse, quam filicatas aliorum pateras
arbitramur? Omitto reliquos, sunt enim omnes
pares inter se praeter Superbum. Brutum si quis
roget, quid egerit in patria liberanda, si quis item
reliquos eiusdem consilii socios quid spectaverint
quid secuti sint, num quis exsistat, cui voluptas cui
divitiae cui denique praeter officium fortis et magni viri quidquam aliud propositum fuisse videatur? Quae res ad necem Porsennae C. Mucium im-
pulit sine ulla spe salutis suae? quae vis Coclitem
contra omnes hostium copias tenuit in ponte solum? quae patrem Decium, quae filium devota vita

10

11

12

nur das ein Gut, was richtig, sittlich geboten und tugendhaft ist.

(10) Aber diese Gedanken können einem ziemlich anstößig vorkommen, wenn man sie mit zu dürren Worten erörtert: Sie müssen durch das Leben und die Taten der bedeutendsten Männer veranschaulicht werden; beschränkt man sich auf das bloße Wort, so erwecken sie den Anschein übertriebener Spitzfindigkeit. Ich frage euch nämlich, ob etwa diejenigen, die uns diesen Staat in einer so vorzüglichen Verfassung hinterließen, den Anschein erwecken, irgendeinen Gedanken an Geld gehegt zu haben, um ihre Habsucht zu befriedigen, oder an reizvoll gelegene Grundstücke, um sich daran zu erfreuen, oder an behagliches Wohnen, um es zu genießen, oder an Festmähler, um sich daran zu ergötzen? (11) Stellt euch jeden einzelnen vor Augen: Wollt ihr bei den Königen mit Romulus beginnen? Wollt ihr nach der Befreiung der Bürgerschaft mit eben diesen Männern beginnen, die sie befreit haben? Auf welchen Stufen stieg denn Romulus in den Himmel? Waren es diejenigen, die diese Leute „Güter" nennen, oder waren es seine Taten und Leistungen? Wie? Glauben wir denn, daß die Opferschalen und die Gefäße aus Ton, die von Numa Pompilius benutzt wurden, den unsterblichen Göttern weniger willkommen waren als die mit dem Farnkrautmuster verzierten Schüsseln anderer Leute? Ich gehe nicht mehr auf die übrigen Könige ein; denn sie sind außer Tarquinius Superbus alle einander gleich. (12) Wenn jemand Brutus fragte, was er mit der Befreiung seines Vaterlandes habe erreichen wollen, und ebenso die übrigen Teilnehmer an derselben Tat, welches Ziel sie vor sich sahen und verfolgt haben, würde sich da etwa jemand zu Wort melden, dem Lust, Reichtum oder irgend etwas anderes als nur die Pflicht eines tapferen und großen Mannes vor Augen standen? Was hat Gaius Mucius dazu getrieben, Porsenna töten zu wollen, ohne daß er darauf hoffen konnte, selbst zu überleben? Welche Macht hielt Cocles ganz allein auf der Brücke, als ihm alle Streitkräfte des Feindes gegenüberstanden? Was trieb den Vater Decius, was seinen Sohn

immisit in armatas hostium copias? quid continentia C. Fabricii, quid tenuitas victus M'. Curii
sequebatur, quid duo propugnacula belli Punici
Cn. et P. Scipiones, qui Karthaginiensium adven-
tum corporibus suis intercludendum putaverunt,
quid Africanus maior, quid minor, quid inter horum aetates interiectus Cato, quid innumerabiles
alii – nam domesticis exemplis abundamus? cogi-
tasse quidquam in vita sibi expetendum, nisi quod
laudabile esset et praeclarum, videntur? Veniant
igitur isti irrisores huius orationis ac sententiae, et
iam vel ipsi iudicent, utrum se eorum alicuius, qui
marmoreis tectis ebore et auro fulgentibus qui signis qui tabulis qui caelato auro et argento qui Co-
rinthiis operibus abundant, an C. Fabricii, qui nihil eorum habuit, nihil habere voluit, similes esse
malint.

Atque haec quidem, quae modo huc modo illuc
transferuntur, facile adduci solent, ut in rebus bonis esse negent, illud arte tenent accurateque defendunt, voluptatem esse summum bonum. Quae
quidem mihi vox pecudum videtur esse, non hominum. Tu, cum tibi sive deus sive mater ut ita
dicam rerum omnium natura dederit animum, quo
nihil est praestantius neque divinius, sic te ipse
abicies atque prosternes, ut nihil inter te atque
quadrupedem aliquam putes interesse? Quic-
quamne bonum est, quod non eum, qui id possi-
det, meliorem facit? ut enim est quisque maxime
boni particeps, ita est laudabilis maxime, neque est
ullum bonum, de quo non is, qui id habeat,

in die waffenstarrenden Reihen der feindlichen Truppen,
nachdem sie ihr Leben den Göttern der Unterwelt geweiht
hatten? Was wollte Gaius Fabricius mit seiner Festigkeit
erreichen, was Manius Curius mit seiner einfachen Lebensweise, was die beiden Bollwerke des punischen Krieges,
Gnaeus und Publius Scipio, die der Überzeugung waren,
den Angriff der Karthager mit ihrem eigenen Körper aufhalten zu müssen, was der ältere und der jüngere Africanus, was
Cato, der seinem Alter nach zwischen beiden steht, was die
anderen unzähligen Männer – haben wir doch Vorbilder
mehr als genug in unserer Geschichte? Erwecken sie den
Eindruck, sie hätten in ihrem Leben etwas anderes für
erstrebenswert gehalten als das wirklich Lobenswerte und
Ausgezeichnete? (13) Da sollen ruhig die Leute kommen,
die über diese Rede und diese Auffassung spotten, und
gleich auch selbst darüber urteilen, ob sie es vorziehen,
einem von denen ähnlich zu sein, die marmorne, in Elfenbein und Gold strahlende Häuser, die Standbilder, die
Gemälde, die ziseliertes Gold und Silber und korinthische
Vasen im Überfluß besitzen, oder dem Gaius Fabricius, der
nichts davon besaß, nichts davon besitzen wollte.

(14) Und auch wenn sich manche gewöhnlich leicht dazu
veranlaßt sehen, allen Gegenständen, die von Hand zu Hand
gehen, abzusprechen, daß sie zu den guten Dingen gehören,
halten sie doch mit Geschicklichkeit an jener Überzeugung
fest und verteidigen sie mit Sorgfalt, daß die Lust das höchste Gut sei. Dieses Wort scheint mir allerdings nur auf das
Vieh, nicht auf die Menschen zuzutreffen. Du – wenn dir
Gott oder die Natur, die Mutter aller Dinge, wie ich sie
nennen möchte, eine Seele geschenkt hat, die vortrefflicher
und göttlicher ist als alles andere –, willst du dich wirklich
selbst so demütigen und erniedrigen, daß du glaubst, es
bestehe überhaupt kein Unterschied zwischen dir und
irgendeinem Vierbeiner? Gibt es denn irgendein Gut, das
denjenigen, der es besitzt, nicht besser macht? (15) Denn in
dem Maße, wie ein jeder am Guten teilhat, so verdient er
auch Lob, und es gibt überhaupt kein Gut, dessen sich der-

honeste possit gloriari. Quid autem est horum in
voluptate? melioremne efficit aut laudabiliorem
virum? an quisquam in potiundis voluptatibus
gloriando se et praedicatione effert? Atqui si voluptas, quae plurimorum patrociniis defenditur, in
rebus bonis habenda non est, eaque quo est maior
eo magis mentem e sua sede et statu demovet, profecto nihil est aliud bene et beate vivere nisi honeste et recte vivere.

Paradoxon II

῞Οτι αὐτάρκης ἡ ἀρετὴ πρὸς εὐδαιμονίαν.
In quo virtus sit ei nihil deesse ad beate
vivendum.

Nec vero ego M. Regulum aerumnosum nec in-   16
felicem nec miserum umquam putavi; non enim
magnitudo animi eius excruciabatur a Poenis, non
gravitas non fides non constantia non ulla virtus,
non denique animus ipse, qui tot virtutum praesi-
dio tantoque comitatu, cum corpus eius caperetur,
capi certe ipse non potuit. C. vero Marium vidimus, qui mihi secundis in rebus unus ex fortunatis
hominibus, in adversis unus ex summis viris videbatur, quo beatius esse mortali nihil potest.

Nescis, insane, nescis, quantas vires virtus habe-   17
at; nomen tantum virtutis usurpas, quid ipsa valeat, ignoras. Nemo potest non beatissimus esse, qui
est totus aptus ex sese quique in se uno sua ponit
omnia; cui spes omnis et ratio et cogitatio pendet
ex fortuna, huic nihil potest esse certi, nihil quod

jenige, der es besitzt, nicht auch mit gutem Recht rühmen könnte. Was aber steckt davon in der Lust? Macht sie einen Mann besser oder lobenswerter? Oder zeigt irgend jemand Stolz über einen Lustgewinn, indem er sich seines Erfolges rühmt und sich mit diesem öffentlich brüstet? Doch wenn die Lust, die unter dem Schutz der meisten Menschen steht, nicht zu den Gütern zu zählen ist und die Vernunft um so mehr aus ihrem Gleichgewicht bringt, je größer sie ist, dann ist ein gutes und glückliches Leben tatsächlich nichts anderes als ein sittliches und rechtschaffenes Leben.

Paradoxon II

Niemandem, der die Tugend besitzt, fehlt etwas zum glücklichen Leben.

(16) Auch ich habe Marcus Regulus wirklich niemals für kummerbeladen, unglücklich oder bedauernswert gehalten; denn die Punier folterten nicht seine Charakterstärke, seine Würde, seine Treue, seine Standhaftigkeit oder irgendeine andere Tugend, am Ende auch nicht ihn selbst, der unter dem Schutz so vieler Tugenden und mit einem so großartigen Gefolge gewiß nicht wirklich gefangen genommen werden konnte, als sein Leib gefangen genommen wurde. Aber wir haben auch Gaius Marius gesehen, der mir, als es ihm gut ging, ein glücklicher Mensch, und als es ihm schlecht ging, der größte Held zu sein schien: Für einen Sterblichen kann es kein größeres Glück geben.

(17) Du Narr, du weißt nicht, wie stark die Kräfte sind, über die die Tugend verfügt; du benutzt nur den Namen der Tugend, weißt aber nicht, was sie selbst bedeutet. Jeder, der ausschließlich von sich selbst bestimmt wird und alles, was er besitzt, in sich allein verwahrt, kann nur ausgesprochen glücklich sein. Wer seine Hoffnung, seine Berechnung und sein Denken ganz von den äußeren Umständen abhängig macht, für den kann es keine Sicherheit und auch sonst

exploratum habeat permansurum sibi unum diem.
Eum tu hominem terreto, si quem eris nactus, istis
mortis aut exilii minis; mihi vero, quidquid acciderit in tam ingrata civitate, ne recusanti quidem eve-
nerit, non modo non repugnanti. Quid enim ego
laboravi aut quid egi aut in quo evigilaverunt curae
et cogitationes meae, si quidem nihil peperi tale,
nihil consecutus sum, ut in eo statu essem, quem
neque fortunae temeritas neque inimicorum labe-
factaret iniuria? Mortemne mihi minitaris, ut om-   18
nino ab hominibus, an exilium, ut ab improbis
demigrandum sit? Mors terribilis est eis, quorum
cum vita omnia exstinguuntur, non eis, quorum
laus emori non potest, exilium autem illis, quibus
quasi circumscriptus est habitandi locus, non eis,
qui omnem orbem terrarum unam urbem esse du-
cunt. Te miseriae, te aerumnae premunt omnes,
qui te beatum qui florentem putas; tuae libidines
te torquent, tu dies noctesque cruciaris, cui nec sat
est, quod est, et id ipsum ne non sit diuturnum,
times; te conscientiae stimulant maleficiorum
tuorum, te metus exanimant iudiciorum atque legum; quocumque aspexisti, ut furiae sic tuae tibi
occurrunt iniuriae, quae te respirare non sinunt.

Quam ob rem ut improbo et stulto et inerti nemini   19
bene esse potest, sic bonus vir et fortis et sapiens
miser esse non potest. Nec vero cuius virtus mo-
resque laudandi sunt, eius non laudanda vita est,
neque porro fugienda vita, quae laudanda est; esset
autem fugienda, si esset misera. Quam ob rem

nichts geben, wovon er mit Gewißheit sagen kann, daß es für
ihn auch nur einen einzigen Tag lang Bestand haben wird.
Diesem Menschen, falls dir ein solcher über den Weg läuft,
sollst du Angst einjagen, indem du ihn mit Tod und Verbannung bedrohst; mit mir aber könnte alles, was in einer so
undankbaren Bürgerschaft passierte, geschehen: Ich würde
nicht nur auf Widerstand verzichten, sondern nicht einmal
Einspruch erheben. Denn wozu habe ich mich bemüht, was
habe ich geleistet oder wobei haben mir meine Sorgen und
Gedanken schlaflose Nächte bereitet, wenn ich doch nichts
geschaffen und erreicht habe, was mir die Festigkeit geben
könnte, die weder durch die Unberechenbarkeit des Schicksals noch durch das Unrecht meiner Feinde gefährdet
würde? (18) Bedrohst du mich mit dem Tod, um mich dazu
zu zwingen, die menschliche Gemeinschaft ganz und gar zu
verlassen, oder mit der Verbannung, damit ich mich von den
Schlechten trenne? Der Tod ist furchtbar für alle, mit deren
Leben auch alles andere verlischt, aber nicht für diejenigen,
deren Ruhm unvergänglich ist; die Verbannung ist für jene
furchtbar, die nur einen gleichsam abgezirkelten Raum zum
Leben haben, nicht aber für alle anderen, die den gesamten
Erdkreis für eine einzige Stadt halten. Dich bedrängt alles
Unglück und alles Leid, der du glaubst, daß du glücklich
bist und es dir glänzend geht; deine Begierden peinigen dich,
Tag und Nacht leidest du Folterqualen; denn es genügt dir
nicht, was da ist, und daß gerade dies keinen Bestand hat,
fürchtest du. Das Bewußtsein deiner Schandtaten versetzt
dich in Unruhe, die Angst vor Strafprozessen und Gesetzen
bringt dich um; wohin auch immer du blickst, deine Un-
taten, die dich keinen Atem holen lassen, setzen dir zu wie
Furien.

(19) Deshalb gilt der Satz: Wie es einem Schlechten,
Törichten und Unfähigen nicht gut gehen kann, so kann ein
guter, tapferer und weiser Mann nicht unglücklich sein.
Doch es ist ausgeschlossen, daß das Leben eines Menschen,
dessen Tugend und Charakter lobenswert sind, nicht
lobenswert ist, und daß ferner ein Leben, das lobenswert ist,

quidquid est laudabile, idem et beatum et florens
et expetendum videri debet.

Paradoxon III

῾Ότι ἴσα τὰ ἁμαρτήματαα καὶ τὰ κατορθώματα.
Aequalia esse peccata et recte facta.

‚Parva,‘ inquis, ‚res est.‘ At magna culpa; nec   20
enim peccata rerum eventu, sed vitiis hominum
metienda sunt; in quo peccatur, id potest aliud alio
maius esse aut minus, ipsum quidem illud peccare,
quoquo verteris, unum est. Auri navem evertat gu-
bernator an paleae, in re aliquantulum, in guberna-
toris inscitia nihil interest. Lapsa est libido in mu-
liere ignota: dolor ad pauciores pertinet quam si
petulans fuisset in aliqua generosa ac nobili virgi-
ne, peccavit vero nihilominus, si quidem est peccare tamquam transire lineas, quod, cum feceris, culpa commissa est; quam longe progrediare, cum
semel transieris, ad augendam culpam nihil pertinet. Peccare certe licet nemini; quod autem non
licet, id hoc uno tenetur, si arguitur non licere; id
si nec maius nec minus umquam fieri potest, quoniam in eo est peccatum, si non licuit, quod semper unum et idem est, quae ex eo peccata nascuntur, aequalia sint oportet. Quod si virtutes pares   21
sunt inter se, paria esse etiam vitia necesse est;
atqui pares esse virtutes nec bono viro meliorem

abzulehnen ist; es wäre aber abzulehnen, wenn es unglücklich wäre. Deshalb muß alles, was lobenswert ist, ebenso
auch glücklich, glänzend und erstrebenswert erscheinen.

Paradoxon III

Verfehlungen sind ebenso einander gleich wie gute Taten.

(20) Du sagst: „Die Sache ist unbedeutend." Aber die
Schuld ist groß; denn die Größe der Verfehlungen ist nicht
an ihren Auswirkungen, sondern am Fehlverhalten der Täter
zu messen. Der Gegenstand einer Verfehlung kann einmal
größer, einmal kleiner sein, die Verfehlung als solche ist
jedoch, wie du es auch wendest, immer dieselbe. Ob ein
Steuermann ein Schiff mit Gold oder mit Spreu kentern läßt,
macht in der Sache schon einen kleinen, hinsichtlich der
Unfähigkeit des Steuermanns aber keinen Unterschied. Die
Leidenschaft hat zu einem Vergehen an einer Frau aus einfachen Verhältnissen geführt: Die Erbitterung über diese
Schandtat erfaßt weniger Menschen, als es bei einem Vergehen an einem Mädchen aus einer vornehmen Familie der Fall
gewesen wäre. Der Täter aber hat sich nichtsdestoweniger
schuldig gemacht, wenigstens wenn sich schuldig machen
bedeutet, Schranken zu überschreiten, weil ja auf jeden Fall
eine Schuld vorliegt, wenn man dies getan hat; wie weit man
geht, wenn die Schranken erst einmal überschritten sind, hat
keine Bedeutung für die Größe der Schuld. Verfehlungen
sind zweifellos niemandem erlaubt; was aber nicht erlaubt
ist, hängt nur davon ab, ob bewiesen wird, daß es nicht
erlaubt ist; wenn das, was nicht erlaubt ist, niemals größer
oder kleiner werden kann, da ja die Verfehlung darin
besteht, etwas Unerlaubtes zu tun, was immer ein und dasselbe ist, müssen alle Verfehlungen, die daraus erwachsen,
gleich sein. (21) Wenn nun die Tugenden einander gleich
sind, müssen auch die Fehler einander gleich sein; nun ist
aber sehr leicht zu durchschauen, daß alle Tugenden gleich

nec temperante temperantiorem nec forti fortio-
rem nec sapiente sapientiorem posse fieri, facillime
potest perspici. An virum bonum dices, qui depo-
situm nullo teste, cum lucrari impune posset, auri
pondo decem reddiderit, si idem in decem milibus
non fecerit? aut temperantem, qui se in aliqua libidine continuerit, in aliqua effuderit? Una virtus est   22
consentiens cum ratione et perpetua constantia,
nihil huc addi potest, quo magis virtus sit, nihil
demi, ut virtutis nomen relinquatur. Etenim si be-
nefacta recte facta sunt et nihil recto rectius, certe
ne bono quidem melius quicquam inveniri potest.
Sequitur igitur, ut etiam vitia sint paria, si quidem
pravitates animi recte vitia dicuntur. Atqui quoniam pares virtutes sunt, recte facta, quando a virtutibus proficiscuntur, paria esse debent, itemque
peccata, quoniam ex vitiis manant, sint aequalia
necesse est.

,A philosophis,' inquis, ,ista sumis.' Metuebam,   23
ne a lenonibus diceres. ,Socrates disputabat isto
modo.' Bene hercle narras, nam istum doctum et
sapientem virum fuisse memoriae traditum est.
Sed tamen quaero ex te, quando verbis inter nos
contendimus, non pugnis, utrum de bonis est
quaerendum, quid baiuli atque operarii an quid
homines doctissimi senserint? praesertim cum hac
sententia non modo verior, sed ne utilior quidem
hominum vitae reperiri nulla possit. Quae vis enim
est, quae magis arceat homines ab improbitate

sind und daß man nicht besser als ein guter Mensch, nicht
besonnener als ein besonnener, nicht tapferer als ein tapferer
und nicht weiser als ein weiser Mensch werden kann. Wirst
du einen Mann „gut" nennen, der zehn Pfund Gold zurück-
gibt, nachdem man es bei ihm ohne einen Zeugen hinterlegt
hatte, obwohl er sich, ohne Bestrafung fürchten zu müssen,
daran hätte bereichern können, wenn derselbe bei zehntau-
send Pfund nicht so handelte? Oder „besonnen", wenn er
sich bei einer Begierde beherrschte, bei einer anderen aber
gehen ließe? (22) Es gibt nur eine einzige Tugend, die sich in
Übereinstimmung mit der Vernunft befindet und von stets
gleichbleibender Beständigkeit bestimmt ist, nichts kann ihr
hinzugefügt werden, um sie zu vergrößern, nichts kann ihr
weggenommen werden, ohne daß ihr nicht auch der Name
„Tugend" genommen würde. Denn wenn gute Taten richtige Handlungen sind und es nichts gibt, was richtiger ist als
das Richtige, dann läßt sich auch gewiß nichts finden, was
besser ist als das Gute. Daraus folgt, daß auch die Fehler
gleich sind, wenigstens wenn die Verkehrtheiten der Seele zu
Recht als Fehler bezeichnet werden. Und da doch die
Tugenden gleich sind, müssen auch die richtigen Handlungen gleich sein, zumal sie von den Tugenden ausgehen, und
ebenso sind auch die Verfehlungen zwangsläufig gleich, da
sie aus den Fehlern entstehen.

(23) Du sagst: „Du übernimmst diese Sätze von den Philosophen." Ich fürchtete, du sagtest: „Von den Kupplern."
„Sokrates pflegte auf diese Weise zu argumentieren." Beim
Herkules, du bist ein guter Erzähler, denn es ist überliefert,
daß dieser ein gelehrter und weiser Mann war. Aber dennoch frage ich dich, da wir doch mit Worten und nicht mit
den Fäusten streiten, ob wir bei einer Erörterung über das
Gute untersuchen müssen, was die Möbelpacker und die
Arbeiter oder was die gelehrtesten Männer meinten. Zumal
sich keine Meinung finden ließe, die nicht nur treffender,
sondern auch für das menschliche Leben nützlicher wäre als
diese. Welche Macht ist es denn, die die Menschen in höherem Maße von jeder Schändlichkeit abhält als die Meinung,

omni, quam si senserint nullum in delictis esse discrimen, aeque peccare se, si privatis ac si magistratibus manus afferant, quamcumque in domum stu-
prum intulerint, eamdem esse labem libidinis?

‚Nihilne igitur interest‘ (nam hoc dicet aliquis)
‚patrem quis enecet an servum?‘ Nuda ista si po-
nas, iudicari, qualia sint, non facile possunt: patrem vita privare si per se scelus est, Saguntini, qui
parentes suos liberos emori quam servos vivere
maluerunt, parricidae fuerunt. Ergo et parenti
nonnumquam adimi vita sine scelere potest et ser-
vo saepe sine iniuria non potest. Causa igitur haec,
non natura distinguit; quae, quoniam, utro accessit, id fit propensius, si utroque adiuncta sit, paria
fiant necesse est. Illud tamen interest, quod in ser-
vo necando, si id fit iniuria, semel peccatur, in
patris vita violanda multa peccantur: violatur is
qui procreavit, is qui aluit, is qui erudivit, is qui in
sede ac domo atque in republica collocavit; multi-
tudine peccatorum praestat eoque poena maiore
dignus est. Sed nos in vita non quae cuique peccato
poena sit, sed quantum cuique liceat, spectare debemus: quidquid non oportet, scelus esse, quidquid non licet, nefas putare debemus. ‚Etiamne in
minimis rebus?‘ Etiam, si quidem rerum modum
fingere non possumus, animorum modum tenere

24

25

daß es grundsätzlich keinen Unterschied zwischen den Verfehlungen gibt, daß sie sich in gleicher Weise vergehen, ob sie nun Privatleuten oder Vertretern des Staates etwas antun, und daß die Schande der Zügellosigkeit stets dieselbe ist, welches Haus auch immer sie mit ihrer Wollust entehren?

(24) „Es besteht also kein Unterschied" (das wird man nämlich fragen), „ob man seinen Vater oder einen Sklaven umbringt?" Wenn man dies einfach so behauptet, dann ist nicht leicht zu beurteilen, was es bedeutet: Wenn es an sich schon ein Verbrechen ist, einen Vater seines Lebens zu berauben, dann waren die Saguntiner, die es lieber wollten, daß ihre Väter als freie Menschen starben, statt als Sklaven weiterzuleben, Vatermörder. Demnach ist es sowohl manchmal möglich, einem Vater das Leben zu nehmen, ohne damit ein Verbrechen zu begehen, als auch häufig unmöglich, einen Sklaven zu töten, ohne Unrecht zu tun. Also macht das Motiv, nicht die Handlung als solche den Unterschied zwischen diesen Taten aus; da ja diejenige von zwei Taten das höhere Gewicht bekommt, die ein Motiv hat, müssen beide das gleiche Gewicht erhalten, wenn sie beide ein Motiv haben. (25) Doch es besteht ein Unterschied darin, daß bei der Tötung eines Sklaven, wenn diese Tat zu Unrecht geschieht, nur ein einfacher Fehler begangen wird, während man sich vieler Fehler schuldig macht, wenn man seinem Vater mit Gewalt das Leben nimmt: Man tut dem Mann Gewalt an, dem man sein Leben verdankt, der einen ernährte und erzog und der einem einen sicheren Platz in seinem Haus und im Staat verschaffte; mit der großen Zahl seiner Verfehlungen überragt der Vatermörder alle anderen und verdient deshalb die größte Strafe. Aber wir müssen in unserem Leben nicht vor Augen haben, welche Strafe zu jeder einzelnen Verfehlung paßt, sondern was jedem einzelnen erlaubt ist: Wir müssen davon ausgehen, daß alles, was man nicht tun darf, ein Vergehen, und alles, was nicht erlaubt ist, ein Unrecht ist. „Sogar in den unwichtigsten Dingen?" Ja, wenn wir auch die Dinge nicht in den Griff bekommen, so können wir doch wenigstens unsere Gedanken beherrschen.

possumus. Histrio si paulum se movit extra nu-   26
merum aut si versus pronuntiatus est syllaba una
brevior aut longior, exsibilatur, exploditur: in vita
tu qui omni gestu moderatior, omni versu aptior
esse debes, una syllaba te peccare dices? Poetam
non audio in nugis peccantem: in vitae societate
audiam civem digitis peccata dimetientem sua – ‚si
visa sint breviora, leviora videantur?‘ Breviora qui
possint videri, cum, quidquid peccatur, perturba-
tione peccetur rationis atque ordinis, perturbata
autem semel ratione et ordine nihil possit addi,
quo magis peccari posse videatur?

Paradoxon IV

Ὅτι πᾶς ἄφρων μαίνεται.
Omnem stultum insanire.

Ego vero te non stultum, ut saepe, non impro-   27
bum, ut semper, sed dementem esse et insanire …
rebus ad victum necessariis esse invictum potest,
sapientis animus magnitudine consilii, tolerantia
fortunae, rerum humanarum contemptione, virtutibus denique omnibus ut moenibus septus, vince-
tur et expugnabitur? Qui ne civitate quidem pelli
potest. Quae est enim civitas? omnisne conventus

(26) Wenn sich ein Schauspieler ein wenig außerhalb des Tanzrhythmus bewegt oder wenn er einen Vers spricht, der nur eine Silbe zu kurz oder zu lang ist, dann wird er ausgezischt und ausgepfiffen: Wirst du dann im wirklichen Leben, wo du dich bei jeder Bewegung besser beherrschen mußt (als auf der Bühne) und wo du bei jedem Vers mehr auf die Regeln achten mußt (als der Schauspieler), behaupten, du machtest einen Fehler nur mit einer einzigen Silbe? Ich höre keinem Dichter zu, wenn er in Kleinigkeiten etwas falsch macht: Soll ich dann einem Bürger zuhören, der seine Vergehen in unserer menschlichen Gemeinschaft an seinen Fingern abzählt – „wenn sie kleiner erschienen, könnten sie dann auch leichter erscheinen?" Wie könnten sie kleiner erscheinen, wenn jedes Vergehen auf eine Verwirrung von Vernunft und Ordnung zurückzuführen ist, nachdem aber Vernunft und Ordnung erst einmal durcheinandergeraten sind, keine Steigerung mehr denkbar ist, wodurch ein noch höheres Maß an Verfehlung möglich erschiene?

Paradoxon IV

Jeder Dummkopf ist wahnsinnig.

(27) Ich glaube nicht, daß du ein Dummkopf bist, wie es oft erscheint, auch nicht, daß du böse bist, wie es immer den Anschein hat, sondern ich meine, du bist verrückt und wahnsinnig ... (...)
(Wenn schon eine belagerte Stadt, die) mit den für den Lebensunterhalt notwendigen Dingen (versorgt ist,) uneinnehmbar sein kann, wird dann etwa die Seele eines Weisen, die durch die Größe ihrer Entscheidungsfähigkeit, durch die Stärke im Ertragen des Schicksals, durch die Geringschätzung der menschlichen Dinge und schließlich durch alle Tugenden wie durch Mauern geschützt wird, besiegt oder erobert? Sie kann nicht einmal aus einer Bürgerschaft ausgeschlossen werden. Denn was ist eine Bürgerschaft? Etwa

etiam ferorum et immanium? omnisne etiam fugi-
tivorum ac latronum congregata unum in locum
multitudo? Certe negabis. Non igitur erat illa tum
civitas, cum leges in ea nihil valebant, cum iudicia
iacebant, cum mos patrius occiderat, cum ferro
pulsis magistratibus senatus nomen in republica
non erat; praedonum ille concursus et te duce
latrocinium in foro constitutum et reliquiae con-
iurationis a Catilinae furiis ad tuum scelus furo-
remque conversae non civitas erat. Itaque pulsus   28
ego civitate non sum, quae nulla erat: arcessitus in
civitatem sum, cum esset in republica consul, qui
tum nullus fuerat, esset senatus, qui tum occiderat,
esset consensus populi liberi, esset iuris et aequitatis, quae vincula sunt civitatis, repetita memoria.

Ac vide, quam ista tui latrocinii tela contempse-
rim. Iactam et immissam a te nefariam in me iniuriam semper duxi, pervenisse ad me numquam
putavi, nisi forte, cum parietes disturbabas aut
cum tectis sceleratas faces inferebas, meorum aliquid ruere aut deflagrare arbitrabare. Nihil neque   29
meum est neque cuiusquam, quod auferri quod
eripi quod amitti potest. Si mihi eripuisses divinam
animi mei constantiam, si conscientiam meis curis
vigiliis consiliis stare te invitissimo rempublicam,
si huius aeterni beneficii immortalem memoriam

auch jede Zusammenrottung von unmenschlichen Wilden
oder auch jede Ansammlung von Flüchtlingen und Räubern,
die sich an ein und derselben Stelle zusammengeschart
haben? Das wirst du gewiß verneinen. Demnach war auch
unser Staat damals kein echter Staat, als die Gesetze in ihm
bedeutungslos waren, als die Gerichte am Boden lagen, als
die überlieferten Werte verloren waren, als nach der gewaltsamen Vertreibung der Staatsbeamten das Ansehen des
Senats in unserem Staat zerstört war; jener Zusammenschluß
von Verbrechern, jene Räuberbande, die sich unter deiner
Führung auf dem Forum häuslich eingerichtet hatte, und
jene Reste der Verschwörung, die sich von den bösen Gei-
stern des Catilina getrieben deinem wahnsinnigen Wüten
angeschlossen hatten, waren nicht die Bürgerschaft.
(28) Deshalb bin ich auch nicht aus einer Bürgerschaft aus-
gestoßen worden, die keine mehr war: Ich wurde in die
Bürgerschaft zurückgeholt, als in unserem Staat wieder ein
Consul war, der damals nicht existiert hatte, als es wieder
einen Senat gab, der damals am Boden lag, als in einem freien
Volk wieder Einigkeit herrschte, als die Erinnerung an Recht
und Billigkeit, die die Bürgerschaft zusammenhalten, wieder
erwacht war.

Sieh doch, wie ich diese Angriffe deiner Räuberbande ver-
achtet habe. Das unerhörte Unrecht, das du mir mit aller
Macht entgegenschleudertest, hatte ich ständig vor Augen,
aber ich habe niemals angenommen, daß es mich tatsächlich
traf, es sei denn, du glaubtest, als du die Häuserwände zer-
trümmertest oder deine verbrecherischen Fackeln auf die
Dächer warfst, etwas von meinem Besitz würde zerstört
oder ginge in Flammen auf. (29) Nichts gehört mir oder
jemand anderem wirklich, was fortgetragen und gestohlen
werden oder verloren gehen kann. Wenn du mir die göttliche Standfestigkeit meiner Seele gestohlen oder die Überzeugung genommen hättest, daß der Staat zwar gegen deinen
erklärten Willen, aber aufgrund meiner Sorgfalt und Wach-
samkeit und durch mein überlegtes Handeln noch besteht,
wenn du die unauslöschliche Erinnerung an diese ewig wir-

delevisses, multo etiam magis si illam mentem, unde haec consilia manarunt, mihi eripuisses, tum ego accepisse me confiterer iniuriam! Sed si haec nec fecisti nec facere potuisti, reditum mihi gloriosum iniuria tua dedit, non exitum calamitosum.

Ergo ego semper civis, et tum maxime cum meam salutem senatus exteris nationibus ut civis optimi commendabat: tu ne nunc quidem, nisi forte idem esse hostis et civis potest. An tu civem ab hoste natura ac loco, non animo factisque distinguis? Caedem in foro fecisti, armatis latronibus templa tenuisti, privatorum domos, aedes sacras incendisti: cur hostis Spartacus, si tu civis? Potes autem tu esse civis, propter quem aliquando civitas non fuit, et me tuo nomine appellas, cum omnes meo discessu exsulasse rempublicam putent? Numquamne, homo amentissime, te circumspicies? numquam nec quid facias considerabis nec quid loquare? Nescis exilium scelerum esse poenam, meum illud iter ob praeclarissimas res a me gestas esse susceptum? Omnes scelerati atque impii (quorum tu te ducem esse profiteris), quos leges esilio affici volunt, exules sunt, etiam si solum non mutarunt: an cum omnes leges te exulem esse iubeant, non appellet inimicus? ‚Qui cum telo fuerit‘: ante senatum tua sica deprehensa est; ‚qui hominem occiderit‘: tu plurimos occidisti; ‚qui

30

31

kende Leistung getilgt und mir viel mehr noch jenen Geist
entrissen hättest, aus dem diese Gedanken und Taten her-
vorgingen, dann müßte ich bekennen, daß du mir ein
Unrecht zugefügt hättest. Aber wenn du dies nicht tatest
oder tun konntest, dann hat mir dein Unrecht eine ruhm-
volle Rückkehr und keinen elenden Untergang bereitet.

Demnach war ich zu jeder Zeit ein Staatsbürger, und zwar
ganz besonders in dem Moment, als mich der Senat, wie es
einem besonders wertvollen Mitbürger gebührt, dem Schutz
fremder Nationen anvertraute: Du bist nicht einmal jetzt ein
Staatsbürger, es sei denn, man kann zugleich ein Staatsfeind
und ein Staatsbürger sein. Unterscheidest du etwa einen
Staatsbürger von einem Staatsfeind nach seiner Herkunft
und seinem Wohnort, nicht nach seiner Gesinnung und seinem Handeln? (30) Du hast auf dem Forum ein Blutbad
angerichtet, mit bewaffneten Banditen hast du die Tempel
besetzt, du hast Privathäuser und geweihte Gebäude in
Brand gesetzt: Warum war Spartacus ein Staatsfeind, wenn
du ein Staatsbürger bist? Kannst du aber ein Staatsbürger
sein, wenn es durch dich zeitweilig keine Bürgerschaft mehr
gab, und mich bezeichnest du mit einem Begriff, der auf dich
paßt, obwohl alle der Meinung sind, daß mit meinem Weggang der Staat ins Exil gegangen ist? Du größter Dummkopf
aller Zeiten, wirst du denn nie sehen, was in deiner Umgebung geschieht? Wirst du niemals darüber nachdenken, was
du tust oder was du sagst? Weißt du nicht, daß das Exil eine
Strafe für Verbrecher ist, ich aber jene Reise auf mich
genommen habe, weil ich die hervorragendsten Leistungen
vollbrachte? (31) Alle verbrecherischen Elemente (deren
Führer du zu sein erklärst), die unsere Gesetze mit der Verbannung bestrafen wollen, sind Verbannte, auch wenn sie
das Land nicht verlassen haben: Oder wenn alle Gesetze
anordnen, daß du verbannt bist, könnte dich dann nicht
auch ein Gegner als Verbannten bezeichnen? „Wer Waffen
trug", wird mit Verbannung bestraft. Man hat dich vor dem
Senat mit einem Dolch erwischt; „wer einen Menschen
umgebracht hat": du hast sehr viele getötet; „wer einen

incendium fecerit': aedes nympharum manu tua
deflagravit; ,qui templa occupaverit': in foro castra   32
posuisti. Sed quid ego communes leges profero,
quibus omnibus es exul? familiarissimus tuus de te
privilegium tulit, ut, si in opertum Bonae Deae
accessisses, exulares; at te id fecisse etiam gloriari
soles. Quomodo igitur tot legibus in exilium eiec-
tus nomen exulis non perhorrescis? , Romae sum,'
inquis. Et quidem in operto fuisti. Non igitur, ubi
quisque erit, eius loci ius tenebit, si ibi eum legibus
esse non oportebit.

Paradoxon V

Ὅτι μόνος ὁ σοφὸς ἐλεύθερος καὶ πᾶς ἄφρων δοῦλος.
*Solum sapientem esse liberum, et omnem stultum
servum.*

Laudetur vero hic imperator aut etiam appelle-   33
tur aut hoc nomine dignus putetur: imperator quo
modo? aut cui tandem hic libero imperabit, qui
non potest cupiditatibus suis imperare? Refrenet
primum libidines, spernat voluptates, iracundiam
teneat, coerceat avaritiam, ceteras animi labes re-
pellat; tum incipiat aliis imperare, cum ipse impro-
bissimis dominis dedecori ac turpitudini parere
desierit: dum quidem his obediet, non modo imperator, sed liber habendus omnino non erit.

Brand gelegt hat": der Tempel der Nymphen ging durch
deine Hand in Flammen auf; „wer geweihte Bezirke besetzt
hat": du hast dein Lager auf dem Forum aufgeschlagen.
(32) Aber warum erwähne ich allgemeingültige Gesetze,
nach denen du ohne Einschränkung ein Verbannter bist?
Dein engster Vertrauter hat ein Ausnahmegesetz gegen dich
eingebracht, um dich mit der Verbannung zu bestrafen, falls
du in das Allerheiligste der Bona Dea eingedrungen wärst;
aber du pflegst sogar damit anzugeben, daß du es getan hast.
Wie kommt es also, daß du nicht erschauderst, wenn man
dich einen Verbannten nennt, nachdem du von so vielen
Gesetzen schon in die Verbannung gejagt wurdest? „Ich bin
in Rom", sagst du. Ja, du bist tatsächlich im Allerheiligsten
gewesen. Es wird also niemand das Recht haben, an dem Ort
zu sein, wo er sich jeweils aufhält, wenn es aufgrund der
Gesetze ausgeschlossen ist, daß er sich dort aufhält.

Paradoxon V

Nur der Weise ist frei, und jeder Dummkopf ist ein Sklave.

(33) Dieser Mensch mag ruhig als Befehlshaber gepriesen
oder auch als solcher begrüßt oder dieses Titels für würdig
gehalten werden: Inwiefern ist er ein Befehlshaber? Oder
welchem freien Mann wird dieser Mensch denn eigentlich
Befehle erteilen, der nicht in der Lage ist, seinen eigenen
Leidenschaften Befehle zu erteilen? Er möge zuerst seine
Begierden zügeln, seine Lüste verachten, seinen Jähzorn
beherrschen, seine Habsucht in Schranken halten und die
anderen Laster der Seele vertreiben; dann mag er anfangen,
anderen Befehle zu erteilen, wenn er selbst aufgehört hat,
den schändlichsten Herren, der Unehre und der Gemeinheit,
Gehorsam zu leisten: Solange er sich diesen freilich unter-
wirft, wird es völlig ausgeschlossen sein, ihn für einen
Befehlshaber oder gar für einen freien Menschen zu halten.

Praeclare enim est hoc usurpatum a doctissimis
– quorum ego auctoritate non uterer, si mihi apud
aliquos agrestes haec habenda esset oratio; cum
vero apud prudentissimos loquar, quibus haec
inaudita non sunt, cur ego simulem me, si quid in
his studiis operae posuerim perdidisse? – dictum
est igitur ab eruditissimis viris nisi sapientem liberum esse neminem. Quid est enim libertas? pote-   34
stas vivendi, ut velis. Quis igitur vivit, ut vult, nisi
qui recta sequitur, qui gaudet officio, cui vivendi
via considerata atque provisa est, qui ne legibus
quidem propter metum paret, sed eas sequitur atque colit, quia id salutare maxime esse iudicat, qui
nihil dicit nihil facit nihil cogitat denique nisi libenter ac libere, cuius omnia consilia resque omnes, quas gerit, ab ipso proficiscuntur eodemque
referuntur, nec est ulla res, quae plus apud eum
polleat quam ipsius voluntas atque iudicium? cui
quidem etiam, quae vim habere maximam dicitur,
fortuna ipsa cedit, si, ut sapiens poeta dixit, suis ea
cuique fingitur moribus. Soli igitur hoc contingit
sapienti, ut nihil faciat invitus, nihil dolens, nihil
coactus. Quod etsi ita esse pluribus verbis disse-   35
rendum est, illud tamen et breve et confitendum
est, nisi qui ita sit affectus esse liberum neminem.
Servi igitur omnes improbi, servi! Nec hoc tam re
est quam dictu inopinatum atque mirabile. Non
enim ita dicunt eos esse servos ut mancipia, quae
sunt dominorum facta nexu aut aliquo iure civili;
sed si servitus sit, sicut est, obedientia fracti animi

Diese vorzügliche Feststellung wurde nämlich von den größten Gelehrten getroffen – deren Autorität ich nicht in Anspruch nähme, wenn ich diese Ausführungen vor irgendwelchen einfachen Leuten machen müßte; weil ich aber vor hochgebildeten Menschen spreche, denen diese Gedanken nicht ganz unbekannt sind, warum sollte ich da vorgeben, daß die Mühe vergebens war, die ich für die Auseinandersetzung mit diesen Fragen aufgewandt habe? – es wurde also von Männern mit höchster Bildung gesagt, daß nur der Weise wirklich frei sei. (34) Was ist denn Freiheit? Die Möglichkeit zu leben, wie man will. Wer lebt demnach, wie er will, außer dem, der das Richtige verfolgt, der Freude hat an der Erfüllung seiner Pflicht, der den Lauf seines Lebens gut überlegt und vorausschauend geplant hat, der auch den Gesetzen nicht aus Angst gehorcht, sondern ihnen folgt und sie achtet, weil er diese Einstellung für ausgesprochen vernünftig hält, der nichts sagt, nichts tut und schließlich auch nichts denkt, wenn er es nicht gern und freiwillig tut, dessen Überlegungen und Handlungen allesamt von ihm selbst ausgehen und sich wieder auf ihn selbst beziehen und bei dem es nichts gibt, was größere Bedeutung für ihn haben könnte als sein eigener Wille und sein eigenes Urteil? Diesem Menschen gibt sogar die Göttin des Schicksals nach, die über die größte Macht verfügt, wie es heißt, wenn sie sich, wie ein weiser Dichter gesagt hat, dem Charakter und der Lebensführung eines jeden Menschen anpaßt. Demnach gelingt es nur dem Weisen, nichts gegen seinen Willen, nichts mit Bedauern, nichts unter Zwang zu tun. (35) Auch wenn man sich damit so ausgiebig auseinandersetzen muß, so ist doch jene einfache und überzeugende Feststellung zu treffen, daß niemand frei ist, wenn er nicht diese Einstellung hat. Also sind alle schlechten Menschen Sklaven, ja, Sklaven. Diese Feststellung ist in Wirklichkeit nicht so überraschend und erstaunlich, wie sie klingt. Denn das heißt nicht, daß diese Menschen in dem Sinne Sklaven sind wie unsere Sklaven, die aufgrund eines Vertrags oder einer zivilrechtlichen Entscheidung zum Eigentum ihrer Herren wurden; aber wenn Skla-

et abiecti et arbitrio carentis suo, quis neget omnes
leves omnes cupidos omnes denique improbos esse servos?

An ille mihi liber, cui mulier imperat, cui leges   36
imponit, praescribit iubet vetat, quod videtur, qui
nihil imperanti negare potest, nihil recusare audet?
poscit, dandum est; vocat, veniendum; eiicit, ab-
eundum; minatur, extimescendum. Ego vero istum non modo servum, sed nequissimum servum,
etiam si in amplissima familia natus sit, appellan-
dum puto.

Atque ut in magna familia servorum sunt alii
lautiores, ut sibi videntur, servi, sed tamen servi,
atrienses ac topiarii, pari stultitia sunt, quos signa,
quos tabulae, quos caelatum argentum, quos Co-
rinthia opera, quos aedificia magnifica nimio opere
delectant. Et ‚sumus,‘ inquiunt, ‚civitatis principes.‘ Vos vero ne conservorum quidem vestrorum
principes estis; sed ut in familia, qui tractant ista,   37
qui tergunt, qui ungunt, qui verrunt, qui spargunt,
non honestissimum locum servitutis tenent, sic in
civitate, qui se istarum rerum cupiditatibus dedi-
derunt, ipsius servitutis locum paene infimum ob-
tinent. ‚Magna,‘ inquis, ‚bella gessi, magnis imperiis et provinciis praefui.‘ Gere igitur animum laude dignum. Aetionis tabula te stupidum detinet
aut signum aliquod Polycleti. Mitto, unde sustule-

venschaft, wie es der Fall ist, die Unterwerfung einer gebrochenen, zerstörten und der eigenen Urteilsfähigkeit beraubten Seele bedeutet, wer könnte dann verneinen, daß alle verantwortungslosen, alle von Begierden besessenen und schließlich alle schlechten Menschen Sklaven sind?

(36) Oder kann ich mir einen Mann vorstellen, dem eine Frau Befehle erteilt, dem sie Gesetze auferlegt, Vorschriften macht, Anweisungen gibt oder Verbote ausspricht, wie es ihr gerade in den Sinn kommt, der ihr nichts verweigern kann, wenn sie ihm etwas befiehlt, und der nichts zurückzuweisen wagt? Sie fordert etwas, er muß es geben. Sie ruft, er muß kommen. Sie wirft ihn hinaus, er muß gehen. Sie bedroht ihn, er muß zittern. Ich bin aber wirklich davon überzeugt, daß man diesen Mann nicht einfach nur als Sklaven, sondern als völlig unbrauchbaren Sklaven bezeichnen muß, auch wenn er aus einer hochberühmten Familie stammt.

Und wie es in einer großen Dienerschaft höhergestellte Sklaven gibt, wie sie selbst meinen, und die doch Sklaven bleiben als Herren des Atriums und Herren des Gartens, genauso dumm sind die Leute, die ein übermäßiges Vergnügen haben an Gemälden, an ziseliertem Silbergeschirr, an korinthischen Kunstwerken und an herrlichen Bauwerken. Und sie sagen: „Wir sind die führenden Leute der Bürgerschaft." Ja, aber ihr seid doch noch nicht einmal die Herren eurer Mitsklaven, (37) sondern wie in der Dienerschaft alle diejenigen, die mit solchen Dingen zu tun haben, wie Wischen, wie Ölen, wie Fegen, wie Streuen, nicht die ehrenvollste Stellung als Sklaven haben, so stehen im Staat diejenigen, die sich der Gier auf diese Dinge ausgeliefert haben, beinahe auf der untersten Stufe sogar der Sklaverei. „Ich habe", wendest du ein, „bedeutende Kriege geführt, hohe Stellen bekleidet und große Provinzen verwaltet." Dann zeig auch eine lobenswerte Lebenseinstellung. Ein Gemälde von Aetion oder irgendein Standbild von Polyklet hält dich völlig in seinem Bann. Ich frage nicht, woher du es bekommen hast und wie du damit umgehst: Wenn ich sehe, wie du es

ris et quomodo habeas: intuentem te admirantem clamores tollentem cum video, servum te esse ineptiarum omnium iudico. ‚Nonne igitur sunt 38 ista festiva?‘ Sint, nam nos quoque oculos eruditos habemus; sed obsecro te, ita venusta habeantur ista, non ut vincula virorum sint, sed ut oblectamenta puerorum. Quid enim censes? si L. Mummius aliquem istorum videret matellionem Corinthium cupidissime tractantem, cum ipse totam Corinthum contempsisset, utrum illum civem excellentem an atriensem diligentem putaret? Revivescat M'. Curius aut eorum aliquis, quorum in villa ac domo nihil splendidum nihil ornatum fuit praeter ipsos, et videat aliquem summis populi beneficiis usum barbatulos mullos exceptantem de piscina et pertractantem et muraenarum copia gloriantem: nonne hunc hominem ita servum iudicet, ut ne in familia quidem dignum maiore aliquo negotio putet?

An eorum servitus dubia est, qui cupiditate peculii nullam condicionem recusant durissimae servitutis? Hereditatis sped quid iniquitatis in serviendo non suscipit? quem nutum locupletis orbi senis non observat? Loquitur ad voluntatem, quidquid denuntiatum est facit, assectatur assidet muneratur: quid horum est liberi, quid denique non servi inertis?

Quid? iam illa cupiditas quae videtur esse liberalior, honoris imperii provinciarum, quam dura est domina, quam imperiosa, quam vehemens!

anschaust, wie du es bewunderst und vor Entzücken
jauchzt, dann muß ich feststellen, daß du ein Sklave aller nur
denkbaren Torheiten bist. (38) „Sind also derartige Dinge
nichts Besonderes?" Sie mögen es sein, denn auch wir haben
geschulte Augen; aber ich beschwöre dich, diese Dinge sollten nicht soviel Verehrung erfahren, daß sie Fesseln für
Männer sind statt Vergnügungen für Knaben. Wie urteilst
du denn darüber? Wenn Lucius Mummius sehen würde, wie
irgendeiner dieser Leute einen korinthischen Nachttopf mit
größter Hingebung streichelte, hielte er jenen, da er selbst
für Korinth mit allen seinen Schätzen nur Verachtung emp-
fand, für einen vorbildlichen Staatsbürger oder für einen
gewissenhaften Aufseher des Atriums? Wenn Manius
Curius wieder lebendig würde oder einer der Männer, in
deren Landhaus oder Stadtwohnung kein Glanz und kein
Schmuck vorhanden waren außer ihnen selbst, und sähe, wie
einer, der die höchsten Auszeichnungen des Volkes besitzt,
Meerbarben mit ihren Bärtchen aus seinem Fischteich zieht
und befühlt und sich seiner zahlreichen Muränen rühmt:
Hielte er diesen Menschen nicht für einen Sklaven, und zwar
so, daß er ihm nicht einmal in seiner Dienerschaft irgendeine
wichtige Aufgabe zutraute?

(39) Oder ist die Sklaverei der Leute in Zweifel zu ziehen,
die in ihrer Gier nach Gewinn den Zustand härtester Sklaverei auf keinen Fall ablehnen? Die Hoffnung auf eine Erbschaft – welchen Umfang an unangemessener und unbilliger
Unterwerfung nimmt sie nicht in Kauf? Welchen Wink des
reichen kinderlosen Greises läßt sie außer acht? Sie redet ihm
nach dem Mund, führt alle seine Aufträge aus, läuft hinter
ihm her, setzt sich zu ihm, macht ihm Geschenke: Was
entspricht davon dem Verhalten eines freien Mannes, was
ist in Wirklichkeit nicht Zeichen eines unbrauchbaren
Sklaven?

(40) Wie weiter? Wie sieht es mit jenem Drang aus, der
eines freien Mannes eher würdig zu sein scheint, dem Drang
nach einem Ehrenamt, nach einem Kommando, nach einer
Statthalterschaft? Was für ein harter, herrschsüchtiger und

Cethego homini non probatissimo servire coegit eos, qui sibi esse amplissimi videbantur, munera mittere, noctu venire domum ad eum, Praeciae denique supplicare: quae servitus est, si haec libertas existimari potest?

Quid? cum cupiditatum dominatus excessit et alius est dominus exortus ex conscientia peccatorum timor, quam est illa misera quam dura servitus! adolescentibus paullo loquacioribus est serviendum, omnes, qui aliquid scire videntur, tamquam domini timentur. Iudex vero quantum habet dominatum, quo timore nocentes afficit! an non est omnis metus servitus? Quid valet igitur illa eloquentissimi viri L. Crassi copiosa magis quam sapiens oratio? ‚Eripite nos ex servitute‘: quae est ista servitus tam claro homini tamque nobili? omnis animi debilitati et humilis et fracti timiditas servitus est. ‚Nolite sinere nos cuiquam servire‘: in libertatem vindicari vult? minime; quid enim adiungit? ‚nisi vobis universis‘: dominum mutare, non liber esse vult. ‚Quibus et possumus et debemus‘: nos vero, siquidem animo excelso et alto et virtutibus exaggerato sumus, nec debemus nec possumus; tu posse te dicito, quoniam quidem potes, debere ne dixeris, quoniam nihil quisquam debet nisi quod est turpe non reddere.

41

Sed haec hactenus: ille videat, quomodo imperator esse possit, cum eum ne liberum quidem esse ratio et veritas ipsa convincat.

gewaltiger Herrscher ist dieser Drang! Er zwang die Leute, die sich selbst sehr bedeutend vorkamen, dem Cethegus, einer keinesfalls hochgeachteten Persönlichkeit, zu dienen, ihm Geschenke zu machen, bei Nacht zu ihm nach Hause zu kommen und schließlich sogar Praecia ihre Bitten vorzutragen: Was ist Sklaverei, wenn man dies für Freiheit halten kann?

Was passiert, wenn die Herrschaft der Begierden zu Ende ist und eine andere Macht kommt: die Furcht, die aus dem Schuldbewußtsein entsteht? Wie erbärmlich und wie hart ist jene Sklaverei! Dann muß man vor jungen Leuten zu Kreuze kriechen, wenn sie nur ein wenig zu geschwätzig sind, und vor allen, die etwas zu wissen scheinen, hat man Angst, als ob man ihnen auf Gedeih und Verderben ausgeliefert sei. Welche Macht hat erst der Richter? Wie groß ist die Angst, die er den Schuldigen einjagt? Oder ist nicht jede Art von Angst Sklaverei? (41) Welchen Wert hat also jene mehr gedankenreiche als weise Rede, die Lucius Crassus, der bedeutendste Redner, einst gehalten hat? „Rettet uns vor der Sklaverei." Welche Art von Sklaverei meint ein so berühmter und so hervorragender Mann? Jede Angst einer geschwächten, gedemütigten und gebrochenen Seele ist Sklaverei. „Laßt es nicht zu, daß wir irgend jemandem dienen ..." Will er die Freiheit gewinnen? Keinesfalls; denn was fügt er hinzu? „... außer euch allen zusammen." Seinen Herrn will er wechseln, nicht frei sein. „... denen wir dienen können und müssen." Wir aber dürfen und können es nicht, wenn wir tatsächlich die Seelengröße besitzen, die auf den Tugenden beruht; du sollst sagen, du kannst es, da du es wirklich kannst, aber sag nicht, du mußt es, da niemand etwas tun muß, es sei denn, daß es eine Schande ist, wenn er es unterläßt.

Doch nun genug davon: Jener mag zusehen, wie er Befehlshaber sein kann, wenn ihm die Vernunft und die Wahrheit selbst beweisen, daß er nicht einmal frei ist.

Paradoxon VI

Ὅτι μόνος ὁ σοφὸς πλούσιος.
Solum sapientem esse divitem.

Quae est ista in commemoranda pecunia tua   42
tam insolens ostentatio? solusne tu dives? Pro di
immortales! egone me audivisse aliquid et didicisse
non gaudeam? Solusne dives? Quid si ne dives
quidem? quid si pauper etiam? Quem enim intellegimus divitem, aut hoc verbum in quo homine
ponimus? opinor in eo, cui tanta possessio est, ut
ad liberaliter vivendum facile contentus sit, qui-
nihil quaerat nihil appetat nihil optet amplius.
Animus oportet tuus te iudicet divitem, non ho-   43
minum sermo neque possessiones tuae. Nihil sibi
deesse putat, nihil curat amplius, satiatus est aut
contentus etiam pecunia? concedo, dives es. Sin
autem propter aviditatem pecuniae nullum quaes-
tum turpem putas (cum isti ordini ne honestus
quidem possit esse ullus), si cotidie fraudas decipis
poscis pacisceris aufers eripis, si socios spolias
aerarium expilas, si testamenta amicorum exspectas aut ne exspectas quidem atque ipse supponis,
haec utrum abundantis an egentis signa sunt? Ani-   44
mus hominis dives, non arca appellari solet: quamvis illa sit plena, dum te inanem videbo, divitem
non putabo. Etenim ex eo, quantum cuique satis
est, metiuntur homines divitiarum modum. Filiam
quis habet? pecunia est opus; duas? maiore; plu-

Paradoxon VI

Nur der Weise ist reich.

(42) Was bedeutet deine so übertriebene Prahlerei, wenn du über dein Geld sprichst? Bist du der einzige, der reich ist? Bei den unsterblichen Göttern, soll ich mich nicht freuen, daß ich etwas gehört und gelernt habe? Bist du der einzige, der reich ist? Was wäre, wenn du gar nicht reich bist? Was wäre, wenn du sogar arm bist? Denn bei wem erkennen wir, daß er reich ist, oder welchen Menschen bezeichnen wir als reich? Meiner Meinung nach nur jemanden, der über einen so großen Besitz verfügt, daß er ohne weiteres dazu in der Lage ist, in Würde zu leben, und der nichts sucht, nach nichts strebt und nichts weiter wünscht. (43) Deine eigene Seele muß dich für reich erklären, nicht das Gerede der Leute und auch nicht deine Besitztümer. Ist sie davon überzeugt, daß ihr nichts fehlt, macht sie sich um nichts weiter Sorgen, hat sie genug oder ist sie wenigstens mit deinem Geld zufrieden? Ich gebe es zu, du bist reich. Wenn du aber aufgrund deiner Geldgier keine Möglichkeit, Gewinn zu machen, für schimpflich hältst (obwohl es doch für den Senatorenstand gar keinen ehrenhaften Gewinn geben kann), wenn du jeden Tag betrügst, täuschst, forderst, handelst, wegschaffst, stiehlst, wenn du die Bundesgenossen ausraubst, den Staatsschatz plünderst, wenn du auf die Testamente deiner Freunde wartest oder nicht einmal darauf wartest und sie selbst fälschst – sind dies Verhaltensweisen eines übermäßig reichen Mannes oder eines in Wirklichkeit eher Bedürftigen? (44) Die Seele eines Menschen, nicht seine Geldkassette bezeichnet man gewöhnlich als reich: Obwohl diese gefüllt ist, werde ich dich nicht für reich halten, solange ich dich selbst leer sehe. Denn die Menschen bemessen den Umfang ihres Reichtums nach der Menge dessen, was jedem genug ist. Hat jemand eine Tochter? Er braucht Geld. Zwei? Er braucht mehr Geld; mehrere Töch-

res? maiore etiam; si, ut aiunt Danao, quinquagin-
ta sint filiae, tot dotes magnam quaerunt pecuniam! Quantum enim cuique opus est, ad id ac-
commodatur, ut ante dixi, divitiarum modus; qui
igitur non filias plures, sed innumerabiles cupidi-
tates habet, quae brevi tempore maximas copias
exhaurire possint, hunc quo modo ego appellabo
divitem, cum ipse etiam egere se sentiat? Multi te   45
audierunt, cum diceres neminem esse divitem nisi
qui exercitum alere posset suis fructibus, quod populus Romanus tantis vectigalibus iampridem vix
potest. Ergo hoc proposito numquam eris dives,
ante quam tibi ex tuis possessionibus tantum refi-
cietur, ut eo tueri sex legiones et magna equitum ac
peditum auxilia possis. Iam fateris igitur non esse
te divitem, cui tantum desit, ut expleas id, quod
exoptas; itaque istam paupertatem vel potius ege-
statem ac mendicitatem tuam numquam obscure
tulisti. Nam ut eis, qui honeste rem quaerunt mer-   46
caturis faciendis, operis dandis, publicis sumendis,
intellegimus opus esse quaesito, sic qui videt domi
tuae pariter accusatorum atque iudicum consocia-
tos greges, qui nocentes et pecuniosos reos eodem
te actore corruptelam iudicii molientes, qui tuas
mercedum pactiones in patrociniis, intercessiones
pecuniarum in coitionibus candidatorum, dimis-
siones libertorum ad fenerandas diripiendasque
provincias, qui expulsiones vicinorum, qui latroci-
nia in agris, qui cum servis cum libertis cum clien-
tibus societates, qui possessiones vacuas, qui pro-
scriptiones locupletium, qui caedes municipiorum,
qui illam Sullani temporis messem recordetur, qui

ter? Er braucht noch mehr Geld; wenn Danaos, wie es heißt,
fünfzig Töchter hat, dann erfordert die Aussteuer für alle
viel Geld. Denn, wie gesagt, der Umfang des Reichtums
entspricht den Bedürfnissen jedes einzelnen; wer also nicht
mehrere Töchter, sondern unzählige Begierden hat, die in
kurzer Zeit das größte Vermögen verschlingen können – wie
werde ich diesen einen reichen Mann nennen, wenn er selbst
das Gefühl hat, daß er noch etwas braucht? (45) Viele haben
dich gehört, als du erklärtest, niemand sei reich, wenn er mit
seinen Zinseinkünften nicht ein Heer ernähren könne, wozu
das römische Volk trotz so gewaltiger Steuereinnahmen
schon längst kaum noch in der Lage ist. Unter diesen Voraussetzungen wirst du niemals reich sein, bevor dir aus deinen Besitztümern so viel Gewinn zufließen wird, daß du
damit sechs Legionen und große Hilfstruppen aus Reitern
und Fußsoldaten unterhalten kannst. Jetzt gibst du also zu,
daß du nicht reich bist, weil dir soviel fehlt, um dir alle deine
Wünsche zu erfüllen; und so hast du diese deine Armut oder
besser: deine Not und dein Bettlerdasein nie verheimlicht.
(46) Denn wie wir feststellen, daß diejenigen, die ihr Vermögen ehrlich erwerben, indem sie Handel treiben, Dienst-
leistungen erbringen und als Steuerpächter tätig sind, ihr
Geld verdienen müssen, wer könnte unter diesen Umständen, wenn er sieht, daß sich bei dir zu Hause Scharen von
Anklägern und Richtern gleichermaßen zusammenrotten,
daß schuldige und zugleich begüterte Angeklagte auf eben
dein Betreiben hin die Bestechung des Gerichts in Angriff
nehmen, wenn er deine Honorarvereinbarungen für die Verteidigung vor Gericht vor Augen hat, ferner die Bürgschaf-
ten für Gelder bei geheimen Absprachen zwischen Amtsbewerbern, die Entsendung von Freigelassenen, um die Provinzen durch Wucherzinsen auszuplündern, und wenn er
sich an die Vertreibung von Nachbarn, die Räubereien auf
dem Land, die Kumpanei mit Sklaven, Freigelassenen und
Klienten, die verlassenen Besitzungen, die Proskriptionen
der Wohlhabenden, die Mordtaten in den Landstädten und
jene Ernte in der sullanischen Zeit erinnert, wenn er schließ-

tot testamenta subiecta, tot sublatos homines, qui
denique omnia venalia, delectum decretum, alie-
nam suam sententiam, forum domum, vocem si-
lentium, quis hunc non putet confiteri sibi quaesito opus esse? cui autem quaesito opus sit, quis
umquam hunc vere dixerit divitem? etenim divi-   47
tiarum est fructus in copia, copiam autem declarat
satietas rerum atque abundantia; quam tu quoniam numquam assequere, numquam omnino es
futurus dives.

Meam autem quoniam pecuniam contemnis (et
recte, est enim ad vulgi opinionem mediocris, ad
tuam nulla, ad meam modica), de me silebo, de re
loquar. Si censenda nobis atque aestimanda res sit,   48
utrum tandem pluris aestimemus pecuniam Pyr-
rhi, quam Fabricio dabat an continentiam Fabricii,
qui illam pecuniam repudiabat? utrum aurum
Samnitum an responsum M'. Curii? hereditatem
L. Paulli an liberalitatem Africani, qui eius hereditatis Q. Maximo fratri partem suam concessit?
haec profecto, quae sunt summarum virtutum,
pluris aestimanda sunt quam illa, quae sunt pecuniae. Quis igitur, si quidem ut quisque, quod plu-
rimi sit, possideat, ita ditissimus habendus sit, du-
bitet, quin in virtute divitiae sint, quoniam nulla
possessio, nulla vis auri et argenti pluris quam virtus aestimanda est?

O di immortales! non intellegunt homines,   49
quam magnum vectigal sit parsimonia! venio enim
iam ad sumptuosos, relinquo istum quaestuosum.
Capit ille ex suis praediis sescenta sestertia, ego

lich an so viele falsche Testamente und an die Beseitigung so
vieler Menschen denkt und am Ende noch feststellt, daß alles
käuflich ist: die Einberufung zum Militärdienst und die Entscheidung der Behörden, die fremde und die eigene Stimme,
der Gerichtshof und das Privathaus, die öffentliche Erklä-
rung und das Stillschweigen – wer also könnte nicht glauben,
daß dieser Mensch damit zu erkennen gibt, daß er noch
mehr Gewinn machen muß? Wer aber könnte jemals
behaupten, daß jemand, der noch mehr Gewinn machen
muß, wirklich reich ist? (47) Denn der Wert des Reichtums
besteht in seiner Fülle, Fülle aber bedeutet grenzenloser
Überfluß an allen Dingen; da du diesen niemals erreichst,
wirst du auf keinen Fall jemals reich sein.

Da du aber mein Vermögen geringschätzt (und zwar mit
Recht, denn nach allgemeiner Auffassung ist es unbedeutend, deiner Meinung nach gar nichts wert, meines Erachtens kaum etwas wert), werde ich von mir schweigen und
nur über die Sache reden. (48) Wenn wir über die Sache, um
die es geht, ein Werturteil abgeben müssen – was wollen wir
dann für wertvoller halten: das Geld, das Pyrrhus dem Fabricius zu geben versuchte, oder die Selbstbeherrschung des
Fabricius, der jenes Geld zurückwies? Das Gold der Samniter oder die Antwort des Manius Curius? Die Hinterlassenschaft des Lucius Paullus oder die Großzügigkeit des Africanus, der seinen Teil dieser Hinterlassenschaft seinem Bruder
Quintus Maximus überließ? Diese Verhaltensweisen, die
Zeichen höchster Tugenden sind, sind wirklich höher zu
bewerten als jene, die nur mit Geld zu tun haben. Wenn nun
jeder in dem Sinne als der Reichste anzusehen ist, daß er das
besitzt, was am wertvollsten ist – wer könnte dann eigentlich
daran zweifeln, daß wahrer Reichtum in der Tugend besteht,
da ja kein Besitz, keine Menge an Gold und Silber für wertvoller zu halten ist als die Tugend?

(49) Bei den unsterblichen Göttern! Die Menschen sehen
nicht ein, welch große Einnahmequelle die Sparsamkeit ist.
Ich komme jetzt nämlich zu denen, die großen Aufwand
treiben, und verlasse diesen Gewinnsüchtigen. Jener nimmt

centena ex meis: illi aurata tecta in villis et sola
marmorea facienti et signa tabulas supellectilem
vestem infinite concupiscenti non modo ad sumptum ille est fructus, sed etiam ad fenus exiguus, ex
meo tenui vectigali detractis sumptibus cupiditatis
aliquid etiam redundabit. Uter igitur est divitior,
cui deest an cui superat? qui eget an qui abundat?
cuius possessio, quo est maior, eo plus requirit ad
se tuendam, an quae suis se viribus sustinet? Sed   50
quid ego de me loquor, qui morum ac temporum
vitio aliquantum etiam ipse fortasse in huius sae-
culi errore verser? M'. Manilius patrum nostrorum
memoria (ne semper Curios et Luscinos loqua-
mur) pauper tandem fuit? habuit enim aediculas in
Carinis et fundum in Labicano. Nos igitur divitio-
res qui plura habemus? Utinam quidem! sed non
aestimatione census verum victu atque cultu ter-
minatur pecuniae modus. Non esse cupidum pe-   51
cunia est, non esse emacem vectigal est; contentum
vero suis rebus esse maximae sunt certissimaeque
divitiae.

Etenim si isti callidi rerum aestimatores prata et
areas quasdam magno aestimant, quod ei generi
possessionum minime quasi noceri potest, quanti
est aestimanda virtus, quae nec eripi nec subripi
potest umquam, neque naufragio neque incendio
amittitur, nec vi tempestatum nec temporum per-
turbatione mutatur! Qua praediti qui sunt soli   52
sunt divites, soli enim possident res et fructuosas

aus seinen Ländereien sechshunderttausend Sesterzen ein,
ich nur einhunderttausend aus meinen: Weil er sich vergol-
dete Decken in seinen Landhäusern und Fußböden aus Marmor machen läßt und nach Standbildern, Gemälden, Möbeln
und Kleidung verrückt ist, ist jenes Einkommen nicht nur
für die laufenden Ausgaben, sondern sogar für die Zahlung
der Zinsen zu wenig. Von meinem kleinen Einkommen wird
sogar noch etwas übrig bleiben, nachdem die Ausgaben für
meine Bedürfnisse abgezogen sind. Wer ist also reicher? Wer
zu wenig oder wer zu viel hat? Wem etwas fehlt oder wer
im Überfluß schwimmt? Wessen Besitz mit wachsendem
Umfang auch erhöhten Aufwand zu seiner Unterhaltung
erfordert oder wer sich aus eigener Kraft erhält? (50) Aber
warum spreche ich von mir, der ich durch die Schuld unserer
Lebensgewohnheiten und Zeitumstände vielleicht selbst
sogar beträchtlich in das Fehlverhalten dieser Generation
verwickelt bin? War denn Manius Manilius zur Zeit unserer
Väter (um nicht dauernd von Männern wie Curius und Luscinus zu reden) wirklich ein armer Mann? Besaß er doch ein
Häuschen in den Carinen und einen Bauernhof bei Labicum.
Sind wir also reicher, die wir mehr besitzen? Wäre es doch
so. Aber die Menge des Geldes wird nicht durch die Schät-
zung des Vermögens, sondern durch die Lebensweise und
den Lebenswandel bestimmt. (51) Keine Gelüste zu haben,
bedeutet Geld, keinem Kaufzwang ausgesetzt zu sein,
bedeutet Einkommen; aber zufrieden zu sein mit dem, was
man hat, das ist der größte und sicherste Reichtum.

Wenn nämlich diese schlauen Sachverständigen in Vermö-
gensfragen Wiesen und bestimmten Grundstücken einen
hohen Wert beimessen, weil diese Art von Vermögen sozusagen den geringsten Schaden erleiden kann, wie hoch ist
dann die Tugend zu bewerten, die weder jemals geraubt
noch gestohlen werden kann, weder durch Schiffbruch noch
durch Feuer verloren geht und weder durch die Gewalt
der Stürme noch durch stürmische Zeiten verändert wird?
(52) Nur diejenigen, die über die Tugend verfügen, sind
reich, denn sie allein besitzen ein gewinnbringendes und

et sempiternas, solique (quod est proprium divitiarum) contenti sunt rebus suis, satis esse putant, quod est, nihil appetunt, nulla re egent, nihil sibi deesse sentiunt, nihil requirunt. Improbi autem et avari, quoniam incertas atque in casu positas possessiones habent et plus semper appetunt, nec eorum quisquam adhuc inventus est, cui quod haberet esset satis, non modo non copiosi ac divites, sed etiam inopes ac pauperes existimandi sunt.

unverlierbares Vermögen; sie allein (was für den Reichtum charakteristisch ist) sind zufrieden mit ihrem Besitz; sie halten das, was sie haben, für genug, sie wollen nichts weiter; sie entbehren nichts, sie empfinden keinen Mangel; sie benötigen nichts. Dagegen darf man die Bösartigen und Habsüchtigen, da sie unsicheren und vom Zufall abhängigen Besitz haben und ständig mehr wollen und da sich bisher noch keiner unter ihnen fand, dem das, was er besaß, genügte, nicht nur für nicht wohlhabend und reich, sondern muß sie sogar für bedürftig und arm halten.

ANMERKUNGEN

DE LEGIBUS

Erstes Buch

1. *Arpinum:* Ciceros Heimatstadt – er nennt sich auch *homo Arpinas* (Mensch aus A.). Die Villa seiner Familie lag auf einem Hügel oberhalb der Mündung des Fibrenus in den Liris.
Marius: Der *M.* ist eines der Gedichte, die Cicero als junger Mann verfaßte. In der *Historia Augusta* (20, 3, 2) heißt es über den römischen Senator Gordianus, er habe zu denselben Themen wie Cicero Gedichte geschrieben: Marius, Aratus, Alcyonas, Uxorius und Nilus. „Das schrieb er mit der Absicht, daß Ciceros Gedichte *(Ciceronis poemata)* als völlig veraltet erschienen." Möglicherweise schrieb Cicero seinen *Marius* gleich nach dem Tod seines berühmten Landsmannes (13. Januar 86). – In *De divinatione* (1, 106) zitiert Cicero ein größeres Stück aus seinem *Marius.* Karl Büchner (Cicero, 1964, 302) tritt in Übereinstimmung mit anderen Forschern für eine spätere Datierung des Gedichts ein: „Die Vollendung der Form, die die Fragmente aufweisen, spricht sehr für diese Ansicht." Danach hätte Cicero den *Marius* erst kurz vor *De legibus* geschrieben. – Ciceros Verhältnis zu Marius, der wie er selbst nicht nur aus Arpinum stammte, sondern auch als *homo novus* (Aufsteiger) in die Politik eintrat, war von eigenartiger Sentimentalität geprägt.
In den *Paradoxa Stoicorum* (16) wird Marius als Beispiel für einen Menschen genannt, dem aufgrund seiner Tugend *(virtus)* nichts zum glücklichen Leben fehlte – auch in schwierigsten Situationen. – Vgl. auch Manfred Fuhrmann: Cicero und die römische Republik, München/Zürich [3]1991, 33–36.

2. *Scaevola:* Quintus Mucius Scaevola gehörte zur Begleitung des Quintus Cicero, als dieser im Jahre 59 als Statthalter in die Provinz Asien ging. Der lateinische Pentameter über Ciceros *Marius* dürfte aus einem nicht erhaltenen Gedicht des Scaevola stammen.

der bräunliche Bote: Der Adler des Juppiter. Der lateinische Hexameter stammt aus Ciceros *Marius*.

der homerische Odysseus: Homer, *Odyssee* 6, 162.

3. *Romulus:* Nach Cicero, *De re publica* 2, 20, ist Romulus dem Iulius Proculus in der Nähe von Atticus' Haus auf dem Quirinal erschienen. Mit dieser Erzählung wird erklärt, warum Romulus mit dem auf dem Quirinal verehrten altitalischen Gott Quirinus gleichgesetzt wird. Über Romulus' Himmelfahrt und seine anschließende Erscheinung berichtet auch Livius 1, 16.

Aquilo: Es handelt sich um den griech. Boreas, den Gott des Windes, der Orithyia, die Tochter des attischen Königs Erechtheus geraubt hat. – Cicero verweist hiermit auf eine Stelle im platonischen Dialog *Phaidros* (229 b), wo auch anhand der Sage von Boreas und Orithyia über den Wahrheitsgehalt von Mythen gesprochen wird.

4. *Numa:* Numa Pompilius war der zweite römische König, Egeria eine Quellnymphe, die als Gattin oder Geliebte die Beraterin des Königs gewesen sein soll. Nach Livius 1, 19 hatte Numa mit Egeria geheime Zusammenkünfte; ihr verdankt er wesentliche Inhalte seiner sakralen Gesetzgebung.

Tarquinius: Livius, 1, 34, 8 erzählt, wie Lucius Tarquinius Priscus auf dem Weg nach Rom am Ianiculum angekommen war. Dort schwebte ein Adler herab und trug seine Filzkappe fort. Dann setzte er die Kappe wieder auf den Kopf des Tarquinius. Dessen Gattin deutete diesen Vorgang als göttliches Zeichen künftiger Größe.

5. *Herodot:* Er wurde ca. 484 vor Chr. in Halikarnassos geboren, machte später ausgedehnte Reisen, war u. a. in Persien und Ägypten und hatte in Athen Beziehungen zu Perikles und Sophokles. Sein Geschichtswerk, die *Historien*, enthält neben geschichtlichen Tatsachen auch novellistische Elemente, weil er nicht nur die Wahrheit vermitteln, sondern auch unterhalten wollte.

Theopomp: Er verfaßte eine griechische Geschichte im Anschluß an Thukydides, in derm er die Ereignisse von 410–394 behandelte.

durch dich gerettet: Atticus spielt hiermit auf die Niederschlagung der Verschwörung des Catilina im Jahre 63 an, als Cicero Konsul war.

6. *Oberpriester:* Die Oberpriester fertigten Jahr für Jahr Verzeichnisse der wichtigsten religiösen und politischen Ereignisse an.

Vgl. auch Cicero, *De oratore* 2, 52.

Fabius: Quintus Fabius Pictor gilt als der Begründer der römischen Geschichtsschreibung (um 200 v. Chr.).

Cato: Marcus Porcius Cato (234–149) verfaßte die *Origines*, eine Urgeschichte Roms und der italischen Stämme. Hierin faßte er wichtige Ereignisse von der Gründungssage bis in seine eigene Zeit zusammen. Cicero hat Cato, das Urbild altrömischer Strenge, sehr geschätzt und ihn zum Hauptredner in seinem Dialog *Cato de senectute* (Über das Greisenalter) gemacht.

Piso, Fannius: Historiker des 2. Jhdts. vor Chr.

Coelius Antipater: Verfasser einer Geschichte des 2. Punischen Krieges.

Gellius, Clodius, Asellio: Gellius (2. Hälfte des 2. Jhdts.) befaßte sich mit der römischen Frühgeschichte; Clodius behandelte die Zeit vom Galliereinfall bis zum Tode Sullas (Anfang des 4. Jhdts. bis 78); Asellio schrieb eine Geschichte seiner eigenen Zeit bis Sulla (ca. 150–78).

7. *Macer:* Gaius Licinius Macer, u. a. Volkstribun im Jahre 73, verfaßte eine römische Geschichte bis in die Zeit des Pyrrhuskrieges.

Sisenna: Lucius Cornelius Sisenna, Verfasser einer Zeitgeschichte am Anfang des 1. Jh. vor Chr.

Kleitarchos: Verfasser einer Geschichte Alexanders des Großen.

8. *Pompeius:* Er wird im vorliegenden Werk mehrfach erwähnt (2, 6; 3, 22 und 26). P. war dreimal Consul, beendete 67 den Krieg gegen die Seeräuber im Mittelmeer, besiegte Mithridates, den gefährlichsten Gegner der Römer im Osten (66–63), befand sich ab 49 im Bürgerkrieg mit Caesar, wurde von diesem 48 bei Pharsalos besiegt und kurz darauf vor Alexandreia ermordet.

von Sorgen ... frei: „Was Cicero ersehnte, hat Livius erfüllt" (Richard Heinze: Die augusteische Kultur, Leipzig 1930, 96). Ciceros Reflexionen über die Geschichtsschreibung dürften auf Livius gewirkt haben, der den Mann aus Arpinum sehr schätzte (vgl. Quintilian 10, 1, 39). Zu Ciceros Auffassung von der Geschichtsschreibung vgl. auch *Ad familiares* 5, 2.

10. *einen besonderen Auftrag:* Cicero verwendet hier den Begriff *legatio;* mit einem derartigen „Auftrag" konnte ein Senator auf Staatskosten zur Erledigung privater Vorhaben Reisen unternehmen und sich in den römischen Provinzen aufhalten. Diese Einrichtung wird von Cicero selbst weiter unten kritisiert: *De legibus* 3, 18.

11. *Roscius:* Quintus Roscius Gallus war ein berühmter Schauspieler, den Cicero in einem Zivilprozeß vertrat. Vgl. Ciceros Rede
Pro Roscio comoedo.

13. *Scaevola:* Es handelt sich um Quintus Mucius Scaevola, den
Augur, der zwischen 170 und 87 lebte und zugleich ein bedeu-
tender Jurist war. Von 90–87 gehörte Cicero zum Kreis des
Scaevola, wo er übrigens auch Atticus kennenlernte.

15. *eine Schrift:* Cicero nimmt mehrfach auf seine Schrift *De re
publica* Bezug (außer 1, 15 noch 1, 20; 27; 2, 23; 3, 4; 12; 13; 32;
38) und versteht *De legibus* als Ergänzung zu den sechs Büchern *De re publica.* Hierin unterscheidet er sich grundsätzlich
von seinem Vorbild Platon, dessen *Nomoi* (Gesetze) mit den
zehn Büchern *Politeia* (Staat) nichts zu tun haben. Platon verweist an keiner Stelle seiner *Nomoi* auf die *Politeia.*

17. *Edikt des Prätors:* Die Edikte des Prätors waren eine wichtige
Rechtsquelle; sie kündigten an, wie der Prätor die Gesetze auszulegen trachtete und für welche Ansprüche er darüber hinaus
ein Verfahren zuzulassen bereit war. Im Laufe der Zeit entstand
eine umfangreiche Sammlung juristischen Materials, das von
einem Prätor an den nächsten weitergegeben und immer wieder
vermehrt wurde.
Zwölf Tafeln: Das Zwölftafelgesetz wurde 451/50 vor Chr. verfaßt und war die erste Kodifikation des römischen Rechts. Die
Entstehungsgeschichte beschreibt Livius 3, 31 ff. – Cicero will
im vorliegenden Zusammenhang nicht von den tradierten
Rechtsnormen ausgehen, sondern mit einer rechtsphilosophi-
schen Grundlegung beginnen.
von einem einzigen: Vermutlich meint Cicero hier Sulpicius
Rufus (geb. 124), der als der bedeutendste Jurist seiner Zeit galt.

18. *den größten Gelehrten:* Hier sind offensichtlich die Stoiker
gemeint. Vgl. *Stoicorum veterum fragmenta* III 308–348 *(De
iure et lege):* Stoisch sind vor allem folgende Gedanken: Das
Recht stammt aus der Natur (des Menschen). Recht und Unrecht unterscheiden sich von Natur aus. Tugend ist vollkommene Vernunft; diese ist in der Natur. Das Gesetz ist die höchste
Vernunft, die der Natur innewohnt. Überall ist Vernunft, also
auch überall das Recht. Eine Bürgerschaft existiert nur, wenn in
ihr das Gesetz herrscht. Zwischen Gott und Mensch besteht
eine Gemeinschaft, weil beide teilhaben an derselben Vernunft.
Alle Menschen bilden eine natürliche Gemeinschaft; sie sind
von Natur aus auf Menschenliebe angelegt.

19. *Auswahl:* Vgl. auch *De legibus* 2, 11. Ob die von Cicero benutzte Etymologie stichhaltig ist, sei dahingestellt. Daß *lex* mit *legere* verwandt ist, liegt nahe; allerdings bedeutet *legere* neben „auswählen" auch „lesen": So deutet Varro (*De lingua Latina* 6, 66) den Begriff *lex* unter Hinweis darauf, daß ein Gesetz vor seiner Verabschiedung „gelesen" wurde.

20. *Wurzeln des Rechts in der Natur:* Schon in 1, 17 stellt M. Cicero fest, daß das Wesen des Rechts aus dem Wesen des Menschen herzuleiten sei. „Natur" bedeutet auch hier das spezifisch Menschliche, die Menschennatur, die den Menschen von allen anderen Geschöpfen unterscheidet. Vgl. auch *De legibus* 1, 33–34 und 1, 42 ff.

21. *einer meiner Mitschüler:* Gemeint sind andere Schüler des Epikur (341–270), der zwar die Existenz, nicht aber die Wirksamkeit der Götter in der Welt anerkannte. Trotz seiner Zugehörigkeit zur epikureischen Schule ist Atticus bereit, das göttliche Walten in der Welt anzuerkennen.

23. *Gemeinsamkeit des Menschen mit Gott:* Daß Gott und Mensch über eine gemeinsame Vernunft verfügen, ist ein stoischer Grundgedanke. Vgl. auch SVF 3, 333–339.

26. *Vorstellungen:* Dahinter steht der stoische Begriff der Prolepsis, d. h. ein Bewußtsein von bestimmten ethischen Grundgegebenheiten oder Grundsätzen (z. B. daß das Gute den Vorrang vor dem Bösen hat, daß niemand einem Mitmenschen absichtlich Schaden zufügt, daß das Handeln von der Vernunft und nicht von den Leidenschaften bestimmt sein muß).

27. *in den Büchern:* Die Stelle, auf die Cicero hier anspielt, ist uns nicht erhalten.

28. *Gemeinschaft der Menschen.* Ein stoischer Kerngedanke. Vgl. SVF 3, 340–348.

32. *Hund und Katze:* Diese wurden von den Ägyptern als Götter verehrt. Vgl. Cicero, *De natura deorum* 1, 101.

33. *von Natur aus:* Vgl. auch die Auffassung des Aristoteles, daß wir Menschen „von Natur aus" Gemeinschaftswesen sind und Staaten bilden wollen. Diese spezifisch menschliche Natur schließt also das Bewußtsein des Rechts mit ein. Weiter unten (*De legibus* 1, 43) heißt es, daß wir von Natur aus dazu veranlagt seien, unsere Mitmenschen zu lieben, was die Grundlage des Rechts sei.

der Dichter: Terenz, *Heautont.* 77.

dann auch das Recht: Daraus ergibt sich, daß die natürliche

Vernunft bzw. die spezifisch menschliche Vernunftnatur die Quelle des Rechts ist und daß das Recht die Summe der vom menschlichen Geist verfaßten Gesetze darstellt.

jenes pythagoreische Wort: Es handelt sich wohl um die Aussage, daß Pythagoras von einer Freundschaft erwartet, daß „einer aus mehreren wird" (vgl. Cicero, *De officiis* 1, 56).

Jetzt aber: Der Text in Klammern stammt aus Laktanz, *Inst. div.* 5, 8, 10 und könnte in der Lücke gestanden haben.

38. *Speusipp, Xenokrates und Polemon:* Cicero zählt hier Vertreter der wichtigsten Philosophenschulen auf: Akademiker (Speusipp, Xenokrates, Polemon), Peripatetiker (Aristoteles, Theophrast), Stoiker (Zenon, Ariston). Cicero legt Wert darauf zu betonen, daß seine Gedanken mit den philosophischen Positionen dieser drei Schulen übereinstimmen. Akademie, Peripatos und Stoa sind sich darin einig, daß alles Gute (Rechte, Anständige) um seiner selbst erstrebt wird.

39. *Diejenigen aber:* Cicero distanziert sich hier mit Entschiedenheit von den Anhängern des Epikur, die alles unter dem Gesichtspunkt von Lust und Unlust betrachten und bewerten.

Arkesilaos und Karneades: Arkesilaos leitete die Akademie von 270–240. Er galt als Begründer der sog. mittleren Akademie, die vor allem den stoischen Dogmatismus bekämpfte und mit ihrem Skeptizismus die Möglichkeit des Erkennens von Wahrheit in Frage stellte. – Karneades (214–129) lehnte den stoischen und überhaupt jeden Dogmatismus ab. Er hielt sich als Mitglied der athenischen Philosophengesandtschaft im Jahre 156/155 in Rom auf. Zur Kritik der Naturrechtslehre durch Karneades vgl. Cicero, *De re publica* 3, 9–31. – Cicero fordert die Vertreter der skeptischen Akademie auf zu schweigen, weil deren destruktive Thesen seiner eigenen Argumentation die Grundlage entzögen. Vgl. die Kritik an der skeptischen Akademie in den *Academici libri*.

40. *ohne sein Räucherwerk:* Vielleicht war in der Lücke von Pythagoras die Rede, der bei einem Vergehen gegen Tiere eine Entsühnung verlangte, während es für Verbrechen an Menschen und Göttern keine Entsühnung gab.

Furien: Rachegöttinnen, die jeden verfolgen, der ein Verbrechen beging, das nicht entsühnt werden konnte.

42. *jene Dreißig in Athen:* Nach der Niederlage Athens im Peloponnesischen Krieg wurden die Dreißig Tyrannen im Jahre 404 vor Chr. von den siegreichen Spartanern mit der Regierung beauftragt. Ihre Gewaltherrschaft dauerte bis zum Jahre 403. – Cicero erwähnt die Dreißig in der Schrift *De re publica* 1, 44 als Beispiel für eine zur Oligarchie entartete Aristokratie.

Zwischenkönig: Er hatte bis zur Wahl neuer Consuln die Regierungsgeschäfte zu führen. Im vorliegenden Falle ist wohl Lucius Valerius Flaccus gemeint, der im Jahre 82 als *interrex* Sulla zum Dictator ernannte.

die richtige Vernunft: Vgl. schon 1, 33 und *De re publica* 3, 33: „Es gibt allerdings ein wahres Gesetz; das ist die richtige Vernunft, die mit der Natur übereinstimmt, bei allen Menschen verbreitet ist, fest und dauerhaft ist; sie ruft uns durch ihr Gebot dazu, unsere Pflicht zu erfüllen, und durch ihr Verbot hält sie uns von Täuschung und Betrug ab." – Das „Gesetz", von dem hier die Rede ist, ist ein „moralisches Gebot" bzw. „Verbot", dessen Befolgung in der „Natur des Menschen" liegt. Damit ist die „vernünftige Natur des Menschen" die Quelle des Rechts.

43. *von Natur aus:* D. h. aufgrund der Natur des Menschen, der menschlichen Vernunftnatur.

unsere Mitmenschen zu lieben: Dieser Gedanke geht auf die stoische *Oikeiosis*-Lehre zurück (SVF 3, 146; 178–189): Jedes Wesen hat von Geburt an eine natürliche Vertrautheit mit allem, was zu seinem Wesen gehört, und damit auch den Trieb, alles zu suchen, was dieses Wesen erhält und fördert; dazu gehören auch die Mitmenschen. Die stoische *Oikeiosis* entspricht weitgehend dem Selbsterhaltungstrieb, mit dem sich die Zuneigung zu anderen Menschen verbindet. Demnach ist sie auch das Motiv zur Herstellung sozialer Beziehungen. Die Pflichten gegenüber anderen Menschen haben ihren natürlichen Antrieb in der *Oikeiosis*.

45. *entspricht den natürlichen Verhältnissen:* Im Lateinischen wird hier wieder der Begriff *natura* verwendet. Hier ist *natura* zweifellos die Summe aller Eigenschaften, über die ein Baum bzw. ein Pferd verfügt. Die „Tugend" eines Baumes bzw. eines Pferdes beruht auf der seinem Wesen oder seiner spezifischen Eigenart entsprechenden Vollkommenheit. Ein „tugendhafter" Baum ist ein Baum, der das Wesen des Baumes vollkommen zur Geltung bringt oder in dem sich die Natur des Baumes optimal verwirklicht hat.

aufgrund seiner Natur: „Sittlich gut" ist alles, was der Natur (dem Wesen) des Menschen entspricht. „Verwerflich" ist alles, was im Gegensatz zur menschlichen Vernunftnatur steht.

vollkommene Vernunft: Vgl. Cicero, *De finibus* 5, 38: „Beim Menschen aber kommt es ganz auf die Seele an und in ihr auf die Vernunft, aus der die Tugend hervorgeht, die als die Vollendung der Vernunft bestimmt wird" *(virtus ... rationis absolutio).*

nach ihrer besonderen Natur: Tugend ist das, was der Menschennatur entspricht, Lasterhaftigkeit ist das, was im Gegensatz zur Natur des Menschen steht bzw. was von dieser abweicht.

46. *Grundkräfte:* Übersetzung des Wortes *principia.* Das Gute und das Schlechte sind insofern „Grundkräfte" der Natur, als das Gute aus der Natur erwächst und das Schlechte eine Abweichung von der Natur bedeutet, die sich als Pervertierung der (menschlichen) Natur realisiert.

48. *um ihrer selbst willen:* Vgl. Platon, *Politeia* 2, 367 c: Die Gerechtigkeit gehöre zu den größten Gütern, die sowohl wegen der aus ihnen erwachsenden Folgen es wert sind, besessen zu werden, als auch vor allem um ihrer selbst willen.

Sinngebung aller Tugenden: Vgl. Platon, *Politeia* 4, 433 b–c: Die Gerechtigkeit ist diejenige Tugend, die den anderen Tugenden (Besonnenheit, Tapferkeit, Vernünftigkeit) die Kraft gibt, dazusein und erhalten zu bleiben.

50. *verändert:* Die Stelle ist nicht sicher überliefert. Vielleicht ist hier gemeint, daß es Philosophen gibt, die meinen, ein gerechtes Urteil werde nicht deshalb gefällt, eben weil es gerecht ist, sondern nur wenn die Richter keiner Bedrohung oder Bestechung ausgesetzt sind.

52. *zum höchsten Gut:* Cicero wird sich mit diesem Thema in seiner 45 vor Chr. erschienenen Schrift *De finibus bonorum et malorum* (Über das höchste Gut und das größte Übel) auseinandersetzen.

53. *Lucius Gellius:* L. Gellius Poplicola war 94 Prätor, danach Statthalter (Proconsul) einer römischen Provinz. Im Jahre 63 unterstützte er Cicero bei der Niederschlagung der Verschwörung des Catilina.

Phaidros: Philosoph der epikureischen Schule, den Cicero als junger Mann selbst in Rom und 79/78 in Athen hörte.

54. *Antiochos:* Vgl. Plutarch, *Cicero* 4, 1–4, wo es heißt, Cicero habe nach seiner Ankunft in Athen (79/78) Antiochos von

Askalon gehört. Dieser war zwar Mitglied der Akademie; er
versuchte jedoch, die Lehren der alten Akademie, des Peripatos
und der Stoa zu harmonisieren.

Gärtchen: Gemeint sind die Gärtchen, in denen Epikur und
später seine Nachfolger abgeschieden von der übrigen Welt lebten und philosophierten.

55. *Ariston von Chios:* Stoischer Philosoph, Schüler des Schulgrün-
ders Zenon.

Uneinigkeit: Vgl. *De legibus* 1, 37–38, ferner das 3. Buch *De
finibus bonorum et malorum.*

über die Grenzen: Im lateinischen Text steht *de finibus. Fines*
bedeutet nicht nur „das höchste Gut und das größte Übel",
sondern auch „die Grenzen, die Abgrenzung". Cicero spielt
hier mit der Doppeldeutigkeit des Wortes *fines:* Grenzen im
Sinne von „Abgrenzung" und von „Ziel, Höchstform".

Besitzergreifung von Grundeigentum: Zwischen den Grundstücken verschiedener Eigentümer mußte auf beiden Seiten ein
Zwischenraum von je zweieinhalb Fuß frei bleiben. So mußte
z. B. zwischen den Zäunen zweier Weiden ein Zwischenraum
von fünf Fuß (ca. 150 cm) eingehalten werden. Dieser Zwischenraum durfte auch nicht durch Gewohnheitsrecht in das
Eigentum des einen oder des anderen Nachbarn übergehen
(*XII tab.* VII 4).

Lex Mamilia: Das von dem Volkstribunen Mamilius i. J. 109
eingebrachte Gesetz über die Landvermessung ordnete an, daß
bei Streitigkeiten über den fünf Fuß breiten Grenzstreifen nur
ein einziger Schiedsrichter zu berufen war.

56. *Darum ist diese Frage:* D. h. wegen der Ähnlichkeit des alt-
akademischen und des stoischen Standpunktes.

57. *Lykurg:* Lykurg war der berühmte Gesetzgeber Spartas. Solon
gab den Athenern im Jahre 594 Gesetze. Charondas und Zaleukos waren Gesetzgeber griechischer Städte in Unteritalien.

58. *Philosophie:* Was Cicero unter Philosophie versteht, äußert er
z. B. in den „Tuskulanischen Gesprächen" (5, 2–7).

Gott von Delphi: Am Apollon-Tempel zu Delphi stand in griechischer Sprache die Inschrift „Erkenne dich (selbst)". Die lateinische Übersetzung *Nosce te (ipsum)* überliefert Cicero z. B.
auch in den „Tuskulanischen Gesprächen" (1, 52): „Wenn
Apollon also sagt, ‚Erkenne dich', dann meint er ‚Erkenne deine
Seele'." Weitere Belege in: *Veni, vidi, vici.* Geflügelte Worte aus
dem Griechischen und Lateinischen. Ausgewählt und erläutert

von Klaus Bartels, München (dtv) 1992, 120. Vgl. auch Erasmus, Adagia 1, 6, 95 mit wichtigen Gedanken zum Verständnis des Satzes.

59. *der Geist in ihm:* Vielleicht spielt Cicero hier auf die Darstellung des Sokrates durch Alkibiades in Platons *Symposion* (215 b) an: „Ich behaupte nämlich, er habe die größte Ähnlichkeit mit jenen hockenden Silenen in den Bildhauerwerkstätten ...: Öffnet man die Doppeltür, so bergen sie, wie sich zeigt, in ihrem Innern Götterbilder ...“ (Übers. Otto Apelt).

ein guter Mensch: Zur Einordnung des in Kapitel 59 skizzierten Menschenbildes in die Geschichte der Humanitätsidee vgl. Helmut Storch: Humanitas Romana und humanistische Tradition, in: Der altsprachliche Unterricht 2/1976, 61–71.

60. *Tugenden:* Zum gedanklichen Zusammenhang vgl. Heinrich Steinmeyer: Der *virtus*-Begriff bei Cicero und Seneca, in: Der altsprachliche Unterricht 2/1974, 50–59.

Zweites Buch

2. *ausgerechnet jetzt:* Das Gespräch findet an einem schönen Sommertag statt.

Natur: In diesem Satz verwendet Cicero zwei verschiedene Begriffe von Natur. Zuerst spricht er (wie bisher) über die spezifisch menschliche Natur, die auch die Quelle von Recht und Gesetz ist; darauf meint er mit „Natur" die schöne Landschaft, in der die Seele Ruhe und Erholung findet.

3. *was uns heilig ist:* Gemeint ist der Geschlechterkult, die *sacra privata* der *gentes* und *familiae.*

Curius: Gemeint ist Manius Curius Dentatus, der als Consul (mehrfach: 290, 284, 275, 274) im Jahre 275 die Römer zum Sieg über Pyrrhus führte. Seine Einfachheit und Uneigennützigkeit waren sprichwörtlich. Vgl. auch *Paradoxa Stoicorum* 38 und 48.

Sabinerland: Die Sabiner waren ursprünglich ein selbständiges Volk nördlich von Rom, gingen aber schon früh im römischen Volk auf.

Ithaka: Odysseus wurde von der Nymphe Kalypso die Unsterblichkeit angeboten. Er aber lehnte das ewige Leben ab und zog es vor, in seine Heimat Ithaka zurückzukehren (Homer, *Odyssee* 1, 55–59; 5, 135–136).

5. *(Jedermann):* In Klammern gesetzt ist ein hier möglicherweise zu ergänzender Text: *(Unusquisque unam quidem patriam naturae, alteram) habet civitatis, sed unam illas civitatem putat.*

6. *Ampius:* Die Verteidigungsrede für T. Ampius Balbus (Volkstribun 63, Prätor 58, Proconsul in Asien) ist nicht erhalten. Aufgrund der hier erwähnten Aussage über Marius und Cicero als Retter des Staates kann der Prozeß gegen Ampius nur vor dem Ausbruch des Bürgerkrieges (49/48) zwischen Pompeius und Caesar stattgefunden haben.

   Landstadt: Gemeint ist Arpinum, das nicht nur Ciceros, sondern auch Marius' Geburtsort war.

   seine beiden Retter: Marius rettete Rom, weil er die Kimbern und Teutonen in den Jahren 102 und 101 besiegte. Cicero rettete Rom, weil er im Jahre 63 die Verschwörung des Catilina aufdeckte.

   Sokrates: Im platonischen *Phaidros* (230 b) beschreibt Sokrates eine liebliche Quelle, aus der kaltes Wasser sprudelt. Er hätte Lust, seinen Fuß hineinzuhalten, um die Temperatur zu prüfen.

7. *Thyamis:* Fluß an der Westküste von Epirus, der in seinem Unterlauf durch eine besonders schöne Landschaft fließt.

   Amalthium: Gemeint ist das Landgut des Atticus am Thyamis in Epirus.

   beginnen die Musen: Fragment 1 (Soubiran).

   Arat-Übersetzung: Cicero übersetzte als junger Mann das um 270 vor Chr. entstandene Lehrgedicht *Phainomena* des Arat aus dem Griechischen ins Lateinische. Diese Übersetzung ist zum größten Teil erhalten. Vgl. auch Cicero, *De re publica* 1, 56: „Wir wollen also Arat nachahmen, der, als er begann, über bedeutende Dinge zu reden, meinte, mit Juppiter anfangen zu müssen." Cicero will hiermit zum Ausdruck bringen, daß er seine Erörterung mit einer grundsätzlichen, grundlegenden Überlegung eröffnen will.

9. „*wenn ... vor Gericht ruft*": Im Zwölftafelgesetz (*XII tab.* I 1, also am Anfang) stehen die Sätze: „*Si in ius vocat, ito. Ni it, antestamino: Igitur eum capito*" (Wenn Kläger den Beklagten vor Gericht ruft, muß Beklagter dorthin gehen. Geht er nicht, muß zum Zeugnis aufgefordert werden. Sodann soll Kläger ihn ergreifen). Vgl. Rudolf Düll, Tusculum-Ausgabe, München [6]1989, 27.

10. *Cocles:* Publius Horatius Cocles rettete der Sage nach Rom im Krieg gegen die Etrusker, indem er eine Brücke (den *pons sublicius*) gegen die Feinde verteidigte, bis sie hinter ihm abgebro-

chen war. Darauf sprang er in den Tiber und schwamm ans Ufer. Vgl. Livius 2, 10.

Lucius Tarquinius: Er war der letzte römische König etruskischer Herkunft und wegen seiner tyrannischen Herrschaft verhaßt. Daher hieß er auch Superbus (der Hochmütige, Maßlose). *Lucretia:* Sie war die Frau des Tarquinius Collatinus. Aufgrund ihrer großen Schönheit wurde sie von Sextus Tarquinius, dem Sohn des Tarquinius Superbus, begehrt und zum Ehebruch gezwungen. Sie tötete sich selbst, weil sie mit der ihr angetanen Schmach nicht mehr leben wollte. Vgl. Livius 1, 57 f.

11. *Begriff „Gesetz":* Vgl. schon 1, 19, wo die etymologische Deutung des Wortes *lex* zum ersten Mal begegnet: *lex* komme von *legere* (auswählen). Das Wortspiel *lex-legere* läßt sich in der Übersetzung leider nicht wiedergeben. Daher wird an dieser Stelle versucht, die deutschen Wörter „Gesetz" und „Setzung" aufeinander zu beziehen. Im lat. Text bringt Cicero aber zum Ausdruck, daß die *lex* mit *legere* verwandt sei, und das heißt, daß „Gesetz" soviel wie „Auswahl des Gerechten und des Rechts" bedeutet.

12. *jene:* Cicero meint wohl Sokrates und die Sokratiker, die die dialektische Methode anwenden, um die Wahrheit zu finden. Kap. 12 ist ein kleiner sokratischer Dialog.

14. *Titius ... Apuleius:* Die *Lex Titia* ist ein Agrargesetz, das 99 vom Volkstribun Sextus Titius eingebracht wurde. Die *Leges Apuleiae* wurden 103 und 100 von dem Volkstribun Lucius Apuleius Saturninus eingebracht: Es handelt sich um eine *Lex de maiestate* gegen die Behinderung des Tribuns in seiner Amtsausübung und gegen Aufruhr, um eine *Lex frumentaria* über die Versorgung des Volkes mit Getreide und um eine *Lex agraria* über die Zuweisung von Grundstücken.

Livius: Der Volkstribun Marcus Livius Drusus (i. J. 91) brachte verschiedene Gesetze ein, u. a. eine *Lex iudiciaria*, die eine Versöhnung des Senats mit dem Ritterstand herbeiführen sollte, indem zu den 300 Senatoren 300 neue aus dem Ritterstand gewählt wurden und diesen die Gerichte übertragen werden sollten.

ein Werk über die Gesetze: Überliefert ist an dieser Stelle die Formulierung *de legibus eius* und nicht einfach *de legibus*. Wenn man *eius* nicht streichen würde, dann müßte es heißen: „... über den Staat und ... über *dessen* Gesetze". Doch Platon hat seine „Gesetze" nicht als Ergänzung seines „Staates" verfaßt, sondern als ein von diesem völlig unabhängiges Werk über einen wirklichkeitsgerechten Staat. Vgl. auch die Anm. zu *De legibus* 1, 15.

Zaleukos: Vgl. 1, 57 mit Anm.

Platon: Nomoi 4, 722 b.

von etwas zu überzeugen: Platon, *Nomoi* 4, 718 b–723 d.

15. *Timaios:* Er lebte von der Mitte des vierten bis zur Mitte des dritten Jahrhunderts und verbrachte fünfzig Jahre seines Lebens in Athen. Er schrieb eine umfangreiche Geschichte Siziliens und Süditaliens. Cicero kannte und schätzte dieses Werk.

Theophrast: Der bekannteste Schüler des Aristoteles übernahm nach dessen Tod (322) die Leitung der peripatetischen Schule. Cicero kannte vor allem die politischen Schriften des Aristotelikers. Dieser verfaßte ebenso wie später Cicero Schriften über das Greisenalter *(Cato de senectute)* und über die Freundschaft *(Laelius de amicitia).*

die Lokrer: Locri, eine Stadt in Unteritalien (Kalabrien), ist eine griechische Kolonie, die durch die Gesetzgebung des Zaleukos berühmt war. Nach dem Sieg über Pyrrhus (275 vor Chr.) befand sich Locri unter römischer Herrschaft. Cicero war wohl nach dem Prozeß gegen Verres der *patronus* (Schutzherr) der Lokrer und hatte die Aufgabe, diese z. B. vor Gericht zu vertreten und ganz allgemein für deren Interessen einzutreten.

16. *Platon: Nomoi* 4, 722 d.

19. *Laren:* Römische Schutzgeister für die Felder, das Haus und die Familie einschließlich der Dienerschaft. Es handelt sich offensichtlich um die großen Vorfahren der Römer, die man sich als vergöttlicht vorstellte.

Herkules: Der griechische Herakles wurde in Italien kultisch verehrt. *Liber* ist ein Fruchtbarkeitsgott, der im Laufe der Zeit mit dem griechischen Dionysos gleichgesetzt wurde. *Aeskulap* war ursprünglich ein Mensch, der später als Heilgott galt. *Castor* und *Pollux*, die Dioskuren, sind als Brüder die Söhne des Zeus; sie spielten im römischen Kultus eine große Rolle und wurden als Helfer in aller Not angerufen; sie galten auch als Helfer der Seefahrer (als Zwillingsgestirn).

Quirinus war der Lokalgott der Bewohner des römischen Hügels Quirinal; später wurde er mit Romulus gleichgesetzt, der nach seinem Tode in den Himmel aufstieg.

20. *Flamen:* Das Wort bedeutet eigentlich „Anzünder / Anbläser des Opferfeuers".

die vestalischen Jungfrauen: Sechs Priesterinnen, die zur Ehelosigkeit und Keuschheit verpflichtet waren.

21. *Fetiales:* Römisches Priesterkollegium, das völkerrechtliche Beziehungen rituell zu bestätigen und zu sichern hatte.

Etrurien: Die Etrusker haben Rom in seiner Frühzeit beherrscht. Die Römer übernahmen viele religiöse Bräuche von den Etruskern. Bedeutende römische Familien führten sich auf die Etrusker zurück.

außer jenen: Gemeint sind die Opferhandlungen für die *Bona Dea*, eine Erdgöttin. Männer durften nicht daran teilnehmen. Der Kult für die *Bona Dea* war wahrscheinlich eine von den Griechen übernommene Abart des Demeter-Kultes. Das Hauptfest fand jährlich Anfang Dezember im Haus des höchsten römischen Beamten (eines Consuls oder Prätors) statt. Das Verbot der Teilnahme von Männern wurde von Publius Clodius Pulcher (vgl. Cicero, *Ad Atticum* 1, 12, 3; 1, 13, 3) gebrochen, der sich in Frauenkleidern in Caesars Haus eingeschlichen hatte, wo das Fest im Dezember 62 vor Chr. stattfand. Vgl. auch *Paradoxa Stoicorum* 32.

Ceres: Es handelt sich hier um die Eleusinischen Mysterien, einen geheimen Kult der Demeter (römisch: *Ceres*) und der Persephone (römisch: *Proserpina*), der ursprünglich nur in der griechischen Stadt Eleusis gefeiert wurde.

22. *Mutter vom Idagebirge:* Gemeint ist Kybele, deren Kult 205/204 in Rom eingeführt wurde. Kybele trägt auch den Namen *Magna Mater* (Große Mutter). Sie war eine Fruchtbarkeitsgöttin; man feierte ihr Fest mit Musik und Tanz bis zur Ekstase. Ihre Priester hießen *Galli* oder *Corybantes*, die während des Festes (4.–10. April) singend und bettelnd durch die Stadt zogen.

23. *Numa:* Vgl. schon 1, 4. Numas besonderes Verdienst bestand in der Einrichtung gottesdienstlicher Regeln, der Erbauung von Tempeln und der Begründung der wichtigsten Priesterschaften (Vestalinnen, Salier, Fetiales, Auguren). Laut Livius 40, 29 geht alles, was mit dem religiösen Kult zu tun hat, auf Numa zurück.

24. „*Wie du beantragst*": Mit dieser Formel wurde in Rom ein Gesetz vom Volk angenommen.

26. *Xerxes:* Er herrschte 485–465 über das persische Reich. Im Krieg gegen die Griechen wurde er von diesen 480 bei Salamis und 479 bei Platää vernichtend geschlagen.

in Brand gesetzt: Vgl. Herodot 1, 131; 7, 7, 109. Auch Cicero weist an anderer Stelle auf diese Tat des Xerxes hin: *De natura deorum*, 1, 115 und *De re publica* 3, 14.

Pythagoras: Berühmter griechischer Philosoph aus Samos von sehr großer Wirkung, lebte etwa von 570–500 vor Chr. und hielt sich lange Zeit in Unteritalien auf. Der „Satz des Pythagoras" wird auf ihn zurückgeführt.

Thales: Begründer der ionischen Naturphilosophie, mit der die griechische Philosophiegeschichte beginnt.

Sieben: Männer des praktischen Lebens, Staatsmänner und Philosophen, von denen Lebensregeln (Sinnsprüche) überliefert sind. Neben Thales werden Solon, Bias und Pittakos zu den Sieben Weisen gerechnet.

27. *Verehrung der Laren:* Die Einhaltung der Religionsgesetze ist für Cicero nicht nur deshalb von größter Bedeutung, weil in der kultischen Tradition die innere Verbindung mit den Vorfahren gepflegt wird, die eine wesentliche Grundlage der individuellen wie der staatlichen Ordnung ist. Darüber hinaus soll die sakrale Praxis dem Menschen bewußt machen, daß alles Individuelle und individuell Vergängliche in einem überindividuellen, zeitlosen Kontinuum aufgehoben ist, aus dem dann z. B. auch die Regeln des menschlichen Zusammenlebens abgeleitet werden können. Unter diesem Gesichtspunkt haben gerade auch die Religionsgesetze ihren Ursprung in der „Natur".

28. *Tempel:* Vgl. Cicero, *De natura deorum* 2, 60 ff.: Hier weist der Autor darauf hin, daß alles dem Menschen Wertvolle als göttliches Geschenk angesehen und mit einem entsprechenden Götternamen versehen wird (z. B. die Früchte des Feldes heißen *Ceres* und der Wein *Liber*). Außerdem halte man auch bestimmte abstrakte Werte für Gottheiten (z. B. Treue, Geist, Ehre, Hilfe, Eintracht, Freiheit, Sieg).

Sühnung der kylonischen Freveltat: Ein gewisser Kylon versuchte im Jahre 612 vergeblich, in Athen die Macht zu ergreifen. Während sich Kylon selbst in Sicherheit bringen konnte, flohen seine Anhänger zum Altar der Erinyen. Obwohl sie hier göttlichen Schutz hätten beanspruchen können, wurden sie erschlagen. Mit der Reinigung von dieser Freveltat wurde Epimenides aus Kreta beauftragt, der den Kult der *Hybris* (Freveltat) und der *Anaideia* (Schamlosigkeit) einführte.

Vicapota: Eine altrömische Siegesgöttin (von *vincere:* siegen und *potiri:* die Macht ergreifen). *Stata (mater)* ist eine Schutzgöttin der Straßen, die Feuersbrünste zum Stehen brachte. *Iup-*

piter Stator gibt dem römischen Heer Standfestigkeit, als *Invictus* ist er der Unbesiegbare.

Calatinus: Hoher römischer Beamter im dritten Jahrhundert vor Chr., der das Heiligtum der *Spes* stiftete. Vgl. Cicero, *De natura deorum* 2, 61; Tacitus, *Annalen* 2, 49.

29. *Einschiebung von Schalttagen:* Wenn *De legibus* zwischen Frühjahr 52 und dem 1. Mai 51 verfaßt wurde, konnte Cicero von der julianischen Kalenderreform des Jahres 46 vor Chr. noch nichts wissen.

Numa: Vgl. Livius 1, 19.

in ihrem griechischen Namen: Vesta heißt griechisch Hestia. Vgl. Cicero, *De natura deorum* 2, 67. Hestia bedeutet „Herd".

30. *Optimaten:* „Die konservativen Kräfte, das heißt das Gros des die überkommene Vorrangstellung verteidigenden senatorischen Adels, nannten sich nach gut aristokratischem Brauch die ‚Besten' *(optimates)*. Der Gegenbegriff lautete ‚volkstümlich' *(popularis)*. Dieser oft mißverstandene Ausdruck bezeichnet weder eine in sich geschlossene Gruppe, eine ‚Klasse', die en bloc den Führungsanspruch des Senats bekämpft hätte, noch ein umfassendes, zum Beispiel auf ‚demokratische' Regierungsformen zielendes Programm; für beides fehlten im spätrepublikanischen Rom nahezu sämtliche Voraussetzungen. Als ‚popular' galten vielmehr einzelne, meist dem Adel entstammende Politiker, die mit einzelnen Projekten, zum Beispiel mit Siedlergesetzen, gegen die bestehenden Verhältnisse angingen; als ‚popular' galten weiterhin diese Projekte selbst" (Manfred Fuhrmann: Marcus Tullius Cicero. Sämtliche Reden. Eingel., übers. u. erläutert von M. F. Bd. II, Zürich/Stuttgart ²1985, 118). – In seiner Rede *Pro Sestio* (96–98) erläutert Cicero selbst, was er unter „Optimaten" und „Popularen" versteht: „Seit jeher hat es in unserer Bürgerschaft zwei Arten von Leuten gegeben, die danach strebten, in der Politik aufzugehen und sich darin hervorzutun; hiervon wollten ihren Zielsetzungen entsprechend die einen für Volksfreunde *(populares)*, die anderen für die Besten *(optimates)* gelten. Diejenigen, die in Worten und Taten der Menge zu willfahren suchten, wurden als Volksfreunde angesehen, die hingegen, die sich so einrichteten, daß ihren Absichten die Billigung aller Guten zuteil wurde, als die Besten" (Übers. Fuhrmann). – Cicero sagt dann noch, daß die Zahl der Optimaten unendlich groß sei. In allen gesellschaftlichen

Schichten gebe es Optimaten. Ihnen allen sei jedoch gemeinsam, daß sie keine Schädlinge, von Natur aus nicht zum Bösen veranlagt und nicht von Raserei erfaßt und in häusliches Elend verstrickt seien, also anständige, vernünftige und in geordneten Verhältnissen lebende Leute, kurz: die staatstragenden Kräfte der Republik.

31. *Gesetz des Titius:* Vgl. schon 2, 14 mit Anm. Das Agrargesetz aus dem Jahre 99, das der Volkstribun Sextus Titius eingebracht hatte, wurde vom Auguren-Kollegium für ungültig erklärt, weil während der Abstimmung ein unglückverheißendes Zeichen *(Prodigium)* in Gestalt zweier Raben erschien, die miteinander kämpften.

Philippus: Lucius Marcius Philippus war Konsul des Jahres 91 und ließ die Gesetze des Marcus Livius Drusus (vgl. *De legibus* 2, 14) für ungültig erklären.

32. *Marcellus und Appius:* Vgl. Cicero, *De divinatione* 2, 75.

33. *Polyides:* Es handelt sich bei P. und den anderen um berühmte Seher der Frühzeit. Vgl. auch Cicero, *De divinatione* 1, 87–89.

35. *Iakchos:* Anderer Name für Dionysos. Die Eumolpiden waren ein attisches Priestergeschlecht in Eleusis, die für die Mysterien von Eleusis zuständig waren. – Mysterien sind seit dem sechsten vorchristlichen Jahrhundert in Griechenland heimische Geheimkulte, an denen man nur als Eingeweihter teilnehmen durfte. Eine Voraussetzung der Einweihung war eine rituelle Reinigung. Ein wesentlicher Inhalt der Mysterien war die Überwindung der Todesfurcht durch die Hoffnung auf ein ewiges Leben.

Gesetze: Diese Aussage entspricht römischem Selbstverständnis, wie es später auch von Vergil zum Ausdruck gebracht wird (*Aeneis* 6, 851–853): „... du aber, Römer, gedenk – so wirst du leisten dein Wesen – / Völker kraft Amtes zu lenken und Ordnung zu stiften dem Frieden, / Unterworf'ne zu schonen und niederzukämpfen Empörer." (Übers. J. und M. Götte)

36. *selbst eingeweiht:* Atticus und Marcus Cicero waren in die Mysterien von Eleusis eingeweiht.

zur Menschlichkeit fortentwickelt: Offensichtlich wurde von den in die Mysterien eingeweihten Personen erwartet, daß sie nach einem hohen ethischen Standard lebten und handelten.

Komödiendichter: Vgl. Plautus, *Aulularia* 36, wo von sexuellen Ausschreitungen während des Ceres-/Demeter-Festes die Rede ist.

der Mann: Gemeint ist Publius Clodius Pulcher, der sich in eine Feier der *Bona Dea* einschlich. Daß Cicero gegen Clodius im Zusammenhang mit der Untersuchung dieses Delikts aussagte, begründete die Feindschaft zwischen Cicero und Clodius, die letztlich zu Ciceros Verbannung führte. Vgl. auch die anderen Anspielungen auf Clodius: *De legibus* 2, 42; 3, 21; 25; 44; 45. Auch in den *Paradoxa Stoicorum* (s. u. S. 200 ff.) wird Clodius als ein extremes Beispiel für menschliches Fehlverhalten vorgeführt.

37. *Beschluß des Senats:* Der Beschluß wurde im Jahre 186 gefaßt, um die nächtlichen Ausschweifungen bei den Bacchanalien, den kultischen Feiern zu Ehren des Gottes Dionysos, einzudämmen.

Aristophanes: Der berühmte attische Komödiendichter (ca. 450–385) verspottet den phrygischen Gott Sabazios in mehreren seiner Stücke.

38. *Platon: Politeia* 4, 424 d.

39. *jener weiseste Mann:* Gemeint ist Platon.

Livius: Gemeint ist Livius Andronicus, der älteste römische Dichter, der die homerische *Odyssee* ins Lateinische übersetzte und übersetzte griechische Dramen in Rom aufführen ließ.

Naevius: Früher römischer Dichter, der ein *Bellum Poenicum* und Tragödien wie Komödien verfaßte.

Timotheos: Der Musiker aus Milet (450–360) versuchte, die Saiten der Kithara von sieben auf elf zu vermehren, um neue Klangwirkungen zu erzielen.

40. *gebräuchlich waren:* Daß der Gott in Delphi danach gefragt werden konnte, wie man sich den Göttern gegenüber verhalten solle, bezeugt auch Xenophon, *Memorabilien* 1,3,1; 4,3,16.

Mutter vom Idagebirge: Vgl. *De legibus* 2, 22 mit Anm.

41. *Soloi:* Die Stadt in Kilikien (Kleinasien) wurde von Alexander dem Großen im Jahre 333 vor Chr. erobert.

Kleisthenes: Athenischer Staatsmann, der im Jahre 508 vor Chr. eine Verfassungsreform durchgesetzt haben soll, um den Einfluß des Adels auf die Volksversammlung zu vermindern.

Platon: Nomoi 4, 716 e.

42. *bei meinem Weggang:* Spielt auf Ciceros Verbannung in den Jahren 58–57 an, die von Clodius beantragt worden war.

Tempel der Willkür: Clodius hatte an der Stelle, wo Ciceros Haus stand, einen Tempel der Willkür bauen lassen, um zu demonstrieren, daß mit Ciceros Weggang aus Rom die „Freiheit" eingekehrt sei. Daß Cicero von einem Tempel der „Will-

kür" und nicht der „Freiheit" spricht, ist eine parteiische Deutung des Namens.

Schutzgöttin: Cicero brachte ein Bild der Göttin Minerva, bevor er Rom verlassen mußte, aus seinem Haus in den Tempel
des Juppiter auf dem Kapitol. Vgl. Plutarch, *Cicero* 31.

kein Begräbnis: Vgl. Cicero, *Pro Milone* 86. Clodius wurde am
18. Januar 52 bei einem Zusammenstoß mit seinem Rivalen Milo
ermordet und auf einem Scheiterhaufen ohne die übliche Leichenfeier verbrannt.

43. *Verbrechen ... Strafe:* Das Verbrechen als solches ist schon eine
Strafe bzw. stellt als solches schon eine Strafe dar, weil es die
moralische Integrität des Täters zerstört und die Würde der
Persönlichkeit vernichtet.

45. *Platon: Nomoi* 12, 955 e – 956 b.

47. *die beiden Scaevola:* Publius Mucius Scaevola, Konsul des Jahres 133, war ein bedeutender Jurist. Sein Sohn Quintus Mucius
Scaevola überragte seinen Vater noch an Berühmtheit. Er war
Ciceros juristischer Lehrer seit 87 vor Chr. und Verfasser eines
großen Werkes über das Zivilrecht. Beide Scaevola bekleideten
auch das Amt eines *Pontifex maximus.*

53. *abgezogen:* Von der Hälfte des Vermögens werden symbolisch
hundert Sesterzen abgezogen, womit die Pflicht zur Ausrich-
tung von Kulthandlungen aufgehoben werden sollte.

54. *Sisenna:* Vgl. 1, 7.

Accius: Bedeutender römischer Dichter (170–84). Von seinen
Tragödien sind Fragmente erhalten.

55. *Knochen:* Es herrschte die Sitte, daß einem Toten ein Finger
abgeschnitten wurde, bevor er verbrannt wurde. Der Finger
wurde dann feierlich beerdigt.

56. *Xenophon: Kyrupädie* 8, 7, 25.

Marius: Zu dem schon 1, 1–4 erwähnten Mitbürger Ciceros
aus Arpinum vgl. Manfred Fuhrmann: Cicero und die römische
Republik, München/Zürich ³1991, 33–36.

Sulla: Lucius Cornelius Sulla Felix war u. a. Consul des Jahres
88 und Sieger im Krieg gegen den Partherkönig Mithridates und
im Bürgerkrieg gegen Marius. Im Jahre 80 war Sulla zum zweiten Mal Consul. Er starb 78 als Privatmann.

57. *Ennius:* Der berühmteste Dichter der älteren Zeit lebte
239–169. Sein Hauptwerk sind die *Annales,* eine Geschichte
Roms in lateinischen Hexametern von Aeneas bis fast in die
Zeit des Autors selbst.

Africanus: Publius Cornelius Scipio Africanus, der Sieger über Hannibal bei Zama (Nordafrika) im Jahre 202.

58. *Poplicola … Tubertus:* Helden der römischen Frühzeit, die sich vor allem in den Anfängen der Republik am Ende des 6. Jahrhunderts besondere Verdienste erwarben. So half Publius Valerius Poplicola mit Brutus und anderen, das Geschlecht der Tarquinier zu vertreiben. Er wurde 509 zum Consul gewählt und besiegte die Tarquinier. Vgl. Livius 2, 5 ff. – Publius Postumius Tubertus war in den Jahren 505 und 503 Consul und führte für Rom erfolgreiche Kriege gegen die Sabiner.
Fabricius: Er war ein Vorbild an altrömischer Einfachheit, Rechtschaffenheit und Uneigennützigkeit zur Zeit des Krieges gegen Pyrrhus von Epirus in der ersten Hälfte des 3. Jahrhunderts. Vgl. auch Cicero, „Tuskulanische Gespräche" 3, 23.

63. *Kekrops:* Der sagenhafte erste König von Athen soll als Schiedsrichter im Streit zwischen Poseidon und Athene um die Gründung der Stadt aufgetreten sein.

64. *Demetrios aus Phaleron:* Der Philosoph und Staatsmann (geb. um 350), Schüler des Aristoteles und des Theophrast, war ab 318/17 für zehn Jahre Statthalter von Athen im Auftrag des Makedonenkönigs Kassandros. Vgl. auch *De legibus* 3, 14.
Zehnmänner: Es handelt sich um das Zehnmänner-Kollegium, das im Jahre 451 vor Chr. vom Senat eingesetzt wurde, um die Gesetze aufzuschreiben. Die Zehnmänner unterbreiteten dem Volk zehn Gesetzestafeln zur Abstimmung. Doch dann wurden noch zwei Tafeln hinzugefügt, so daß im Jahre 450 das Zwölftafelgesetz abgeschlossen war und auf dem Forum aufgestellt wurde.
drei Tücher: Vgl. 2, 59.
Kerameikos-Friedhof: Vor dem Kerameikos, dem Töpferviertel in Athen, lag der bedeutendste Friedhof der Stadt.

65. *Hermen:* Eine Herme ist eine Statue, bei der nur der Kopf ausgearbeitet ist, der auf einem viereckigen Schaft sitzt. Ursprünglich war die Herme nur ein Bild des Gottes Hermes.

66. *Pittakos:* Der Staatsmann und Gesetzgeber von Mytilene wurde den Sieben Weisen zugerechnet. Er lebte 600 vor Chr. Vgl. auch *De legibus* 2, 26 mit Anm.

67. *Platon:* Nomoi 12, 958 d–e.

68. *Langverse:* Gemeint ist der daktylische Hexameter des heroischen Epos, der auch als „heroischer Vers" bezeichnet wird.
Aufwand: Platon, *Nomoi* 12, 959 d.

Mine: Rechnungseinheit im Geldverkehr. Eine Mine besteht aus 100 Drachmen. Zur Zeit des Perikles konnte eine Familie drei Tage lang von einer Drachme leben.

69. *an einem einzigen Sommertag:* Platon, *Nomoi* 3, 683 c.

Magistrate: Das lateinische Wort *magistratus* bedeutet einerseits „öffentliches (staatliches) Amt" und andererseits „Beamter, Amtsträger".

Drittes Buch

1. *unsere philosophischen Freunde:* Gemeint sind die Anhänger der epikureischen Schule, die Epikureer. Vgl. auch *De legibus* 1, 39; 54.

5. *Titanengeschlecht:* Die Titanen waren Götter, die vor Zeus und den olympischen Göttern die Welt beherrschten. Aus ihren Gliedern schuf Zeus die Menschen, die aufgrund dessen die Neigung zu Auflehnung und Gesetzlosigkeit haben. Vgl. Platon, *Nomoi* 3, 701 b–c.

10. *Optimaten:* Vgl. *De legibus* 2, 30 mit Anm.

11. *überwachen:* Die Censoren haben dafür zu sorgen, daß der Wortlaut der Gesetze nicht willkürlich oder aus Versehen verändert wird.

13. *Theophrast:* Vgl. schon 1, 38 mit Anm. Der Schüler des Aristoteles verfaßte auch mehrere Schriften über politische Themen; diese Werke waren für die politische Schriftstellerei der Folgezeit von großer Bedeutung.

Diogenes: Der Stoiker Diogenes war Teilnehmer an der athenischen Philosophengesandtschaft nach Rom im Jahre 156/55. Er schrieb u. a. auch ein Buch „Über die Gesetze".

14. *Panaitios:* Der Begründer der sog. mittleren Stoa (ca. 180–99) lebte längere Zeit in Rom und war mit dem jüngeren Scipio befreundet. Er wurde von Cicero viel gelesen und u. a. bei der Abfassung der Schrift *De officiis* benutzt. Vgl. auch Cicero, *De re publica* 1, 34.

Herakleides von Pontos: Der Platonschüler (390–310) verfaßte u. a. auch Schriften „Über die Gerechtigkeit" und „Über die Gesetze".

Demetrios: Vgl. 2, 64 mit Anm.

16. *Ephoren:* Mitglieder einer spartanischen Behörde, die von dem König Theopomp im achten vorchristlichen Jahrhundert eingerichtet wurde. Die Ephoren hatten die richterliche Gewalt; darüber hinaus waren sie befugt, die anderen Behörden zu kontrollieren und zur Rechenschaft zu ziehen. In Prozessen gegen die Könige traten sie als Ankläger auf. Als Vertreter des Volkes wurden sie mit den römischen Volkstribunen verglichen, hatten aber wohl erheblich größere Befugnisse als die Volkstribune.

17. *eingetreten war:* Wahrscheinlich ist hier die Erläuterung der Gesetze ausgefallen, die Cicero in 6–9 vorgestellt hatte.

18. *einen offiziellen Auftrag:* Hier ist wohl die „freie Gesandtschaft" gemeint, bei der man ohne eine bestimmte Aufgabe vom Staat finanzierte Dienstreisen unternehmen konnte. Diese dienten der Erledigung persönlicher Angelegenheiten. Das lateinische Wort lautet *legatio;* d. h. der Betreffende erhielt den Titel eines *legatus,* mit dem er höheres Ansehen genoß und alle Privilegien eines offiziellen Legaten hatte.
auf ein Jahr beschränkt: Durch die *Lex Iulia* wurden die freien Gesandtschaften zeitlich begrenzt, wie Cicero *Ad Atticum* 15, 11, 4 vom 8. Juni 44 mitteilt.
die Provinzen: Da die freien Gesandtschaften mit Reisen in die Provinzen verbunden waren, befanden sich die Gesprächspartner bei dem vorliegenden Thema gedanklich in den Provinzen.

19. *seinen Ursprung:* Das Amt des Volkstribuns wurde zum Schutz der Plebejer gegen die Unterdrückung durch die Patrizier und der Konsuln 494 vor Chr. nach dem ersten Auszug der Plebejer *(secessio in montem sacrum)* aus Rom (Livius, 2, 53 ff.) eingerichtet. Diese wollten nur unter der Bedingung nach Rom zurückkehren, daß das Tribunat eingerichtet wurde.
das auffallend mißgebildete Kind: Nach dem Zwölftafelgesetz durfte ein derartiges Kind *(monstruosus partus)* getötet werden.

20. *Flaminius:* Vgl. Cicero, *Brutus* 57. Als Volkstribun hatte er das Gesetz über die Verteilung des gallischen und picenischen Gebiets an einzelne Siedler eingebracht und sich dadurch bei der Nobilität unbeliebt gemacht. Als Konsul fiel er in der Schlacht am Trasumenischen See, 217 vor Chr.
Tiberius Gracchus: Tiberius Sempronius Gracchus, der ältere Bruder der beiden Gracchen, brachte 133 als Volkstribun eine Agrarreform in Gang, wurde aber während der Wahlen zum Volkstribunat des folgenden Jahres in einem Straßenkampf erschlagen.
den patriotisch gesinnten Männern: Zur Übersetzung von *boni viri* vgl. *De legibus* 2, 30 mit Anm.

Curiatus: Der Volkstribun des Jahres 138 ließ die Consuln desselben Jahres wegen eines politischen Konflikts verhaften.

Gaius Gracchus: Er setzte die Politik seines Bruders fort, fand aber 121 den Tod.

Saturninus: Er war Volkstribun 103 und 100 und setzte die revolutionäre Politik der Gracchen fort, wurde aber von den Optimaten in der Kurie gesteinigt.

Sulpicius: Der Volkstribun des Jahres 88 war ein Helfer des Marius und wurde nach dem Sieg Sullas geächtet und getötet. Cicero preist ihn als hervorragenden Redner.

21. . *so unverschämt:* Wieder eine Anspielung auf Clodius, der 58 das Gesetz einbrachte, mit dem Ciceros Verbannung beschlossen wurde. Vgl. auch *De legibus* 2, 36; 42 und 3, 25; 44; 45.

Familienverhältnisse: Anspielung auf den Patrizier Clodius, der sich von einem Plebejer adoptieren ließ, um Volkstribun werden zu können und auf diese Weise Cicero in Schwierigkeiten zu bringen. Vgl. 2, 36.

22. . *Sulla:* Das Gesetz des Sulla aus dem Jahre 81 verbot den Volkstribunen, Gesetzesvorschläge vor die Volksversammlung zu bringen; ebenso durften sie nicht mehr in höhere Staatsämter aufsteigen.

die tribunizische Gewalt: Im Jahre 70 stellte Pompeius als Konsul die unbeschränkte Macht der Volkstribune wieder her.

24. . *zugestanden:* Vgl. Anm. zu 3, 19.

25. . *Unhold:* Clodius.

Entscheidung: Ciceros Entscheidung, vor der offiziellen Beschlußfassung freiwillig die Stadt zu verlassen und in die Verbannung zu gehen. Vielleicht meint Cicero aber auch seine Entscheidung im Jahre 63, die Anhänger des Catilina hinrichten zu lassen.

27. *Auspizien:* Neben der Beobachtung sonstiger Zeichen war die Vogelschau die besondere Aufgabe der Auguren, die von den Magistraten entsprechende Aufträge bekamen. Auf diese Weise hatte die Nobilität ein Instrument zur Behinderung oder Verhinderung von Volksbeschlüssen.

29. *eine Gelegenheit:* Entweder will Cicero noch im Rahmen des Gesprächs *De legibus* über diese Erziehung und Ausbildung sprechen oder er spielt mit dem Gedanken, eine selbständige Abhandlung über Pädagogik zu schreiben. In dieser hätten sicher die *exempla* (Beispiele, Vorbilder aus der römischen Geschichte und Gegenwart) eine hervorragende Rolle gespielt.

Cicero hätte dann auch in dieser Hinsicht in Platon ein Vorbild gehabt.

30. *die Länge des Tages:* Vgl. schon 2, 69.

Lucullus: Lucius Licinius Lucullus, Konsul des Jahres 74 und bedeutender römischer Feldherr, war berühmt durch seinen Reichtum und sein luxuriöses Leben.

32. *Musik:* Vgl. schon 2, 39.

36. *Schöpflöffel:* Die Unruhe in Arpinum verhält sich zu den politischen Zuständen in Rom wie die Wellen im Schöpflöffel zu den Wellen des Ägäischen Meeres.

Großvater: Ciceros Großvater war ausgesprochen konservativ. In *De oratore* 2, 265 erklärte er z. B.: „Unsere Landsleute sind wie syrische Sklaven: je besser einer griechisch versteht, desto nichtsnutziger ist er" (vgl. dazu auch Karl Büchner: Cicero. Bestand und Wandel seiner geistigen Welt, Heidelberg 1964, 18 f.).

37. *Popularen:* Vgl. Anm. zu 2, 30.

40. *unser Cato:* Marcus Porcius Cato Uticensis (95–46), der Urenkel des Cato Censorius (vgl. 1, 6 und 2, 5), ein entschiedener Republikaner und im Bürgerkrieg Anhänger des Pompeius. Nach der verlorenen Schlacht bei Thapsus starb er in Utica durch Selbstmord. Er galt als Vorbild des stoisch geprägten patriotischen Römers. Vgl. auch *Paradoxa Stoicorum* 1.

42. *Crassus:* Es handelt sich um den berühmten Redner und Politiker Lucius Licinius Crassus (140–91), der auch in Ciceros Dialog *De oratore* die Hauptfigur ist.

Claudius: Consul im Jahre 92.

Carbo: Volkstribun im Jahre 92, Anhänger des Marius. Über den Aufruhr ist nichts weiter bekannt.

45. *Cotta:* Lucius Aurelius Cotta vertrat die hier referierte Meinung in der Senatssitzung vom 1. Januar 57, als über Ciceros Rückberufung aus der Verbannung verhandelt wurde.

Versammlung: Sie hatte das Ausnahmegesetz zum Ziel, mit dem Ciceros Verbannung im Jahre 58 beschlossen wurde.

ganz Italien: Hier meint Cicero das Gesetz über seine Rückberufung aus der Verbannung im Jahre 57. Vgl. Cicero, *Ad Atticum* 4, 1, 4. Damals hatte der Senat beschlossen, daß die Stimmberechtigten aus ganz Italien an der Volksversammlung teilnehmen sollten, die über das Rückberufungsgesetz zu entscheiden hatte.

PARADOXA STOICORUM

1. *Cato:* Marcus Porcius Cato Uticensis. Vgl. *De legibus* 3, 40 mit Anm.

4. *ganz besonders sokratisch:* Die Paradoxa sind in dem Sinne „sokratisch", weil in ihnen die dialektisch-sokratische Methode zum Ausdruck kommt, die durch die Aufhebung gewöhnlicher/üblicher Vorstellungen und Meinungen zum Nichtwissen führt, das dann die Voraussetzung für wahre ethische Lehrsätze bildet, die im Gegensatz zur allgemein verbreiteten Meinung stehen, wie z. B. die sokratische Gleichung „Tugend ist Wissen" oder die Feststellung, daß niemand freiwillig Unrecht tue.

5. *jene Arbeit längerer Nächte:* Cicero verweist hier auf den *Brutus,* einen Dialog über die Geschichte der römischen Redekunst, den er kurz vor den *Paradoxa* im Jahre 46 verfaßt hatte. *Erörterung von Thesen:* Gemeint sind Lehrsätze, wie z. B. die folgenden Paradoxa, oder auch Thesen in Frageform, wie sie z. B. von Cicero in einem Brief an Atticus (9, 7) veranschaulicht werden (z. B.: Muß man in seinem Vaterland bleiben, wenn es von einem Tyrannen beherrscht wird? Muß man mit allen Mitteln auf die Beseitigung der Tyrannis hinarbeiten, auch wenn dadurch der Staat in Gefahr gerät? usw.).

8. *Bias:* Einer der Sieben Weisen aus Priene. Vgl. *De legibus* 2, 26 mit Anm.

11. *Numa:* Vgl. *De legibus* 1, 4; 2, 23; 29; 56.
Tarquinius Superbus: Vgl. *De legibus* 2, 10 mit Anm.

12. *Brutus:* Lucius Iunius Brutus wurde nach der Vertreibung des Tarquinius Superbus und seiner Familie im Jahre 510 vor Chr. der erste römische Consul.
Mucius: Gaius Mucius Scaevola (vgl. Livius 2, 12) begab sich während des Krieges mit dem König Porsenna in dessen Lager, um durch die Ermordung des Königs Rom zu befreien (im Jahr 508 vor Chr.). Irrtümlich erstach er den Schreiber des Königs. Nach seiner Gefangennahme hielt er seine rechte Hand über ein Kohlenbecken und ließ sie verbrennen, um dem Feind zu demonstrieren, mit welcher Entschlossenheit die römische Jugend

die Ermordung Porsennas betreibe. Dieser schloß daraufhin
Frieden mit den Römern.

Cocles: Vgl. *De legibus* 2, 10 mit Anm.

den Göttern der Unterwelt geweiht: Es handelt sich um den
Vorgang der *devotio,* bei der ein römischer Feldherr sich stell-
vertretend für seine Armee den Göttern der Unterwelt weihte,
um seine Soldaten zu retten. Nachdem er eine Weiheformel
(„Ich gelobe …") gesprochen und die Götter angerufen hatte,
weihte er sich selbst und die feindliche Armee den Manen (den
Seelen der Verstorbenen) und der *Tellus* (der Erdgottheit).
Dann warf er sich allein unter die Feinde, um sich töten zu
lassen, und wer ihn berührte, galt als verflucht. Livius 8, 6–11
berichtet von der *devotio* des Decius im Jahre 340 vor Chr., als
er gegen die Latiner einen glänzenden Sieg errang, indem er sich
durch einen Traum veranlaßt freiwillig opferte. Der Sohn handelte ebenso im Krieg gegen die Samniter (297–295), wie Livius
10, 28, 12–18 erzählt. – Cicero erwähnt den Traum des Decius
und die darauf folgende *devotio* auch in seiner Schrift *De divinatione* 1, 51. Der Traum soll hier veranschaulichen, auf welchen Wegen die Götter den Menschen die Zukunft eröffnen
können. In den „Tuskulanischen Gesprächen" (1, 89) ist das
Verhalten der Decier ein Beispiel für Todesverachtung.

Fabricius: Die „Festigkeit" des Fabricius sah Cicero darin, daß
dieser den Versuchen des König Pyrrhus, ihn zu kaufen, widerstand. Vgl. auch 48. In den „Tusk. Gesprächen" (3,56) ist Fabricius ein Beispiel für freiwillige Armut.

Curius: Vgl. *De legibus* 2, 3 mit Anm.

Scipio: Publius Cornelius Scipio, der Consul des Jahres 218,
versuchte Hannibals Einfall in Italien zu verhindern. Am Tici-
nus wurde er geschlagen und verwundet. Nach seiner Wiederherstellung ging er nach Spanien, wo inzwischen sein Bruder
Gnaeus Cornelius Scipio gegen die Karthager operierte. Sie er-
rangen in Spanien mehrere Siege. Beide blieben jedoch am Ende
in der Schlacht.

Africanus: Publius Cornelius Scipio Africanus maior, der Sieger
über Hannibal (202) und Publius Cornelius Scipio Africanus
minor Numantinus, der Sieger über Karthago im Jahre 146 und
über Numantia in Spanien im Jahre 133.

Cato: Vgl. *De legibus* 1, 6; 2, 5.

14. *manche:* Gemeint sind die Epikureer, mit deren Lustlehre sich
Cicero häufig auseinandersetzt. Vgl. z. B. „Tusk. Gespräche" 2,

7 ff., wo Cicero gegen die Philosophie der römischen Epikureer polemisiert und vor allem deren Behauptung zurückweist, daß der Schmerz das größte Übel sei. Vgl. auch „Tusk." 3, 32 ff.; *De finibus*, Bücher 1 und 2. – Zum Thema: Michael Erler: Cicero und „unorthodoxer" Epikureismus, in: Anregung 38, 1992, 307–322.

nicht auf die Menschen zuzutreffen: Vgl. *De finibus* 2, 111, wo bestritten wird, daß für Tiere und Menschen dasselbe (die Lust) das höchste Gut sein könne.

16. *fehlt etwas zum glücklichen Leben:* Aristoteles vertrat in der Nikomachischen Ethik eine ganz andere Auffassung als die Stoiker mit diesem Paradoxon: „Wenn es bei jedem Zustand unbehinderte Formen der aktiven Entfaltung gibt, dann muß, mag nun die Aktivität aller Zustände zusammen das Glück ausmachen, oder – immer vorausgesetzt, daß sie sich ungehindert entfalten kann – die Aktivität nur eines bestimmten Zustandes, diese für uns das Wählenswerteste sein. Das aber ist die Lust. So stellt sich der oberste Wert doch wohl als eine bestimmte Form von Lust dar ... Und aus diesem Grund ist ... das glückliche Leben ein lustvolles Leben und man verflicht die Lust mit dem Begriff des Glückes, mit gutem Grund, denn keine Form der Aktivität ist vollendet, wenn sie sich nicht ungehindert entfalten kann. Das Glück aber gehört zu den Dingen, die vollendet sind. Daher braucht der Glückliche auch die Güter des Leibes und die äußeren, die Güter des freundlichen Zufalls, damit ihm hier keine Behinderung erwachse. Wenn aber manche Philosophen sagen, der Mensch auf der Folter oder der von schwerem Mißgeschick Getroffene sei glücklich, wofern er nur die innere Trefflichkeit habe, so sprechen sie, mit oder ohne Absicht, einfach Unsinn ..." (1153 b 9–21; Übers. Franz Dirlmeier).

Regulus: Marcus Atilius Regulus war ein erfolgreicher römischer Heerführer im 1. Punischen Krieg. Aber in der Schlacht bei Tunes i. J. 255 wurde Regulus von den Karthagern verheerend geschlagen. Er geriet in Gefangenschaft. Erst fünf Jahre später soll er nach Rom geschickt worden sein, um einen Gefangenenaustausch zu erreichen. Regulus hatte versprochen, nach Karthago zurückzukehren, falls er keine Vorteile für die Karthager aushandeln könne. Er habe dann in Rom davon abgeraten, den karthagischen Vorschlag anzunehmen, und sei dann nach seiner Rückkehr von den Karthagern unter schrecklichen Qualen hingerichtet worden. Vgl. Cicero, *De officiis* 1,

39, wo Regulus als Beispiel für sittlich gebotenes Verhalten
erwähnt wird: Man muß ein Versprechen auch gegenüber einem Feind halten, selbst wenn es zum eigenen Schaden ist.
Siehe auch Cicero, *De finibus* 2, 65: Hier soll Regulus veranschaulichen, daß der Tugendhafte auch noch unter der Folter
glücklicher ist als der Folterknecht.
Marius: Er war der Sieger über König Iugurtha und über die
Kimbern und Teutonen. Im Bürgerkrieg war er seit 88 vor Chr.
der Gegner Sullas. Ciceros Hinweis auf das Unglück des Marius
(„als es ihm schlecht ging") nimmt wahrscheinlich Bezug auf dessen abenteuerliche und lebensgefährliche Flucht vor Sulla im Jahre
87 (vgl. Plutarch, *Marius* 35 ff.; s. auch Anm. zu *De legibus* 1, 1).

17. *Narr:* Cicero meint hiermit wahrscheinlich Clodius, den er
auch in Paradoxon IV angreift und mehrfach in *De legibus*
erwähnt. Clodius hatte dafür gesorgt, daß Cicero in die Verbannung gehen mußte. Im März 58, noch bevor das Gesetz rechts-
kräftig war, floh Cicero aus Rom. Clodius wurde übrigens 52
von den Anhängern seines politischen Gegners Milo erschlagen.

20. *Verfehlungen sind ... einander gleich:* Der Gedanke ist weit
verbreitet. Vgl. Cicero, *Pro Murena* 61: *omnia peccata esse paria; De finibus* 4, 74–76, wo gegen die These von der Gleichheit
der Verfehlungen argumentiert wird. „Zu den berüchtigsten Pa-
radoxien der Stoa gehörte der Satz, daß alle Fehlhandlungen
unter sich gleich sind, und Cicero durfte bei den biederen römischen Richtern auf das nötige Gelächter rechnen, wenn er ihnen
erzählte, sein Gegner Cato bekenne sich zu der Lehre, es sei das
gleiche Verbrechen, ob jemand seinem Vater oder einem Haus-
hahn unberechtigterweise den Hals abdrehe. Die Stoa selbst
wollte damit nur aufs schärfste einprägen, daß die Fehlhandlungen ein absoluter Begriff sei, der sowenig wie ‚Wahr‘ oder ‚Gerade‘ ein Mehr oder Minder vertrage" (Max Pohlenz: Die
Stoa I, Göttingen ²1959, 153).
was nicht erlaubt ist: Es gibt nichts, was mehr oder weniger
verboten ist. Zwischen „verboten" und „erlaubt" gibt es keine
fließenden Übergänge: Entweder ist etwas verboten oder nicht.
Verboten und nicht verboten stehen im Verhältnis der Kontra-
diktion zueinander.

24. *Saguntiner:* Im 2. Punischen Krieg wurde die Stadt Sagunt von
Hannibal belagert. Die Saguntiner brachten, als ihre Lage aus-
sichtslos war, alle ihre Wertgegenstände auf den Marktplatz
und warfen sie dort in ein eilends entfachtes Feuer. Die meisten

Menschen stürzten sich danach selbst in die Flammen (Livius 21, 14, 1).

27. *Dummkopf:* Wieder könnte Clodius gemeint sein. Vgl. schon 17 mit Anm. Die folgenden Ausführungen könnten auch in einer (fiktiven) Gerichtsrede gegen Clodius gestanden haben.

Wenn schon ...: In Klammern steht eine mögliche Ergänzung des hier nur lückenhaft überlieferten Textes.

jede Zusammenrottung: In seiner Schrift *De re publica* 1, 39 definiert Cicero den Staat als eine Sache des Volkes; ein Volk aber sei nicht jede irgendwie zusammengescharte Ansammlung von Menschen, sondern der Zusammenschluß einer Gruppe, die dadurch verbunden ist, daß sie ein gemeinsames Recht anerkennt und denselben Nutzen hat.

unser Staat damals: Cicero meint vermutlich die Zeit der gewalttätigen Auseinandersetzungen zwischen Clodius und Milo in den fünfziger Jahren des ersten Jahrhunderts.

Ansehen des Senats: Vgl. Cicero, *Pro Sestio* 25.

Catilina: Der gewissenlose patrizische Abenteurer und Verschwörer wurde auf Betreiben des Consuls Cicero Ende 63 geächtet, seine Mitverschwörer, soweit man ihrer habhaft wurde, zum Tode verurteilt und hingerichtet. Catilina fiel Anfang 62 im Kampf gegen das Heer des römischen Senats.

28. *die keine mehr war:* Dieser Satz ist auch ein Paradoxon.

Besitz: Clodius ließ nach Ciceros Vertreibung dessen Häuser in Brand setzen und zerstören.

29. *war ich zu jeder Zeit ein Staatsbürger:* Cicero veranschaulicht in diesem Zusammenhang stoische Lehrmeinungen nicht nur mit Beispielen aus der römischen Geschichte, sondern auch aus seinem eigenen Leben (besonders deutlich in 27 bis 29).

Schutz fremder Nationen: Schon vor Ciceros Rückberufung aus der Verbannung beschloß der Senat, Cicero dem Schutz fremder Nationen zu empfehlen, seine Sicherheit den römischen Statthaltern anzuvertrauen und sämtliche Bewohner Italiens aufzufordern, zu Ciceros Rückberufungsverhandlung in Rom zu erscheinen (Cicero, *Pro Sestio* 128).

30. *Spartacus:* Er war der Führer aufständischer Sklaven, die weite Teile Italiens zwischen 73 und 71 vor Chr. überrannten, bis sie von Crassus geschlagen wurden.

31. *Gegner:* Damit könnte z. B. ein fiktiver Ankläger gemeint sein, der Clodius die folgenden Vergehen vorhielte, die mit Verbannung bestraft werden konnten.

32. *dein engster Vertrauter:* Gemeint ist C. Caesar.

Bona Dea: Vgl. Cicero, *Ad Atticum* 1, 13, 3. Siehe auch *De legibus* 2, 21 mit Anm.

33. *Nur der Weise ist frei:* Zu diesem Paradoxon vgl. Max Pohlenz: Griechische Freiheit. Wesen und Werden eines Lebensideals, Heidelberg 1955, 157–159. Vgl. auch Horaz, *Satiren* 2, 7, 83: *quisnam igitur liber? Sapiens, sibi qui imperiosus.*

Befehlshaber: Wenn Cicero hier überhaupt an einen bestimmten Feldherrn gedacht hat, dann könnte Lucullus gemeint sein, den er möglicherweise auch 36 ff. im Auge hat.

von den größten Gelehrten: Es handelt sich um die Stoiker.

34. *Freiheit:* Vgl. J. A. Mayer: Libertas, in: Der altsprachliche Unterricht 3/1964, 82–105.

Göttin des Schicksals: Über den Schicksalsbegriff der Stoa: Max Pohlenz (s. Anm. zu 33), 127–159.

36. *Frau:* Vielleicht spielt Cicero auf Fulvia, die Frau des Clodius, an, die als herrschsüchtig und ehrgeizig galt.

37. *Aëtion:* Maler, berühmt durch sein Gemälde der Hochzeit Alexanders d. Großen mit Roxane (Cicero, *Brutus* 18).

Polyklet: Neben Phidias der größte griechische Bildhauer des 5. Jahrhunderts vor Chr.

38. *Mummius:* Er eroberte und zerstörte Korinth im Jahre 146 vor Chr.

Curius: Vgl. schon 12. Er war Consul des Jahres 290 und besiegte die Samniter nach 49 Kriegsjahren. Er verweigerte deren Geschenke mit den Worten, er ziehe es vor, über die Besitzer von Gold zu herrschen, statt selbst Gold zu besitzen.

40. *Cethegus:* Er war einer der brutalsten und gefährlichsten Genossen des Verschwörers Catilina im Jahre 63. Vgl. Sallust, *Catilinae Coniuratio* 43, 2, wo berichtet wird, Cethegus habe den Auftrag gehabt, mit Gewalt gegen den Consul Cicero vorzugehen. Bald nach der Aufdeckung der Verschwörung wurde Cethegus hingerichtet. Für diese Maßnahme trug Cicero die Verantwortung. – Wie schon mehrfach zu beobachten, knüpft Cicero auch hier an einem konkreten historischen Fall an, um das stoische Paradoxon zu veranschaulichen. Die Leute, die sich Cethegus unterwarfen, sind Beispiele für den Drang nach politischer Macht, der die Menschen zu Sklaven werden läßt und zutiefst erniedrigt.

Praecia: Sie war die Geliebte des Cethegus.

vor jungen Leuten: Gemeint sind Mitwisser irgendwelcher

Schandtaten, die nicht ans Tageslicht kommen sollen, aber
durch die Geschwätzigkeit dieser jungen Leute herauskommen
können. Von ihnen bleibt man abhängig, da sie auch zum Mittel
der Erpressung greifen können.

41. *jene ... Rede:* Es kann hier nicht – wie Rackham meint – die
Klage gemeint sein, die Lucius Licinius Crassus (140–91) im
Jahre 119 gegen Gaius Papirius Carbo geführt hat: Vgl. Cicero,
Brutus 159. Carbo entzog sich einer Verurteilung (der Grund
ist unbekannt) durch Selbstmord. Cicero (*Brutus* 103) sagt nur,
Carbo habe sich wegen der Unberechenbarkeit seiner politischen Haltung vor der Strenge der Richter durch freiwilligen
Tod bewahrt. – Die Rede des Crassus, aus der Cicero hier
zitiert, wird auch in *De oratore* 1, 225–227 erwähnt. In der
römischen Volksversammlung ist Crassus i. J. 106 für den Gesetzesantrag des Servilius Caepio eingetreten; dieser beinhaltete, daß die Gerichtsbarkeit, die seit dem Richtergesetz des
C. Gracchus aus dem Jahre 122 in den Händen des Ritterstandes
lag, wieder an den Senat zurückgegeben werden sollte. Bei dieser Gelegenheit sagte Crassus u. a.: „Befreit uns aus der Not,
befreit uns aus dem Rachen derer, die sich in ihrer Grausamkeit
an unserem Blut nicht satt trinken können. Laßt es nicht zu,
daß wir irgend jemandem dienen, außer euch allen zusammen,
denen wir dienen können und müssen." Dann fährt Cicero ganz
im Sinne seiner Argumente in den *Paradoxa Stoicorum* fort:
„Ich rede nicht von deiner ,Not', in der sich, wie die Philosophen sagen, ein tapferer Mann nicht befinden kann; ich rede
auch nicht von dem ,Rachen', aus dem man dich befreien soll,
damit dein Blut nicht durch ein ungerechtes Urteil ausgesogen
wird, was einem weisen Mann angeblich nicht geschehen kann.
Doch ,dienstbar sein', und zwar nicht nur du, sondern der Senat
im ganzen, dessen Sache du damals vertratst, das wagtest du zu
sagen? Kann denn die Tugend, Crassus, dienstbar sein, wenn
wir uns nach den Philosophen richten, deren Lehren du in den
Aufgabenkreis des Redners einbeziehst? Sie lebt noch immer
und als einzige in Freiheit, und sie müßte selbst dann, wenn der
Leib von Waffen überwältigt wäre und in Fesseln läge, doch ihr
volles Recht und ihre Freiheit über alles unverkürzt bewahren.
Dabei hast du hinzugefügt, daß der Senat dem Volke nicht nur
dienen ,könne', sondern sogar ,müsse' ... So meinte P. Rutilius
Rufus, ein gelehrter, der Philosophie ergebener Mann, daß diese
deine Worte, die ich herrlich fand, nicht nur ,zu wenig ange-

messen', sondern sogar ‚schändlich und schmachvoll' gewesen seien" (Übers. Harald Merklin).

42. *über dein Geld:* Möglicherweise hat Cicero hier den reichen Marcus Licinius Crassus mit dem Beinamen *Dives* im Auge. Crassus, geb. 115 vor Chr., war ein Anhänger Sullas; als Feldherr besiegte er den Sklavenführer Spartacus. Caesar schloß mit ihm und Pompeius im Jahre 60 das erste Triumvirat. Sein Reichtum war sprichwörtlich. Er hatte ihn unter Sulla erworben, indem er sich am Besitz politisch Geächteter maßlos bereicherte. Auch mit Catilina soll er sympathisiert haben. Er stand Clodius nahe und versuchte, Ciceros Rückberufung aus dem Exil zu verhindern.

43. *für den Senatorenstand:* Den Mitgliedern des Senats war es verwehrt, Geschäfte zu führen, die dem Gelderwerb dienten. Livius (21, 63, 3–4) berichtet, daß ein Senator z. B. nur ein Schiff besitzen dürfe, dessen Fassungsvermögen lediglich so groß sei, daß man damit die Ernteerträge aus seinen eigenen Landgütern transportieren könne. Jede Art von gewinnbringendem Gewerbe galt bei Senatoren als unehrenhaft.
Bundesgenossen ausraubst: In Syrien hatte Crassus die Gelegenheit dazu.

44. *Danaos:* Er war berühmt wegen seiner fünfzig Töchter, der Danaiden, die – mit einer einzigen Ausnahme – ihre Männer ermordeten, weil sie mit diesen gegen ihren Willen vermählt worden waren, und dafür in der Unterwelt zu büßen haben, indem sie Wasser in ein durchlöchertes Faß füllen müssen.

45. *mit seinen Zinseinkünften:* Vgl. Cicero, *De officiis* 1,25: Crassus habe behauptet, keine Geldsumme sei groß genug für denjenigen, der im Staat eine führende Rolle spielen wolle, wenn er mit seinen Zinseinkünften nicht ein Heer ernähren könne. – Mit dieser Parallele ist es sicher, daß Cicero in dem vorliegenden Zusammenhang auf Crassus anspielt.

46. *Honorarvereinbarungen:* Die *Lex Cincia de donis et muneribus* des Jahres 213 verbot den Anwälten, für ihre Verteidigung vor Gericht Geld oder Geschenke anzunehmen.

48. *Fabricius:* König Pyrrhus versuchte Fabricius durch verlokkende Angebote auf seine Seite zu ziehen. Aber alle Versuche scheiterten an der Unbestechlichkeit des Römers (vgl. Plutarch, *Pyrrhus* 20). – Als Fabricius im Jahre 278 zum Consul gewählt worden war, bot ihm der Leibarzt des Pyrrhus an, diesen zu vergiften, falls ihm der Römer eine Belohnung gebe. Fabricius lieferte den Verräter an Pyrrhus aus.

Curius: Vgl. schon 12 und 38. Cicero, *Cato* 55.

Lucius Paullus: L. Aemilius Paullus war der leibliche Vater des Scipio Africanus, des Siegers über Karthago im 3. Punischen Krieg.

Africanus: Seine Großzügigkeit bestand darin, daß er seinem Bruder die gesamte Erbschaft von Aemilius Paullus, ihrem gemeinsamen Vater, überließ.

49. *Sparsamkeit:* Es handelt sich um ein römisches Sprichwort. Vgl. Karl Bayer: *Nota bene!* Das lateinische Zitatenlexikon, Zürich 1993, 296.

50. *Zeitumstände:* Vgl. Cicero, *In Catilinam* 1, 2: *O tempora, o mores.*

Manilius: Er war Consul im Jahre 149 und erhielt den Oberbefehl vor Karthago, das er jedoch vergeblich belagerte. Er war ein bedeutender Jurist und wird von Cicero mehrfach erwähnt. Berühmt waren seine Bescheidenheit und Zuverlässigkeit.

Luscinus: S. o. 48, wo von Fabricius Luscinus und Curius gesprochen wurde.

Carinen: Stadtteil von Rom am Westhang des Esquilin.

Labicum: Kleine Stadt in den Albanerbergen südöstlich von Rom.

EINFÜHRUNG

1. DE LEGIBUS

Im Gegensatz zu Platon, der seinen *Staat* und seine *Gesetze* als zwei voneinander unabhängige Werke entwarf, stellt Cicero einen engen Zusammenhang zwischen *De re publica* und *De legibus* her. An mehreren Stellen seiner Schrift *De legibus* gibt Cicero zu erkennen, daß das spätere als eine Ergänzung des früheren Werkes zu verstehen sei. Denn in *De legibus* stellt Cicero die Gesetze dar, die die Verwirklichung seines in *De re publica* entworfenen Staates gewährleisten sollen. Er läßt *De legibus* auf *De re publica* folgen, weil er die praktische Erprobung und Anwendung seiner Theorie für zwingend hält (vgl. *De re publica* 1, 2). Denn die Theorie steht im Dienst der Praxis (vgl. z. B. *De legibus* 1, 37). Das Handeln muß dem Denken folgen.

Da Ciceros Staat in seinen Grundzügen der altrömischen Republik, wie der Autor sie sieht, entspricht, stimmen auch seine wörtlich ausformulierten Gesetze (*De legibus* 2, 19–22 und 3, 6–11) weitgehend mit den tradierten römischen Gesetzen überein. Cicero erklärt (*De legibus* 2, 23) ausdrücklich, daß auch die Gesetze, die den Eindruck erweckten, neu zu sein, in Wirklichkeit schon in den Gebräuchen und Gewohnheiten der römischen Frühzeit wirksam gewesen seien.

Da *De legibus* als eine Ergänzung zu *De re publica* zu verstehen ist (vgl. die Stellen, in denen auf *De re publica* Bezug genommen wird: 1, 15.20.27; 2, 33; 3, 4. 13.33) und Cicero diese Schrift frühestens Ende 55 nach Abschluß von *De oratore* begann und Anfang 51 veröffentlichte, gibt es für *De legibus* keine ernsthaften Einwände mehr gegen den Frühansatz: 52/51 vor Chr. Bemerkenswert bleibt jedoch, daß die *Gesetze* in Ciceros Briefen und Schriften überhaupt nicht erwähnt werden. Auch die Übersicht, die Cicero in der Einleitung zum zweiten Buch seines in den ersten Monaten des Jahres 44 vor Chr. verfaßten Werkes *De divinatione* über seine philosophische und rhetorische Schriftstellerei gibt, enthält keinen Hinweis auf *De legibus*. Der Grund dafür könnte darin liegen, daß die *Gesetze* zu diesem Zeitpunkt noch nicht abgeschlossen bzw. veröffentlicht waren.

Schon R. Philippson wies in seinem RE-Artikel darauf hin, daß *De legibus* weder vor Juni 46, da Cicero laut *Brutus* (19) seit *De re publica* nichts veröffentlicht habe, noch vor Caesars Tod, da das Werk im Vorwort zum zweiten Buch *De divinatione* nicht erwähnt sei, herausgegeben sein könne: So sei es denn wahrscheinlich, daß Cicero das Werk Ende 53 gleich nach der Niederschrift von *De re publica* begonnen und im Unreinen vorläufig beendet, aber nicht selbst herausgegeben habe, als er Anfang 51 in die Provinz Kilikien abreisen mußte, um dort das Amt des Statthalters zu übernehmen.

Wenn Cicero das Werk zwar gegen Ende der fünfziger Jahre verfaßte, aber selbst nicht herausgab, dann ist auch nicht auszuschließen, daß er mehr als die erhaltenen drei Bücher geplant hatte. Am Ende des dritten Buches kündigt er anscheinend ein viertes Buch an: Denn hier läßt er Atticus sagen, er warte auf Ciceros Ausführungen, nachdem dieser selbst erklärt hatte, man müsse noch weiter über das Naturrecht nachdenken und alles über das Recht des römischen Volkes darlegen, was überliefert sei.

Bedenkenswert ist auch der Hinweis des Macrobius auf ein fünftes Buch *De legibus*. Es ist möglich, daß noch mehr geplant war, da das fünfte Buch schon am Mittag des Sommertages spielt, so daß noch viel Zeit bis zum Abend zur Verfügung steht. Platons *Gesetze* umfassen schließlich sogar zwölf Bücher.

Daß Cicero, nachdem er im Herbst 47 von Caesar begnadigt und nach Rom zurückgekehrt war, die Arbeit auch an *De legibus* wiederaufnahm, läßt sich aufgrund einer Be-

merkung in einem Brief an seinen Freund Marcus Teren-
tius Varro vom April 46 für möglich halten (*Ad fam.* 9, 2, 5):
„... Nur das soll bleiben, gemeinsam in unseren Studien
aufzugehen, von denen wir früher nur Unterhaltung erwar-
teten, jetzt aber sogar unsere Rettung; ferner dazusein, wenn
man uns ... zum Aufbau des Staates heranziehen will ...;
falls sich niemand unserer Mitarbeit bedient, dann doch
wenigstens politische Abhandlungen zu schreiben und zu
lesen ... und uns in Briefen und Büchern, wie die gelehrtesten Männer der Vergangenheit es getan haben, politisch zu
betätigen und über Gebräuche und *Gesetze* Untersuchungen
anzustellen."

Diese Bemerkungen lassen die Vermutung zu, daß Cicero
hier auch an die Weiterarbeit an seiner Ende der fünfziger
Jahre begonnenen Schrift *De legibus* dachte, und erklären
dann auch noch einmal, warum die *Gesetze* in *De divinatione* noch nicht erwähnt sein konnten.

Auch Konrat Zieglers Hinweise machen nicht nur den
Frühansatz plausibel, sondern sprechen auch für die
Annahme, daß Cicero das Werk seit Ende der fünfziger
Jahre zunächst unvollendet liegen ließ, später daran weiter-
arbeitete, es aber nicht zu Ende führte: „Was wir von den
Gesetzen haben, erweist sich in seinem ganzen Tenor und
Ton als vor dem Bürgerkrieg entstanden ... Von Pompeius,
von Cato, von dem vor der Schlacht bei Pharsalos gestorbe-
nen Appius Claudius wird als von Lebenden gesprochen,
und was noch wichtiger ist: die alte römische *res publica* mit
dem Senat und allen den bekannten Magistraten als ihren
Organen ist – wenn auch mancherlei Verfallserscheinungen
notiert und beklagt werden – doch als selbstverständlich
bestehend, funktionierend und im wesentlichen unerschüt-
tert gedacht." In *De legibus* gibt es keine Anspielungen auf
die Ereignisse des zwischen Pompeius und Caesar wütenden
Bürgerkrieges, der von 49 bis zur Niederlage des Pompeius
bei Pharsalos am 9. August 48 dauerte und mit Caesars Sieg
am 6. April 46 bei Thapsos Ciceros politische Welt endgültig
zusammenbrechen ließ.

Wenn aber Cicero die Arbeit an *De legibus* nach diesen Ereignissen tatsächlich wiederaufgenommen hätte, um das Werk zu vollenden, dann wäre er gezwungen gewesen, das dritte Buch neu zu schreiben; denn nur mit einer Neubearbeitung dieses Buches hätte er den Umwälzungen der Bürgerkriegszeit gerecht werden können. Dagegen hätte er die philosophische Grundlegung des ersten Buches und die Darstellung der Sakralgesetzgebung im zweiten Buch unverändert übernehmen können. Vermutlich ließ er die Arbeit schon deshalb ruhen, weil er sich außerstande sah, die politische Neuordnung in der Zeit nach dem Bürgerkrieg mit dem notwendigen Abstand zu reflektieren.

Zu fragen wäre auch, ob Cicero der Gestalt des Publius Clodius Pulcher gegen Ende der vierziger Jahre noch so viel Beachtung geschenkt hätte, wie dies zehn Jahre früher noch der Fall war. Cicero weist in *De legibus* auffallend häufig auf den Volkstribunen des Jahres 58 hin, allerdings ohne seinen Namen zu nennen. Dieser Clodius hatte im Jahre 62 als Frau verkleidet am Fest der Bona Dea, einer Frauengottheit, teilgenommen. Dieses Fest fand gewöhnlich im Haus eines hohen Beamten statt. Es war Männern verboten, die Veranstaltung zu besuchen. Cicero schreibt seinem Freund Atticus am 25. Januar 61 folgende Zeilen: „Ich glaube, du hast schon gehört davon: Als in Caesars Haus das Opfer für das Volk dargebracht wurde, hat sich ein Mann in Frauenkleidern dort eingeschlichen, und da die Vestalinnen dieses Opfer veranstaltet hatten, wurde die Angelegenheit von Quintus Cornificius vor den Senat gebracht ...; später wurde die Sache auf Beschluß des Senats an die Vestalinnen und die Priester überwiesen. Diese haben sie zum Religionsfrevel erklärt ..." (*Ad Atticum* 1, 13, 3).

Die Angelegenheit wurde zum Skandal. Es kam zum Prozeß gegen Clodius. Dieser leugnete den Frevel und behauptete, er sei in der fraglichen Zeit gar nicht in Rom gewesen. Da sagte Cicero als Zeuge aus und erklärte, Clodius habe ihn am Tag der Tat besucht, sei also in Rom gewesen. Dennoch wurde Clodius von den offenbar bestochenen

Richtern freigesprochen. „Cicero aber hatte sich Clodius zum Todfeind gemacht, der sehnlichst nach einer Gelegenheit zur Rache Ausschau hielt" (Manfred Fuhrmann).

Die rechtlichen Voraussetzungen für einen Schlag gegen Cicero schuf sich Clodius mit seiner Bewerbung um das Volkstribunat, das eigentlich nur von Plebejern bekleidet werden konnte. Aber ausgerechnet mit Caesars Hilfe wurde Clodius durch Adoption zum Plebejer und konnte sein Amt unmittelbar darauf am 10. Dezember 59 antreten. Schon Ende Januar 58 verkündete er den Entwurf eines Gesetzes, das denjenigen mit der Ächtung und Verbannung bedrohte, der ohne einen ordentlichen Prozeß einen römischen Bürger töte oder getötet habe. Mit diesem Gesetz konnte auch der Ausnahmezustand, den der Senat bei großer Gefahr für das Gemeinwesen zu verhängen pflegte, für rechtswidrig erklärt werden. Daß Clodius hiermit auf Cicero zielte, stand außer Frage, hatte doch dieser als Consul des Jahres 63 auf der Rechtsgrundlage des vom Senat verhängten Ausnahmezustands die Verschwörung des Catilina und seiner Anhänger niedergeschlagen und einige Catilinarier ohne vorherigen Prozeß hinrichten lassen.

Ciceros Freunde rieten ihm, Rom zu verlassen, ohne den Volksbeschluß über den Gesetzesantrag des Clodius abzuwarten. Nach Ciceros Flucht Mitte März 58 ließ Clodius sein Ächtungsgesetz beschließen. Da ein Gerichtsverfahren gegen Cicero nicht mehr möglich war, gab Clodius einen Volksbeschluß bekannt, wonach Cicero verbannt sein sollte, weil er ohne Urteilsspruch römische Bürger habe töten lassen. Der Verbannungsbeschluß beinhaltete, daß Ciceros gesamtes Vermögen dem Staat verfiel und er selbst sich mindestens 750 Kilometer von Italien entfernt aufhalten mußte. Daß Cicero anderthalb Jahre auf seine Rückberufung warten mußte, traf ihn schwer. Seine Briefe aus der Verbannung zeugen von Niedergeschlagenheit, Hoffnungslosigkeit und Selbstmitleid. Selbst die Philosophie konnte Cicero keinen Trost spenden und ihm nicht über seine unglückliche Situation hinweghelfen. Um so größer war seine Freude, als das

Rückberufungsgesetz am 4. August 57 endlich beschlossen
wurde. In einem Brief an Atticus (*Ad Atticum* 4, 1, 4 f.)
berichtet er über den gleichsam triumphalen Empfang, den
ihm die Bevölkerung Italiens nach seiner Landung in Brundi-
sium bereitete. Am 5. September 57 kommt er in Rom an und
hält sogleich eine überschwengliche Dankesrede im Senat.

Allem Anschein nach gab ihm die Arbeit an *De legibus*
zum ersten Mal Gelegenheit, diese für ihn so einschneiden-
den Ereignisse mit einem gewissen Abstand, aber doch noch
mit starker innerer Beteiligung reflektierend aufzuarbeiten.
Daß der Bürgerkrieg zwischen Caesar und Pompeius eine
ungleich größere Erschütterung für Cicero und sein Selbstverständnis werden sollte, konnte er zu Beginn seiner Arbeit
an *De legibus* noch nicht wissen.

Ciceros *Gesetze* enthalten viele Namen bedeutender griechischer Philosophen und römischer Rechtsgelehrter. Hier
stellt sich die Frage nach den Quellen und Vorlagen der
Schrift. Allerdings ist eine überzeugende Antwort kaum
möglich. Cicero bekennt sich zwar zu Platon als seinem
großen Vorbild, indem er ihn in der äußeren Form der Darstellung nachahmt. Der platonische *Phaidros* (vgl. *De legibus*
2, 6) wäre hier ebenso zu nennen wie Platons *Gesetze*, aus
denen Cicero zitiert (2, 45). Außerdem bezieht er sich auf
Platons *Staat* (2, 38 f.). Selbstverständlich war ihm das römische Zwölftafelgesetz vertraut (vgl. 2, 9; 2, 59), und als Schüler des Rechtsgelehrten Quintus Mucius Scaevola kannte
und verwertete er auch die juristische Literatur seiner Zeit.

Die Quellen des philosophischen ersten Buches zu ermit-
teln, dürfte schwierig sein, obwohl Cicero zahlreiche
Namen aus allen bedeutenden Philosophenschulen der helle-
nistischen Zeit erwähnt. Aber die genannten Philosophen
dürften wohl kaum als Quellenautoren in Frage kommen.
Daß das erste Buch von stoischem Gedankengut bestimmt
ist, steht außer Frage, und es ist sicherlich berechtigt, Teile
aus *De legibus* zur Rekonstruktion der stoischen Philosophie heranzuziehen, wie es Hans von Arnim in seiner Frag-
mentsammlung tut. Ob Cicero neben den älteren Stoikern

(z. B. Chrysipp) auch Panaitios benutzt hat, ist umstritten, wenngleich der bedeutende Philosoph der mittleren Stoa, aus dem Cicero auch für seine Schrift *De officiis* geschöpft hat, in *De legibus* (3, 14) als „großer und hochgelehrter Mann" bezeichnet wird. Nicht auszuschließen ist auch, daß Cicero seinem Lehrer Antiochos von Askalon (vgl. 1, 54) gefolgt ist, der zwar Akademiker war, aber doch die altakademische, peripatetische und stoische Lehre zu harmonisieren versuchte. Bemerkenswert bleibt auch die Tatsache, daß Cicero den Aristoteliker Demetrios von Phaleron rühmend hervorhebt (vgl. 3, 14).

Aber bei aller berechtigten Suche nach Ciceros Quellen sollte man nicht übersehen, daß man vor allem in *De legibus* „nicht mit einem schülerhaften Klittern verschiedener Lehrmeinungen rechnen darf, die sich mehr oder weniger leicht voneinander scheiden lassen, sondern mit der freien und originalen Gestaltung des Stoffes durch eine Persönlichkeit, die sich mit den philosophischen Problemen der Zeit von Jugend an eindringlich beschäftigt hatte und an Denkschärfe und Ausdrucksfähigkeit den Philosophen, auf deren Lehren sie fußt, gewiß nicht unterlegen war" (Konrat Ziegler).

Die Faszination, die noch heute von dem Fragment *De legibus* ausgeht, erklärt sich einerseits aus seiner äußeren *Form*, andererseits aus der *Unabgeschlossenheit des Themas* und der *Intention des Autors*. Cicero bedient sich des Dialogs, den er selbst mit seinem Bruder Quintus, einem politisch konservativen Römer, und seinem langjährigen Freund Titus Pomponius Atticus, einem tendentiell unpolitischen Epikureer, an einem schönen Hochsommertag in der Gegend von Arpinum, seiner Geburtsstadt, führt. Das Gespräch findet also nicht in einer fiktiven Vergangenheit, sondern in der Gegenwart des Autors statt. Die Gesprächsatmosphäre ist ausgesprochen entspannt und angenehm. Die drei Männer gehen betont freundlich miteinander um, auch wenn sie mitunter verschiedener Meinung sind. Ciceros eigene Gesprächsanteile wirken trotz ihres ungleich größeren Umfangs nie lehrhaft oder gar aufdringlich. Dem Autor gelingt es, den Eindruck zu vermitteln, daß man sich mit großer Freude, hoher innerer Anteilnahme und Konzentration auf ein Thema eingelassen hat, das auf den ersten Blick nicht besonders anziehend ist. Die Heiterkeit der Szenerie beruht vor allem auf der beinahe poetischen Gestaltung der Einführungsgespräche zum ersten und zum zweiten Buch. Das Proömium zum zweiten Buch gehört gewiß zu den schönsten Stücken lateinischer Prosa.

An das einleitende Gespräch des ersten Buches (1, 1–18) schließt sich eine ausführliche philosophisch-anthropologische Grundlegung des Rechts an. Recht und Gerechtigkeit sind anthropologische Konstanten. Der Mensch ist zur Gerechtigkeit geboren, und die Grundlage des Rechts ist nicht die subjektive Meinung, sondern die Vernunftnatur des Menschen. Wo Vernunft ist, ist auch Recht. Diese liefert auch die Maßstäbe für die Unterscheidung von Recht und Unrecht, Gut und Böse. Aber nur in der Verwirklichung des Rechts findet der Mensch seine Selbstverwirklichung als vernunftbestimmtes Wesen. Für Cicero sind „Naturrecht und menschliche Würde" identisch.

Cicero hat den Naturrechtsgedanken nicht nur in *De legibus* thematisiert. So unterschied er z. B. schon in seiner Jugendschrift *De inventione* drei Rechtsbereiche gemäß ihrem Ursprung in der Natur, der Gewohnheit und dem Gesetz (2, 65 ff.). Am Anfang stehe das natürliche Recht, das sich in Gewohnheitsrecht verwandle und schließlich in den Gesetzen kodifiziert werde (*De inventione* 2, 160 ff.). Auch die in *De re publica* (1, 39 ff.) entwickelte Theorie vom Staat als einer in der Natur und im gemeinsamen Willen begründeten Rechts- und Nutzgemeinschaft basiert auf dem Naturrechtsgedanken. Zu berücksichtigen ist auch die Position, die Karneades in *De re publica* (3, 13) vertritt, indem er behauptet, es gebe kein Naturrecht, kein *ius naturale*, sondern nur ein auf Vereinbarung beruhendes *ius civile*. In *De officiis* setzt Cicero die naturrechtlich begründete Sittlichkeit (*honestum*) mit dem Nützlichen (*utile*) gleich und erörtert auch die Möglichkeit des Konflikts zwischen Naturrecht und Gemeinwohl *(bonum commune)*. Auch auf *De finibus* wäre zu verweisen, wo Cicero u. a. für den Vorrang des Gemeinwohls vor den Individualinteressen eine naturrechtlich orientierte Begründung gibt (*De finibus* 3, 62 ff.), die auf der stoischen Lehre von der natürlichen Gemeinschaftsneigung des Menschen, der Oikeiosis-Lehre, beruht.

Das zweite Buch behandelt das Sakralrecht. Nach dem einleitenden Gespräch über die schöne Umgebung von Arpinum wird daran erinnert, daß das von den Göttern stammende, unveränderbare Naturgesetz die Grundlage aller geschriebenen Gesetze ist. Die Identität von natürlichem Recht, göttlicher und menschlicher Vernunft wird erneut hervorgehoben. Daraus ergibt sich folgerichtig, daß die Erfüllung der religiösen Pflichten und der Vollzug der überkommenen Riten nichts anderes ist als Dienst an der Vernunft des höchsten Gottes.

Spätestens jetzt wird auch verständlich, warum Cicero in *De legibus* seinem Erzfeind Clodius noch so viel Aufmerksamkeit schenkt: Er ist ein Beispiel für einen Menschen, der ohne Vernunft und das heißt ohne Recht und gegen die Natur handelte, der die göttlichen und menschlichen Gesetze mißachtete und dessen rechtloses Leben ein entsprechendes Ende fand. Daß nicht einmal seinem Leichnam die vorgeschriebenen Ehrungen zuteil wurden, entsprach einem Leben, das sich außerhalb jeder vernünftigen Ordnung abspielte.

In seinem „Vorwort zum Gesetz" (*De legibus* 2, 16) begründet Cicero die Notwendigkeit einer Berücksichtigung sakraler Vorschriften nicht nur mit dem Glauben an vernünftiges göttliches Walten in der Welt, sondern auch mit der grundlegenden Bedeutung religiöser Gesetze für die Ordnung und Stabilität der menschlichen Gemeinschaft und hier vor allem des Staates. Die religiösen Gesetze festigen das Zusammenleben der Menschen, indem sie den gesellschaftlichen Konsens auf der Grundlage eines allgemeinen Rechtsbewußtseins sichern: „Wer könnte leugnen, daß der Glaube

an die Allgegenwart des Göttlichen nützlich *(utilis)* ist, wenn
er einsieht, wie viele Dinge durch einen Schwur bekräftigt
werden, wie wichtig die heilige Verpflichtung zur Einhaltung von Verträgen ist, wie viele Menschen durch die Furcht
vor göttlicher Strafe von einem Verbrechen abgehalten werden und wie unantastbar die Gemeinschaft der Bürger miteinander ist *(sancta ... societas civium inter ipsos)*, weil die
unsterblichen Götter bald als Richter und bald als Zeugen
eingeschaltet werden?" *(De legibus* 2, 16).

Das dritte Buch befaßt sich mit dem Recht der staatlichen
Institutionen. Die Einrichtung des Volkstribunats wird
ebenso behandelt wie die rechtliche Organisation der Magistrate, des Senats und der Volksversammlung. Wie schon im
zweiten Buch verfolgt Cicero auch hier das Ziel, die Rechtsnormen des römischen Staates mit dem Naturrechtsgedanken zu harmonisieren und dem historisch gewachsenen
Recht der Vorfahren, dem *mos maiorum*, eine philosophische Grundlage zu geben und zugleich zu veranschaulichen,
daß die Gesetze der alten *libera res publica Romana* natürlich und vernünftig waren, weil sie der Vernunftnatur des
Menschen entsprachen.

Cicero hatte nicht die Absicht, mit seiner Schrift *De legi-
bus* eine rechtsphilosophische Studie oder eine Reflexion des
Naturrechts in Angriff zu nehmen. Er wollte auch nicht die
Naturrechtslehre der Stoiker in Rom „einbürgern". Er hatte
vielmehr ein ausgesprochen politisches Ziel: Er wollte einen
Beitrag zur Stabilisierung der bedrohten römischen Republik leisten: „All unser Reden zielt auf die Festigung der
Staaten, die Sicherung der Rechtsnormen und das Wohl der
Völker" *(ad res publicas firmandas et ad stabilienda iura
sanandosque populos, De legibus* 1, 37). Cicero bedient sich
des stoischen Naturrechtsgedankens, um seine politische
Argumentation auf eine zuverlässige und zugleich überzeugende Basis zu stellen. Unter diesem Aspekt erweist sich die
innere Beziehung des ersten zu den folgenden Büchern als
zwingend: Cicero benutzt die Philosophie des Naturrechts
zur argumentativen Absicherung des *mos maiorum* und des

sich daraus ergebenden positiven Rechts; er versucht nicht etwa, aus dem Naturrecht Normen und Gesetze abzuleiten. Er läßt sich auf das Wagnis einer Deduktion von Normen aus dem Naturrecht nicht ein, sondern stabilisiert und modifiziert vorhandenes und überliefertes Recht mit Hilfe des Naturrechts. In diesem Sinne stellt Cicero die Philosophie in den Dienst der Politik. Dieses Vorgehen ist dem in *De oratore* praktizierten Verfahren vergleichbar, wo Cicero die Philosophie, d. h. eine umfassende Bildung, zum Fundament wahrer Redekunst erklärt und seinem Publikum zu vermitteln versucht, daß „das Leben nicht allein durch die praktische Erfahrung zu meistern sei, sondern daß in der Tat die Durchdringung und, umgekehrt, die Sinnbestimmung der Erfahrung durch den Geist eine unabdingbare Notwendigkeit ist" (Ulrich Knoche). Hier wie dort geht es Cicero darum zu zeigen, daß der Geist eine praktische und theoretische Vernunft umfaßt.

Mit der entschieden konservativ-politischen Tendenz läßt sich wohl auch erklären, warum Cicero das Werk nicht vollendet hat. Die rasante Veränderung der politischen Verhältnisse im Zuge des Bürgerkrieges, der ein letztes Aufbäumen der alten republikanischen Elite gegen die mit Caesar anbrechende neue Zeit war, hatte Ciceros Ansatz obsolet werden lassen: Das mußte der Autor wohl auch selbst gespürt haben. Hätte er im Sinne der erhaltenen drei Bücher weitergeschrieben, so hätte er seinen Lesern eigentlich nur vor Augen führen können, was unwiederbringlich verloren war. Dann wäre die Schrift *De legibus* zu einem politischen Testament geworden, das die Überlebenden nicht mehr hätten vollstrecken können.

2. Paradoxa Stoicorum

Die Stoiker bezeichneten ihre lapidaren moralphilosophischen Lehrsätze als *Paradoxa*, weil sie im Widerspruch zum herrschenden Bewußtsein des Durchschnittsmenschen standen, Anstoß erregten, provozierten und liebgewonnene Überzeugungen fragwürdig werden ließen. Cicero nannte sie mitunter auch *Admirabilia* oder *Mirabilia*, d. h. Aussagen, die Verwunderung hervorriefen. Die ersten beiden von Cicero dargestellten Paradoxa bilden die Grundlage der stoischen Moralphilosophie, indem sie das Sittliche als das einzig Gute bestimmen und die Tugend zur alleinigen Bedingung für menschliches Glück erklären. Im dritten Paradoxon kommt die Auffassung zum Ausdruck, daß alle Tugenden gleich sind; entsprechendes gilt für alle Fehlhandlungen: Was gut ist, ist gut, und was schlecht ist, ist schlecht; es gibt keine Abstufungen des Guten oder des Bösen.

In den letzten drei Paradoxa geht es um den Weisen und den Toren: Wie die Weisen in jeder Hinsicht vernünftig bzw. vernunftbestimmt leben und handeln, so sind die Toren unvernünftig oder gar wahnsinnig (Paradoxon IV). Wie nur die Weisen wirklich frei sind, so leben die Toren in größter Unfreiheit (Paradoxon V). Und schließlich: Nur die Weisen sind reich, die Toren leiden an größter Armut, mögen sie auch noch so viel besitzen (Paradoxon VI).

Auch die *Paradoxa Stoicorum* hat Cicero nicht in die Übersicht über sein philosophisches und rhetorisches Werk aufgenommen (*De divinatione* 2, 1–7). Eine plausible Begründung für dieses Verschweigen gibt es nicht; denn der Versuch, ein philosophisches Thema mit rhetorischen Mitteln darzustellen, ist zweifellos gelungen. Gewiß rechnet der Autor den im Frühjahr 46 verfaßten Text nicht zu seinen großen Werken; doch er widmet ihn immerhin seinem Freund Brutus und verbirgt auch nicht seinen Stolz über das kleine Werk: Es sei zwar nicht so, daß es auf der Akropolis aufgestellt werden könne wie die berühmte Athene des Phidias, aber doch so, daß es erkennen lasse, daß es aus derselben Werkstatt hervorgegangen sei.

Auch die moralische Grundtendenz der Darstellung hat Cicero nie abgelehnt, obwohl er an anderen Stellen seines Werkes die stoischen Lehrsätze als abwegig und pedantisch kritisiert (vgl. *De finibus* 4, 74–77 und *Pro Murena* 60–66). Aber ganz im Sinne der *Paradoxa Stoicorum* sagt er z. B. über das fünfte Buch *De finibus* (*De divinatione* 2, 2), es befasse sich mit dem Thema, das die Philosophie als ganze in hellstem Licht erstrahlen lasse; es lehre nämlich, daß zum glücklichen Leben die Tugend allein ausreiche.

Die offensichtlich mit großer innerer Anteilnahme beschriebenen Beispiele aus der römischen Frühgeschichte und der jüngsten Vergangenheit lassen zudem erkennen, daß Cicero seine Darlegungen ernst meint und das Paradoxe der stoischen Paradoxa akzeptiert. Es ist Ciceros erklärte Absicht, das scheinbar Widersinnige mit Hilfe der Rhetorik einleuchtend werden zu lassen. Indem er den spröden Stoff der stoischen Paradoxa mit sprachlichen Mitteln in die Vorstellungswelt des Forums überträgt, veranschaulicht er zugleich die Macht der Beredsamkeit: Nichts – so Cicero – sei so unglaublich, daß es nicht durch die Rede annehmbar werde, nichts so abstoßend, daß es nicht durch die Redekunst Glanz erhalte (*Paradoxa Stoicorum* 3). Außerdem habe er sich auch deshalb sehr gern mit den stoischen Lehrsätzen auseinandergesetzt, weil sie im echten Sinne des Wortes sokratisch seien (*P. St.* 4).

Die Verwendung zeitgenössischer Beispiele zeigt, daß Cicero sich nicht nur das Vergnügen macht, unpopuläre moralphilosophische Positionen ansprechend darzustellen, sondern auch seine kritisch-distanzierte Einstellung zu den Mißständen seiner eigenen Zeit zum Ausdruck bringt. Die scharfen Angriffe gegen Publius Clodius Pulcher, den Volkstribun des Jahres 58 und Todfeind Ciceros, im Paradoxon IV (und wohl auch schon in II) gehören ebenso zu dieser zeitkritischen Tendenz wie die Distanzierung vom Luxusleben und von der exzessiven Sammelleidenschaft eines Lucullus im Paradoxon V. Im Paradoxon VI ist der Multimillionär und Spekulant Marcus Licinius Crassus das Exempel, an dem die Wertlosigkeit materiellen Reichtums demonstriert wird. Allerdings verzichtet Cicero darauf, die Personen mit Namen zu nennen. Vielleicht ist der Grund dafür darin zu sehen, daß Clodius und Crassus bereits tot waren, als Cicero die *Paradoxa Stoicorum* fertigstellte. Der im Proömium namentlich genannte Marcus Porcius Cato Uticensis, der Onkel des Brutus und vollkommene Stoiker, wird demgegenüber so dargestellt, als ob er noch am Leben sei. Tatsächlich war Cato jedoch zur Zeit der Abfassung der *Paradoxa* bereits nicht mehr am Leben, und Cicero hatte nur noch nicht von den Vorgängen nach der gegen Caesar verlorenen Schlacht bei Thapsus am 6. April 46 gehört. Er wußte noch nicht, daß Cato sich noch im April 46 in Utica das Leben genommen hatte, weil er das Ende der Republik nicht erleben wollte.

Die erklärte Absicht der *Paradoxa*, moralische Grundsätze der stoischen Philosophie publikumswirksam darzustellen und mit Hilfe des historischen Beispiels eine Brücke zwischen ethischer Reflexion und Lebenswirklichkeit zu schlagen, sind typische Merkmale einer Textgattung, die sich seit hellenistischer Zeit großer Beliebtheit erfreute. Zu den Eigenschaften dieser Textgattung, die man als *Diatribe* bezeichnet – der Begriff bedeutet eigentlich „Verweilen", „Umgang mit jemandem", „Beschäftigung mit etwas", aber auch „Gespräch", „Unterweisung" –, gehören die Auseinandersetzung mit fiktiven Einwänden eines Gegners, rhetorische Fragen, die Klage oder Entrüstung über üble moralische Verhältnisse, die Polemik gegen Werturteile und Anschauungen des Durchschnittsmenschen, die Neigung zu kurzen und prägnanten Sätzen und selbstverständlich auch rigorose ethische Positionen. Cicero bediente sich des Diatriben-Stiles, weil dieser das zeitgenössische Mittel war, um moralische Lehrinhalte zu popularisieren und wirksam werden zu lassen.

Selbst wenn man annähme, Cicero habe sich nur deshalb der Form der Diatribe bedient, um noch besser zu veranschaulichen, daß sich mit sprachlich-formalen Mitteln jeder nur erdenkliche Inhalt popularisieren lasse, so könnte man auch dann den ernsthaften Kern dieses Spieles nicht verleugnen. Wenn man nämlich berücksichtigt, daß auch Cicero im Jahre 46 das Ende der *res publica,* der republikanischen Staatsordnung, zur Kenntnis nehmen mußte, dann lassen sich die *Paradoxa Stoicorum* als ein weiteres Zeichen des inneren Abschieds von der praktischen Politik verstehen, der im Gewand der kynisch-stoischen Diatribe zugleich eine Distanzierung von der Welt des Alltagsmenschen ist. Denn zu oft weist Cicero darauf hin, daß die bisherigen Werte wie der politisch-gesellschaftliche Erfolg und der materielle Wohlstand nicht mehr zählen. Allein das sittlich Gute ist wirklich wertvoll und dauerhaft; im Gegensatz zur *res publica* hat nur dieses Bestand *(status).* Andererseits ist nichts außer moralischer Schuld ein Übel. Diese neue Wertung der Dinge vermag den Verlierer zu trösten und sein eigenes Handeln zu rechtfertigen: Cicero hat nach eigener Einschätzung nichts moralisch Verwerfliches getan und immer nur das Beste gewollt. Er hatte am Ende zwar keinen Erfolg, aber auch keine Schuld auf sich geladen. So schreibt er denn auch in der ersten Hälfte des Jahres 46 – also etwa zeitgleich mit den *Paradoxa Stoicorum* – an Lucius Mescinius (*Ad fam.* 5, 21, 4–5): „Aber wie wir jene glücklichen Zeiten maßvoll verbracht haben, so müssen wir die nicht nur widrige, sondern von Grund auf zerrüttete Situation tapfer ertragen, um als Rechtschaffene in diesen äußerst schlimmen Zeiten wenigstens dies zu erreichen, daß wir den Tod, den wir auch im Glück verachten mußten, weil er jede Empfindung auslöschen wird, jetzt, da wir von so tiefer Trauer befallen sind, nicht nur verachten, sondern sogar wünschen müssen. Wenn du mich liebst, genieße deine freie Zeit und mache dir klar, daß einem Menschen außer Schuld und Verbrechen, wovon du immer frei warst und frei sein wirst, nichts passieren kann, was schrecklich oder furchtbar ist." Auch noch im September 46 schreibt Cicero an Marcus Marius (*Ad fam.* 7, 3, 4): „Ein altes Sprichwort sagt: ‚Wenn

du nicht mehr bist, wer du warst, dann gibt es keinen Grund
dafür, warum du weiterleben willst'. Aber dennoch ist es ein
großer Trost, von Schuld frei zu sein, zumal ich zwei Dinge
besitze, mit denen ich mich aufrecht erhalte: die Beschäftigung mit den vornehmsten Wissenschaften und den Ruhm
größter Taten; das eine kann mir niemals genommen werden, solange ich lebe, das andere nicht einmal, wenn ich tot
bin."

Aus der Beschäftigung mit den „vornehmsten Wissenschaften" sind auch die *Paradoxa Stoicorum* hervorgegangen. Hier faßt er die Gedanken zusammen, die es ihm
ermöglichen, mit den für ihn widrigen Umständen so umzu-
gehen, daß er nicht im Sinne des von ihm zitierten Sprich-
wortes handeln muß. Mit den *Paradoxa Stoicorum* beginnt
Cicero seine philosophische Schriftstellerei, mit deren Hilfe
er sein politisches Scheitern und den Untergang der *libera
res publica* zu verarbeiten und zu bewältigen versucht. Die
Schrift bietet die moralphilosophischen Grundsätze, die es
Cicero ermöglichen, Erfolg und Mißerfolg als irrelevant für
sein Lebensglück zu erklären. Hier beschreibt er ein Mittel
für die innere Bewältigung seiner Erschütterung über die
politischen Verhältnisse, indem er in der Anwendung stoischer Moralphilosophie auf sein eigenes Leben den Trost
findet, der auf der Einsicht beruht, daß nur die moralische
Schuld ein Übel, die Tugend das höchste und einzige Gut
und der Weise vom Schicksal unabhängig ist.

Der Übersetzung von *De legibus* liegt die Textausgabe
von Konrat Ziegler zugrunde (s. Literaturhinweise). Dieser
Ausgabe sind auch große Teile des „Verzeichnisses der
Eigennamen und Sachen" (S. 297 ff.) entnommen. Für die
Paradoxa Stoicorum wurde die Ausgabe von H. Rackham
benutzt.

VERZEICHNIS DER EIGENNAMEN
UND SACHEN

(in der Schreibweise des lateinischen Textes)

I, II, III = Die drei Bücher De legibus. P. = Paradoxa Stoicorum

Academia (I 38. 39. 53–55. III 14): Die von Platon gegründete Philosophenschule. Die nach Platons Tode unter Leitung des Speusippos, Xenokrates, Polemon stehende sog. ältere Akademie schätzte Cicero hoch, die jüngere (später als mittlere bezeichnete) Akademie des Arkesilaos und Karneades lehnte er wegen ihrer Neigung zu radikaler Skepsis ab, fühlte sich aber zu der von seinem Zeitgenossen Antiochos von Askalon vertretenen, der Stoa sich nähernden Richtung wieder stark angezogen und verdankte ihr viel.

L. Accius (II 54): Geb. 170 in Pisaurum, gest. um 84, einer der bedeutendsten Dichter seiner Zeit, vor allem Tragiker, auch als Grammatiker tätig.

L. Acilius (II 59): Bedeutender Rechtsgelehrter, daher Sapiens zubenannt, Zeitgenosse des älteren Cato, Kommentator der lex XII tabularum.

Aegaeum mare: III 36 bildliche Bezeichnung für Rom, dem „Schöpflöffel" Arpinum gegenübergestellt.

Sex. Aelius Paetus Catus (II 59): 200 Aedilis curulis, 198 Consul mit T. Quinctius Flamininus, 194 Censor, der berühmteste der alten Rechtsgelehrten, von Ennius als egregie cordatus homo Catus Aelius Sextus gepriesen, Verfasser eines Tripertita betitelten Werkes, das den Text der XII tabulae, einen Kommentar dazu und die legis actiones, die Klagformeln, enthielt.

L. Aelius Stilo Praeconinus (II 59): Römischer Ritter aus Lanuvium, etwa 155–75, bedeutender Gelehrter, einer der ältesten Vertreter der lateinischen Grammatik auf stoischer Grundlage, auch Verfasser von Reden für andere, Lehrer Varros und Ciceros, der ihn Brut. 105–107 charakterisiert.

L. Aemilius Paullus (P. 48): Er war der leibliche Vater des P. Cornelius Scipio Aemilianus Africanus.

M. Aemilius Scaurus (III 36): Geb. 163/62, cos. 115, Mitglied der Senatskommission, die 112 in Numidien den Streit zwischen Adherbal und Iugurtha schlichten sollte, 111 Legat des L. Calpurnius Bestia und wie dieser von Iugurtha bestochen, trotzdem nicht mit angeklagt, sondern sogar im Prozeß gegen die Bestochenen als einer der Richter bestellt, als Censor 109 Erbauer der via Aemilia, Princeps senatus von 114 bis zu seinem um 90 erfolgten Tode, als einer der führenden Männer der Optimatenpartei von Cicero oft gepriesen, Verfasser einer früh verschollenen Autobiographie in 3 Büchern.

Aesculapius: Der aus der griechischen Religion übernommene Heilgott Aisklapios (Asklepios), II 19 als einer von denen genannt, die um ihrer Verdienste willen aus der menschlichen Existenz unter die Götter aufgenommen worden sind.

Aëtio (P. 37): Griechischer Maler (Aëtion) des 4. vorchr. Jahrhunderts. Er war berühmt durch sein Werk „Hochzeit Alexanders mit Roxane".

Africanus s. Cornelius Scipio.

Alexander III., der Große, 356–323, König von Makedonien. Die II 41 berichtete Hinterlegung eines Schatzes in einem Tempel des kilikischen Soloi (das er 333 eroberte und wegen seiner persischen Gesinnung mit einer Kontribution belegte) wird sonst nirgends erzählt.

Amalthium (II 7): Landgut des Atticus am Thyamis in Epirus, offenbar wegen seiner Fruchtbarkeit nach der Zeus-Amme Amaltheia benannt.

Amphiaraus (II 33): alter Erd- und Heilgott mit berühmtem Traumorakel bei Oropos im attisch-boiotischen Grenzgebiet, aber auch einigen anderen Kulten in Mittelgriechenland und der Peloponnes.

T. Ampius Balbus (II 6): Volkstribun 63, Prätor 58, dann Proconsul von Asien, bewarb sich danach vergeblich um das Consulat, war im Bürgerkriege eifriger Pompeianer, erlangte 47/46 auf Ciceros Betreiben Caesars Verzeihung. Der Prozeß, in dem ihn Cicero und Pompeius verteidigten, muß vor den Bürgerkrieg und wohl auch vor 52 fallen. Ciceros Rede für ihn erwähnt Quintilian inst. or. III 50.

Anio, Anienis (II 56): linker Nebenfluß des Tiber, der im Sabinergebirge entspringt, die Wasserfälle von Tibur (Tivoli) bildet und bei Antemnae, wenig oberhalb von Rom, mündet.

Annales pontificum maximorum, gewöhnlich Annales maximi genannt (I 6): die vom Pontifex maximus bereiteten und öffentlich aufgestellten weißen Tafeln, auf denen alljährlich in erster Linie alle religiös bedeutsamen Akte des obersten Priesterkollegiums, bald auch die wichtigsten politischen und militärischen Ereignisse eines jeden Jahres zu den betreffenden Tagen verzeichnet wurden. Sie stellten somit die ältesten Geschichtsurkunden dar. Die Sitte wurde nach 130 vor Chr. von P. Mucius Scaevola abgeschafft, der Inhalt der vorhandenen Tafeln in 80 Büchern veröffentlicht.

Antiochus (I 54): Antiochos von Askalon in Syrien, Akademiker, Schüler des Philon von Larisa, mehrfach Begleiter des Lucullus auf seinen Reisen und Feldzügen, Schulhaupt in Athen, wo ihn Cicero 79/78 hörte, gestorben 68/67; Begründer der sog. fünften Akademie, die altakademische, peripatetische und stoische Lehren zu harmonisieren suchte.

Antipater s. Coelius.

Apollo Pythius (I 61. II 40): der große Orakelgott von Delphi, vgl. Delphicus deus.

Appius augur s. Claudius.

L. Appuleius Saturninus (III 20. 26; leges Appuleiae II 14): Volkstribun 103 und 100, Fortsetzer der revolutionären Politik der Gracchen, anfänglich Verbündeter des Marius, der aber dann auf Grund eines SC ultimum gewaltsam gegen ihn einschritt, ihn und seine Anhänger gefangennahm und in der Curie einsperrte, wo sie von den Optimaten gesteinigt wurden.

Aquilo (I 3): Der griechische Windgott Boreas (Nordwind), der nach attischer Sage am Brilessos oder dicht bei Athen am Ilissos (wo also auch das alte Haus des Atticus lag) Oreithyia, die Tochter des Königs Erechtheus, raubte und Kalais, Zetes und andere Kinder mit ihr zeugte.

Aratium carmen (II 7): Die uns großenteils erhaltene, von Cicero in früher Jugend gefertigte Übersetzung der Phainomena des Aratos von Soloi, des (uns vollständig erhaltenen, etwa 270 verfaßten) hochgepriesenen astronomischen Lehrgedichtes, enthaltend eine poetische Beschreibung des gestirnten Himmels und der aus ihm zu gewinnenden Vorzeichen.

Arcesilas (I 39): Arkesilaos von Pitane in Aiolien, geb. 316/15, Akademiker, Schulhaupt bald nach 270 bis zu seinem Tode 241/40, Begründer der sog. mittleren Akademie, Bekämpfer vor allem des stoischen Dogmatismus, zu weitgehender Skepsis neigend.

Aristo Chius (I 38. 55): Stoiker, Schüler Zenons von Kition, um die Mitte des 3. Jhdts. einer der angesehensten Philosophen Athens, Begründer einer eigenen Schule, die aber bald nach seinem Tode erlosch, Vertreter einer strengen Ethik.

Aristophanes (II 37): der berühmte altattische Komiker, etwa 450–385, von dessen Stücken uns – neben zahlreichen Bruchstükken – elf vollständig erhalten sind.

Aristoteles (I 38. 55. III 14): von Stagiros, der berühmte Philosoph und universale Gelehrte, Begründer der peripatetischen Schule, 384–322.

Arpinum (II 1. 2. 5): Alte Stadt Latiums im Volskerlande, auf steilem Hügel über dem Liris gelegen, 305 von den Römern den Samniten entrissen, seit 188 civitas cum suffragio, seit dem Bundesgenossenkriege municipium, Heimatstadt der Marii und der Tullii Cicerones. – *Arpinas* I 1. 4.

Asellio s. Sempronius.

Athenae (I 2. 3. 42. 53. II 4. 28. 36. 63. III 26): Die Hauptstadt Attikas, wegen ihrer ruhmreichen Geschichte, ihrer herrlichen Bauten und Kunstwerke, ihrer Mysterien und ihrer Bedeutung als geistiges Zentrum der griechischen Welt auch nach der verlustreichen Belagerung und Eroberung durch Sulla im Jahre 86 rasch wieder emporgeblüht und von allen geistig interessierten Römern aufgesucht und gefördert, zweite Heimat des T. Pomponius Atticus. – *Athenienses* II 40. 41. 67.

A. Atilius Calatinus (II 28): Cos. 258 und 254, Dictator 249, Censor 247, von Cicero oft als einer der großen Helden der alten Zeit gepriesen, Stifter des Heiligtums der Spes. s. d.

Attici (II 5): Die Bewohner der Landschaft Attika, die Staatsbürger von Athen.

Atticus s. Pomponius.

Attus Navius s. Navius.

L. Aurelius Cotta (III 45): Als Prätor 70 Schöpfer der lex Aurelia iudiciaria, die in Aufhebung der Sullanischen Gerichtsordnung die Geschworenengerichte zu gleichen Teilen den Senatoren, Rittern und Tribuni aerarii gab, cos. 65, Censor 64, 63 eifriger Helfer Ciceros, vertrat in der Senatssitzung vom 1. Januar 57 die im Text berichtete Ansicht über Ciceros Rückberufung. Im Bürgerkriege trat er nicht hervor, war dann entschiedener Anhänger Caesars; letzte Erwähnung bei Cicero ad fam. II 2, 3 (an den Caesarmörder Cassius) Ende September 44.

Bacchanalia (II 37): Kultvereinigungen des mystischen Dionysos (und ihre nächtlichen Feiern), die in Unteritalien am Anfang des 2. Jahrhunderts so überhand nahmen und zu solchen Ausschweifungen und Ordnungswidrigkeiten führten, daß der Senat im Jahre 186 die Konsuln beauftragte, im Wege eines außerordentlichen Gerichtsverfahrens einzuschreiten. Das Verfahren wurde mit größter Strenge durchgeführt und mehrere tausend Männer und Frauen hingerichtet. Eine Ausfertigung des Senatusconsultum de Bacchanalibus auf einer Bronzetafel ist uns erhalten.

Bias (P. 8): Einer der Sieben Weisen neben Thales, Pittakos, Solon und anderen.

Bona Dea (P. 37) s. Ceres.

Brutus s. Iunius.

Q. Caecilius Metellus Numidicus (III 26): cos. 109, Besieger Iugurthas, aber durch die Ernennung des Marius zu seinem Nachfolger um die Früchte des Sieges betrogen, 102 Censor, Führer des optimatischen Widerstandes gegen die revolutionäre Politik des Glaucia und Saturninus, von diesem in die Verbannung getrieben, als er sich im Jahre 100 als einziger Senator weigerte, das Ackergesetz des Saturninus (eine der leges Appuleiae) zu beschwören; 99 zurückberufen, seitdem nicht mehr politisch hervorgetreten; einer der Lieblingshelden Ciceros.

Calatinus s. Atilius.

Calchas (II 33): Der bekannte Seher, hauptsächlich in den Sagen um den troischen Krieg hervortretend.

L. Calpurnius Piso Frugi (I 6): Volkstribun 149, kämpfte als Prätor 136 und als Consul 133 gegen die aufständischen Sklaven in Sicilien, später scharfer Gegner des C. Gracchus, Censor wahrscheinlich 108. Sein Geschichtswerk, Annales, behandelte in wenigstens sieben Büchern die römische Geschichte von den sagenhaften Anfängen bis mindestens 146. Die Darstellung bemühte sich anscheinend um die Wahrheit und war frei von der Fabulistik der jüngeren Annalisten, wird aber stilistisch von Cicero nicht nur hier, sondern auch Brut. 106 ungünstig beurteilt.

Carbo s. Papirius.

Carinae (P. 50): Bevorzugte Wohnlage in Rom zwischen Caelius und Esquilin (S. Pietro in Vincoli).

Carneades (I 39): Geb. 214/13 in Kyrene, gestorben 129/28 in Athen als Schulhaupt der Akademie, zuerst Schüler des Stoikers Diogenes von Babylon, dann Bekämpfer des stoischen und überhaupt jedes Dogmatismus, Dialektiker von durchdringendem Scharfsinn und glänzender Redner, Mitglied der athenischen Philosophengesandtschaft in Rom 156/55.

L. Cassius Longinus Ravilla (III 35. 37): Volkstribun 137, cos. 127, Censor 125, berühmter, aber auch wegen seiner Strenge gefürchteter Richter. Seine lex tabellaria von 137, von Scipio Africanus veranlaßt und unterstützt – beide werden deswegen von Cicero auch Brut. 97 getadelt –, dehnte die zwei Jahre vorher für die Beamtenwahlen eingeführte schriftliche, also geheime Abstimmung auch auf die Gerichtsverfahren mit alleiniger Ausnahme der Hochverratsprozesse aus.

Castor (II 19): Der griechische Heros und Zeussohn, früh in den römischen Kult aufgenommen, erst später auch sein Bruder Pollux. Von der aedes Castoris an der Südseite des Forum Romanum stehen noch drei Säulen (vom Neubau des Kaisers Traian oder Hadrian stammend) aufrecht.

Catilina (P. 27 ff.): Anführer einer Verschwörung im Jahre 63 vor Chr., plante einen Staatsstreich, der von Cicero als Consul aufgedeckt wurde.

Cato s. Porcius.

Cecrops (II 63): Der autochthone erste König von Athen, halb menschen-, halb schlangengestaltig, mit uraltem Heiligtum auf der Akropolis unterhalb des Erechtheions.

Ceramicus (II 64): Kerameikós, das Töpferviertel im Nordwestteil Athens, teils innerhalb, teils außerhalb der Stadtmauer gelegen, die hier von dem stark befestigten Dipylon, dem Haupttor der Stadt, durchbrochen wurde. Vor ihm lag der bedeutendste Friedhof Athens mit vielen hervorragenden Grabmälern, zum Teil in die geometrische Periode hinaufreichend. Das ganze Gebiet ist seit den 70er Jahren freigelegt und durchforscht.

Ceres (II 21. 37): Altitalische Göttin des Wachstums, früh mit der griechischen Demeter ineinsgesetzt. Das nach griechischem Ritus gefeierte Fest, eine Geheimfeier nur für Frauen, fiel in den Hochsommer.

Cethegus (P. 40): Teilnehmer an dem von Catilina geplanten Staatsstreich.

Charondas (I 57. II 14. III 5): Einer der berühmten frühgriechischen Gesetzgeber, aus Katane (Catania) gebürtig. Auf ihn führten Katane und die anderen chalkidischen Gemeinden Siciliens und Unteritaliens, besonders auch Rhegion, ihre Gesetze zurück. Die von Cicero erwähnte Einleitung der Gesetze, uns bei Stobaios erhalten, ist schon von Bentley als spätere Fälschung, wohl nicht älter als 4. Jhdt., erkannt worden.

Chius s. Aristo.

Cicero s. Tullius.

Cilices (II 33): Die Bewohner Kilikiens, der südöstlichen Küstenlandschaft Kleinasiens. Über besondere Orakelgläubigkeit der Kilikier ist sonst nichts überliefert.

Claudius Marcellus (II 32): Nur hier als Verfasser eines Werkes über Auguralwesen genannt. Es kommen drei Marcelli in Betracht: 1. M. Cl. Marc., Quaestor 65, Helfer Ciceros gegen Catilina 63, Praetor 54, Consul 51 und in der Folgezeit entschiedener Anhänger der Senatspartei, erst 45 von Caesar begnadigt (darauf bezüglich Ciceros Rede pro M. Marcello), aber auf der Heimreise von Mytilene nach Rom in Piraeus ermordet; 2. dessen Bruder C. Cl. Marc., cos. 49 und Flottenkommandant unter Pompeius, noch im selben Jahre gestorben; 3. beider Vetter C. Claud. Marc., Aedil 56, Praetor 53, cos. 50, verheiratet mit Caesars Großnichte Octavia (der Schwester Octavians), trotzdem zuerst einer der eifrigsten Pompeianer, ging aber nach Caesars ersten Erfolgen zu ihm über und war infolge dieser Charakterlosigkeit politisch einflußlos bis nach Caesars Ermordung, starb 40. Welcher der drei der Augur war, ist nicht zu entscheiden.

Appius Claudius Pulcher (II 32): Älterer Bruder des berüchtigten Clodius, stimmte 57 als einziger der 8 Praetoren gegen die Rückberufung Ciceros, versöhnte sich darauf mit ihm und behandelte ihn während seines Consulats 54 mit Auszeichnung, verwaltete dann als Vorgänger Ciceros die Provinz Kilikien; sein Briefwechsel mit Cicero während dessen Statthalterschaft bildet das III. Buch der epistulae ad familiares; Censor 50, dann eifriger Pompeianer, Statthalter von Griechenland, in Euboia vor der Schlacht bei Pharsalos gestorben, übel berufen wegen seiner Habsucht. Sein Werk über Auguralrecht hat er Cicero gewidmet.

C. Claudius Pulcher (III 42): Münzmeister um 104, Teilnehmer am Kampf gegen Saturninus und Glaucia 100, gab als curulischer Aedil 99 glänzende Spiele, Praetor 95, cos. 92.

Clinias (I 15): Der Kreter Kleinias, einer der Unterredner in Platons Gesetzen.

Clisthenes (II 41): Kleisthenes, nach der, in neuester Zeit angezweifelten, Überlieferung bei Herodot und Aristoteles Schöpfer der in der ersten Hälfte des 5. Jhdts. geltenden Verfassung Athens, aus dem J. 508; der Bericht über sein Depot bei der Hera von Samos nur hier.

Clitarchus (I 7): Kleitarchos von Alexandreia, Sohn des Historikers Dinon, Verfasser einer Geschichte Alexanders des Großen in zwölf Büchern, im Anfang des 3. Jhdts. verfaßt, wissenschaftlich nicht sehr zuverlässig, aber glänzend geschrieben und daher von starker und anhaltender Wirkung.

Clodius (I 6): Gemeint wohl Q. Claudius Quadrigarius, Verfasser von Annales in 23 Büchern, die die Zeit vom Gallierbrand bis wenigstens zum Tode Sullas in rhetorischem Stil behandelten.

P. Clodius Pulcher (nur Anspielungen ohne Namensnennung): Der berüchtigte Volkstribun von 58 und Todfeind Ciceros, der im Dezember 62 in weiblicher Verkleidung sich in das nächtliche Frauenfest der Bona dea im Hause des Prätors Caesar einschlich, um sich dessen Gattin Pompeia zu nähern (II 36), 59 durch ein Curiatgesetz des Consuls Caesar die Erlaubnis erhielt, sich von einem Plebejer adoptieren zu lassen, um Volkstribun werden zu können (III 21), als solcher 58 durch bewaffneten Terror das Gesetz durchdrückte, das Cicero in die Verbannung trieb (III 25. 44. 45), sein Grundstück auf dem Palatium an sich brachte und auf ihm ein Heiligtum der Libertas errichtete (II 42 Licentiae), am 18. Januar 52 bei einem Zusammenstoß mit T. Annius Milo ermordet und tumultuarisch, ohne Leichenfeier, auf improvisiertem Scheiterhaufen in der Curie verbrannt wurde (II 42). P. 32.

Cocles s. Horatius.

L. Coelius Antipater (I 6): Verfasser einer Geschichte des 2. Punischen Krieges in 7 Büchern, auf gründlichen Studien beruhend und in gehobenem Stil, im letzten Drittel des 2. Jhdts. tätig.

C. Coelius Caldus (III 36): Praetor 99, cos. 94, belangte als Volkstribun 106 den C. Popillius wegen des schimpflichen Vertrages, den er nach der Niederlage des Consuls L. Cassius mit den Tigurinern geschlossen hatte, de perduellione und brachte, um die Verurteilung zu sichern, seine lex tabellaria durch, die die schriftliche Abstimmung auch auf die Hochverratsprozesse ausdehnte.

Collina porta (II 58): Nordosttor Roms in der Serviusmauer auf der Höhe des Collis Quirinalis.

Contumeliae fanum et Inpudentiae (II 28): Gemeint die Heiligtümer der Hybris und Anaideia in Athen.

Corinthus (P. 38): Stadt in Griechenland, von Lucius Mummius im Jahre 146 vor Chr. zerstört.

Cornelia gens (II 56; *Cornelii* II 57): Eins der ältesten und vornehmsten patrizischen Geschlechter.

P. Cornelius Scipio Africanus maior (II 57. P. 12): Geb. um 235, cos. 205 und 194, Besieger Hannibals bei Zama 202, Censor 199 und von da ab bis zu seinem Tode 183 Princeps senatus, begraben nicht in Rom, sondern auf seinem Landgut in Liternum in Campanien.

P. Cornelius Scipio Aemilianus Africanus Numantinus (I 27. III 37. P. 12. 48): Jüngerer Sohn des Pydnasiegers L. Aemilius Paullus und seiner ersten Gattin Papiria, von P. Cornelius Scipio, dem

Sohne des Africanus maior, adoptiert, cos. I 147, Eroberer von Karthago 146, Censor 142, cos. II 134, Eroberer von Numantia 133, gestorben 129; Gegner der gracchischen Politik, aber nicht zur Partei der extremen Optimaten gehörig, weshalb diese ihm kritisch gegenüberstanden; seine Mitwirkung an der lex Cassia tabellaria wird nur von Cicero leg. III 37 und Brut. 97 berichtet; Hauptunterredner in Ciceros Schrift De re publica.

P. Cornelius Scipio Nasica Serapio (III 20): Cos. 138 mit D. Iunius Brutus, als extremer Aristokrat im Konflikt mit den Volkstribunen, besonders C. Curiatius, dann fanatischer Gegner der gracchischen Politik und Führer der Rotte von Senatoren, die 133 den Ti. Gracchus und seine Anhänger mit Knütteln erschlugen, darauf vom Senat nach Asien entsandt und bald in Pergamon verstorben, von den Optimaten als besonderer Patriot gefeiert.

L. Cornelius Sisenna (I 7. II 54): Prätor urbanus 78, danach wahrscheinlich Proprätor von Sicilien, im Seeräuberkriege 67 als Legat des Pompeius erkrankt und gestorben, Epikureer.

L. Cornelius Sulla Felix (II 56. III 22): Geb. 138, Quaestor 107 unter Marius in Numidien, 104–101 Kriegstribun, 93 Prätor, 92 Proprätor von Kilikien, 90/89 Legat im Bundesgenossenkriege, 88 Consul, danach Sieger im Mithridates- und im Bürgerkriege gegen die Marianer, 82 Dictator, 80 cos. II, 79 Privatmann, 78 gestorben. Ein Kernstück seiner extrem aristokratischen Neuordnung des Staates war die Herabminderung der Rechte der Volkstribunen bis zur Bedeutungslosigkeit.

Ti. Coruncanius (II 52): cos. 280, etwa seit 254 als erster Plebejer Pontifex maximus, bedeutender Rechtsgelehrter, der als erster die ihm vorgelegten Rechtsfragen öffentlich erörterte, von Cicero als einer der hervorragendsten Männer der alten Zeit oft gepriesen.

Cotta s. Aurelius.

L. Crassus s. L. Licinius Crassus.

Cres s. Clinias und Epimenides.

Curiana domus (II 3): Das bescheidene Bauernhaus des M'. Curius Dentatus im Sabinerlande, der, viermal Consul (290. 284. 275. 274), Besieger des Pyrrhos bei Beneventum und Censor 272, durch seine Einfachheit und Uneigennützigkeit sprichwörtlich war (P. 12. 38. 48).

C. Curiatius (III 20): Volkstribun 138, ließ wegen eines heftigen Konfliktes um die Aushebungen die Consuln P. Cornelius Scipio Nasica und D. Iunius Brutus ins Gefängnis führen.

Curius s. Curiana domus.

Cylonium scelus (II 28): Das Κυλώνειον ἄγος bestand in folgendem: Der athenische Eupatride Kylon besetzte (nach 640) die Akropolis, um sich zum Tyrannen aufzuwerfen, und entfloh nach dem Mißlingen des Unternehmens. Seine Anhänger wurden vom Altar der Σεμναὶ θεαί aus dem Asylschutz weggerissen und ermordet.

Cyrus (II 56): Der Gründer des persischen Weltreiches, 558–529. Sein Leben ist in Xenophons Bildungsroman Kyrupädie dargestellt.

Danaus (P. 44): Griechische Sagengestalt (Danaos), Vater von 50 Töchtern, den Danaiden.

December (II 54): Im alten römischen Kalender, in dem das Jahr mit dem 1. März begann, der zehnte, also drittletzte Monat.

Decii (P. 12): Vater und Sohn, cos. 340 und cos. 312 vor Chr., die beide im Kampf den Opfertod auf sich nahmen, um Blutvergießen zu vermeiden, und ihren Heeren zum Sieg verhalfen.

Delphicus deus (I 58): Apollon, mit seiner Mahnung γνῶθι σαυτόν; vgl. Apollo Pythius.

Delus (I 2): Die Kykladeninsel mit altberühmten Kult des von Leto dort unter der heiligen Palme zur Welt gebrachten Apollon.

Demetrius Phalereus (II 64. 66. III 14): Demetrios von Phaleron, Philosoph und Staatsmann, geb. um 350, Schüler des Aristoteles und besonders des Theophrast, ab 318/17 Statthalter von Athen als Vertrauensmann des Makedonenkönigs Kassandros, ging 307 nach Wiederherstellung der Demokratie in Athen durch Demetrios Poliorketes nach Theben, wo er in gedrückten Verhältnissen lebte, und 297 zu Ptolemaios I. nach Alexandreia, wo er auf gesetzgeberischem und kulturellem Gebiet starken Einfluß übte. Als höchst fruchtbarer Schriftsteller hat er über historisch-politisch-staatswissenschaftliche, philosophische (besonders popularphilosophische) und literarhistorisch-philologische Gegenstände gehandelt.

Diagondas s. Pagondas.

Dicaearchus (III 14): Aus dem sicilischen Messene (Messina) gebürtig, Schüler des Aristoteles, meist in Sparta lebend, vielseitiger Gelehrter und Schriftsteller, besonders auf kulturhistorischem und staatswissenschaftlichem Gebiet.

Diogenes Stoicus (III 13): Gebürtig aus Seleukeia am Tigris, daher meist „der Babylonier" genannt, Schüler des Chrysippos, Schulhaupt der Stoa in Athen nach Zenon von Tarsos, in hohem Alter Teilnehmer an der Philosophengesandtschaft nach Rom im Jahre 156/55, von Cicero hochgeschätzt und mehrfach zitiert. Da er ein Werk „Über die Gesetze" geschrieben hat, so ist an unserer Stelle

Turnèbes Besserung Diogene für das überlieferte Dione überzeugend, zumal wir nichts von einem Stoiker Dion, der hier gemeint sein könnte, wissen.

Egeria (I 4): Nymphe des gleichnamigen Quells vor der Porta Capena, dem Südtor Roms in der Serviusmauer, der Sage nach Gattin oder Geliebte und Beraterin des Königs Numa Pompilius.

Q. Ennius (II 57. 68): Der älteste bedeutende römische Kunstdichter, 239–169, Tragiker und Komiker, Epigrammatiker und vor allem mit seinem Epos Annales in 18 Büchern, einer poetischen Geschichte Roms von Aeneas bis annähernd zum Tode des Dichters, Schöpfer des lateinischen Hexameters und des hohen epischen Stiles.

Epicurus, Epicurei (Anspielungen ohne Namensnennung I 21. 39. 41. 42. 54. III 1): Der berühmte athenische Philosoph, 341–270, der in dem ‚Garten‘ (hortuli I 39. 54) seine Schule gründete. In seiner Lehre ist es die Leugnung eines göttlichen Einflusses auf das menschliche Leben und der Individualismus, der das persönliche Wohlbefinden als höchstes Gut hinstellt und darum von aller politischen Tätigkeit abmahnt, was Cicero in De leg. ausdrücklich oder andeutend bekämpft.

Epimenides (II 28): Halbmythischer Theologe und Wundertäter aus Kreta, ins 7./6. Jhdt. gehörig. Eine der bekanntesten an ihn sich knüpfenden Legenden ist die von der Reinigung Athens vom Kylonischen Frevel zur Abwendung einer Pest in der 46. Olympiade (596–593). Bruchstücke einer ihm zugeschriebenen Theogonie sind uns erhalten.

Epirotes s. Thyamis.

Esquiliae (II 28): Der die Hügel Cispius und Oppius umfassende Bezirk Roms östlich und nordöstlich des Forum Romanum.

Etruria, Etrusci (II 21): Das alte, nicht indogermanische Volk Italiens, das Rom in der Frühzeit beherrscht und auch in der Folgezeit auf Religion und Kultus der Römer, vor allem auf dem Gebiete der Mantik, einen nachhaltigen Einfluß geübt hat.

Eumolpidae (II 35): Das alte eleusinische Priestergeschlecht, das sich von Eumolpos, dem mythischen Stifter der eleusinischen Mysterien, ableitete und in dessen Händen die Ausübung dieses Kultes bis zu seinem Erlöschen lag.

Euripus (II 2): Name von Meerengen, insbesondere derjenigen zwischen Euboia und dem mittelgriechischen Festlande; danach auch Bezeichnung von Gräben und Wasserleitungen.

Q. Fabius Pictor (I 6): Der älteste römische Annalist, dessen

Werk, in griechischer Sprache geschrieben, von Aeneas bis zum
2. Punischen Kriege führte, den er miterlebt hat.

C. Fabricius Luscinus (II 58. P. 12. 48): Cos. 282 und 278, Censor
275, durch Einfachheit, Uneigennützigkeit, Rechtschaffenheit und
Edelmut, doch auch durch diplomatische Gewandtheit ausgezeichnet, spielte eine bedeutende Rolle im Pyrrhoskrieg, die aber infolge
überreichlicher Ausschmückung in der späteren Annalistik nicht
mehr sicher kenntlich ist; einer der Lieblingshelden Ciceros.

C. Fannius (I 6): Cos. 122 mit Unterstützung des C. Gracchus,
dem er aber dann in der Bundesgenossenfrage entgegentrat, durch
Beredsamkeit ausgezeichnet. Ob er mit dem gleichnamigen Historiker, dessen zeitgeschichtliches Werk stark auf die Tradition über die
Gracchengeschichte gewirkt zu haben scheint, identisch ist, ist nicht
mit Sicherheit auszumachen.

Febris (II 28): Personifikation des Malariafiebers, deren sehr alter
Kult auf dem Palatium von Cicero in Verkennung seines apotropäi-
schen Charakters mißbilligt wird.

Februarius (II 54): Im altrömischen Kalender, der das Jahr mit
dem 1. März begann, der letzte Monat.

Fibrenus (II 1. 6): Linkes Nebenflüßchen des Liris, bei Arpinum
in diesen mündend.

Fides (II 19. 28): Personifikation der Treue, die die Römer als eine
ihnen besonders eigene Nationaltugend in Anspruch nahmen und
im innenpolitischen Leben auch zu bewähren pflegten. Ihr Kult ist
sehr alt, ihr Tempel auf dem Capitolium, nahe dem Iuppitertempel,
254 oder 250 von A. Atilius Calatinus gestiftet.

Figulus s. Marcius.

C. Flaminius (III 20): Prätor 227, als cos. I. 223 Sieger über die
Kelten, als Censor 220 Erbauer der via Flaminia und des circus
Flaminius (maximus), als cos. II. 217 in der Schlacht am Trasimenischen See von Hannibal besiegt und gefallen. Als Volkstribun 232
setzte er, ein Vorgänger der Gracchen, ein Ackergesetz durch,
wonach der durch die Vernichtung der Senonen gewonnene ager
Picenus et Gallicus an römische Siedler vergeben wurde, machte
sich dadurch die Optimaten zu Feinden und ist daher in der durch-
weg optimatisch gefärbten historischen Tradition, der auch Cicero
folgt, sehr ungünstig und ungerecht behandelt worden.

Fontis ara (II 56): Altar des altrömischen Quellgottes, am rechten
Tiberufer östlich des Ianiculum, also außerhalb der republikanischen Stadt gelegen.

Fortuna Huiusce diei, Respiciens, Fors, Primigenia (II 28): Die göttliche Macht, die über Schicksal und Wohlergehen gebietet, spezialisiert für die verschiedensten Menschengruppen, Stände, Situationen usw. und demgemäß mit vielen Kulten ausgestattet. – F. Primigenia, aus Praeneste stammend, war ursprünglich die „erstgeborene" Tochter Iuppiters und wurde erst später als Urmutter aufgefaßt. Mala F. ist zu verstehen wie Febris, s. d.

A. Gabinius (III 35): Ein homo novus, brachte als Volkstribun 139 die erste lex tabellaria durch, die die geheime Abstimmung mit Täfelchen für die Beamtenwahlen vorschrieb.

Cn. Gellius (I 6): Annalist der 2. Hälfte des 2. Jhdts., der besonders die Frühgeschichte Roms sehr ausführlich behandelt hat.

L. Gellius Poplicola (I 53): Prätor 94, danach Statthalter einer Provinz im Osten des Reiches, als cos. 72 nicht glücklich im Sklavenkrieg, 70 Censor, 67–65 Legat des Pompeius im Seeräuberkrieg, 63 eifriger Helfer Ciceros gegen Catilina, 59 Gegner des Ackergesetzes Caesars, erst nach 55 in hohem Alter gestorben.

Gnosii (I 15): Die Bewohner der uralten Stadt Knossos auf Kreta, wo Platon den Dialog über die Gesetze stattfinden läßt.

Gracchus s. Sempronius.

Graeci I 7. 19. 27. 58. II 21. 28. 29. 62. III 46.

Graecia I 5. 53. II 26. 28. 37. 38. 39. III 13. 47.

Graii II 26.

M. Gratidius (III 36): Aus Arpinum, Schwager von Ciceros Großvater, der ihm bei seinem Versuch, auch in Arpinum eine lex tabellaria durchzubringen, entgegentrat; kam 102 in Kilikien, wohin er den Redner M. Antonius als Praefectus begleitete, im Seeräuberkrieg um. Sein Sohn war M. Marius Gratidianus, s. d.

Helenus (II 33): Sohn des Priamos, berühmter Seher, wenig in der Ilias, stärker in der späteren mythologischen Dichtung hervortretend.

Heraclides Ponticus (III 14): Herakleides aus Herakleia am Pontos, etwa 390–310, Schüler Platons, Philosoph und fruchtbarer, vielseitiger, formgewandter, geist- und phantasiereicher Schriftsteller. Unter seinen Schriften, die z. T. als Dialoge geformt waren, befanden sich auch eine „Über die Gerechtigkeit" und eine „Über die Gesetze".

Hercules (II 19. 27): Der griechische Herakles, schon früh in die italische Religion übernommen und in Rom wie in ganz Italien im Besitz zahlreicher Kulte.

Herodotus (I 5): Geboren in Halikarnassos in Karien zur Zeit der Perserkriege, dann in Samos und Athen, wo er zum Kreise des

Perikles und zu Sophokles Beziehungen hatte, schließlich in dem
444/43 gegründeten Thurioi in Unteritalien ansässig, gestorben in
den 20er Jahren, hat auf weiten Reisen den Stoff zu seinem
Geschichtswerk gesammelt, in dem mit der oft geübten rationalisti-
schen Kritik seltsam die naive Gläubigkeit kontrastiert, mit der
zahlreiche Märchen und Novellen erzählt werden.

Homericus Ulixes I 2 (II 3).

Honos (II 28. 58): Personifikation der vorwiegend militärisch verstandenen Ehre. Außer dem II 58 erwähnten, offenbar sehr alten
Heiligtum vor der porta Collina waren ihm gemeinsam mit Virtus
noch drei weitere Tempel gewidmet: vor der porta Capena, gelobt
von Q. Fabius Maximus Verrucosus 233 und erneuert von M. Claudius Marcellus nach der Eroberung von Syrakus 212, von C. Marius
an unbekannter Stelle aus der Cimbernbeute, endlich von Pompeius
im Bereich seines Theaters.

Horatius Cocles (II 10. P. 12): Der mythische Nationalheld, der
im Kriege mit dem Etruskerkönig Porsenna nach der Vertreibung
des Tarquinius Superbus allein den Zugang zum pons sublicius verteidigt, bis die Brücke hinter ihm abgebrochen wird, sich dann,
obschon von Wunden bedeckt, in voller Rüstung in den Tiber stürzt
und entweder ertrinkt oder, nach anderer Version, schwimmend das
römische Ufer erreicht.

Iacchus (II 35): Der früh mit Bakchos-Dionysos gleichgesetzte
jugendliche Gott, der im Demeter-Kore-Kult zu Athen neben den
beiden großen Göttinnen stand und dessen Bild alljährlich in feierli-
cher Prozession nach Eleusis geführt wurde, wo er bei der Myste-
rienfeier eine bedeutsame, uns aber nicht näher bekannte Rolle
spielte.

Idaea Mater (II 22. 40): Die große Muttergöttin (Mater Magna,
nicht Magna Mater) von Pessinus in Phrygien, Kybele, deren Kult
nebst dem sie darstellenden Steinfetisch 205/4 nach Rom übertragen
wurde. Die Fundamente des 191 geweihten, später mehrfach erneu-
erten Tempels an der Westecke des Palatiums sind noch erhalten. Zu
ihrem Kult gehörte auch das Gabensammeln ihrer Priester, das in
Rom nur an bestimmten Tagen gestattet war.

Inpudentia (II 28): s. Contumelia.

Italia II 42.

Ithaca (II 3): Die Heimatinsel des Odysseus, nach der sich der
Held, als er bei Kalypso festgehalten wird, zurückzukehren sehnt.

Iulius s. Proculus.

D. Iunius Brutus Callaicus (II 54. III 20): cos. 138 mit P. Cornelius Scipio Nasica Serapio, von dem Volkstribunen C. Curiatius infolge eines Konflikts wegen der Aushebungen verhaftet, errang 138–136 als Proconsul von Hispania ulterior bedeutende Erfolge über Callaiker und Lusitanier, 129 Legat des cos. C. Sempronius Tuditanus im Kriege gegen die illyrischen Iapuden, 121 Helfer des cōs. L. Opimius bei der Niederkämpfung des C. Gracchus, Augur und Freund griechischer Bildung.

L. Iunius Brutus (P. 12): Held der römischen Sage, cos. 509 vor Chr., erster Consul der Republik, stürzte den letzten römischen König Tarquinius Superbus.

M. Iunius Brutus (P. 1): Cicero widmete Brutus mehrere Schriften. Caesar machte ihn im Jahre 44 vor Chr. zum Prätor. Weil Caesar nicht erkennen ließ, daß er die Republik wiederherstellen wollte, beschloß Brutus seine Ermordung. Nach dem 15. März 44 mußte er Italien verlassen und wurde 42 in der Schlacht bei Philippi von Antonius und Oktavian besiegt. Er nahm sich anschließend das Leben.

M. Iunius Congus Gracchanus (III 49): So benannt wegen seiner Freundschaft mit dem jüngeren Gracchus, befreundet ferner mit dem 143 geborenen Redner M. Antonius, also wohl Mitte der 40er Jahre des 2. Jhdts. geboren, gestorben nicht sehr lange vor 54; politisch nicht tätig, bedeutender Antiquar und Historiker, Verfasser eines Werkes De potestatibus in mindestens 7 Büchern. Daß es dem Vater des T. Pomponius Atticus gewidmet war, wissen wir nur aus unserer Stelle.

Iuno Samia (II 41): Hera, die in Samos einen alten und weitberühmten Kult besaß. Das Heiligtum ist in den letzten Jahrzehnten freigelegt worden.

Iuppiter (I 2. II 7. 10. 28): Der altindogermanische Himmels- und Gewittergott, namens- und wesensgleich mit dem griechischen Zeus. Der Adler war ihm heilig. Sein Hauptheiligtum in Rom war das auf dem Capitolium, wo er als Optimus Maximus zusammen mit Iuno und Minerva verehrt wurde. Als Stator, der dem Heere Standfestigkeit gibt, hatte er ein altes Heiligtum am Palatium, ein jüngeres, von A. Caecilius Metellus Macedonicus nach 146 erbaut, am circus Flaminius, als Invictus oder Victor auf dem Palatium und dem collis Quirinalis.

Karthaginienses (P. 12): Bewohner von Karthago an der nordafrikanischen Küste. Die Stadt wurde in drei Kriegen (1. Punischer Krieg: 264–241. 2. Punischer Krieg: 218–201. 3. Punischer Krieg: 149–146) von den Römern als rivalisierende Militär- und Wirtschaftsmacht vernichtet.

Labicum (P. 50): Kleine Stadt in den Albanerbergen südöstlich von Rom.

Lacedaemo (II 39. III 15): Eigentlicher und amtlicher Name der Stadt und des Staates Sparta, welch letzterer Name hauptsächlich nur der poetischen Sprache angehört.

Lacedaemonius I 15.

Laenas s. Popillius.

Lares (II 19. 27. 42): Wenig individualisierte göttliche Wesen, Schutzgeister der Feldmark, des Hauses und der Familie.

Latini librarioli (I 7): Verächtlicher Ausdruck für minderwertige lateinische Schriftsteller.

lex oder *leges: Appuleiae* (II 14) die Gesetze des L. Appuleius Saturninus, Volkstribun 103 und 100, und zwar: agrariae für die Veteranen des C. Marius mit umfassenden Koloniegründungen, eine de maiestate minuta nicht näher bekannten Inhalts und eine frumentaria, die außerordentliche Preissenkungen vorsah. – *Carbonis* (III 35), eingebracht 131 von C. Parius Carbo (s. d.), eine lex tabellaria, verfügte die geheime Abstimmung auch in Gesetzcomitien. – *Cassia* (III 35. 37) s. L. Cassius Longinus Ravilla. – *Coelia* (III 36) s. C. Coelius Caldus. – *Gabinia* (III 35) s. A. Gabinius. – *Liviae* (II 14. 31) die des M. Livius Drusus, eines Angehörigen der hohen Nobilität, geb. etwa 124, Volkstribun 91, im September in seinem Hause auf unaufgeklärte Weise ermordet; es waren eine iudiciaria, die die Ergänzung des Senats durch eine gleiche Zahl von Rittern und dann die Bestellung der Geschworenen aus diesem Gremium anordnete; eine agraria in Fortführung der Gracchischen Politik; eine frumentaria, deren Kosten durch eine Münzverschlechterung gedeckt werden sollten; seine Absicht, den italischen Bundesgenossen das römische Bürgerrecht zu verleihen, ist nicht bis zur Einbringung einer Gesetzesvorlage gediehen, stand aber im Zusammenhang mit dem Ausbruch des Bundesgenossenkrieges; vgl. L. Marcius Philippus. – *Mamilia* (I 55) eingebracht von dem Volkstribunen C. Mamilius Limetanus 109, berief zur Schlichtung von Streitigkeiten über einen 5 Fuß breiten Grenzstreifen einen Schiedsrichter. – *Maria* (III 38) eingebracht von C. Marius als Volkstribun 119, bestimmte, daß die Stege, über die die Abstimmenden aus den umhegten Versammlungsräumen der Tribus (saepta) in den allgemeinen Versammlungsraum (ovile) traten, verschmälert würden um zu verhüten, daß außer den rogatores, die den Abstimmenden ihre Stimme abnahmen, auch noch Unbefugte sich zum Zweck der Wahlbeeinflussung oder unberechtigter Kontrolle aufstellten. – *Titia* (II 14. 31) eingebracht von Sex. Titius, Volkstribun 99, eine lex agraria, aber auf den Einspruch des Augurenkollegiums wegen eines Prodigiums (Kampf zweier Raben während der Abstimmung) für ungültig erklärt.

Liber (II 19): Altitalischer Fruchtbarkeitsgott, im Anfang des 5. Jhdts. mit dem griechischen Dionysos gleichgesetzt und daher zu den aus ursprünglich menschlichem Stande emporgestiegenen Göttern gezählt.

Licentiae templum (II 42): Boshafte Benennung des Heiligtums der Libertas, das Clodius nach der Verbannung Ciceros auf dessen Grundstück auf dem Palatium, das er an sich gebracht hatte, errichtete.

L. Licinius Crassus (III 42): Der berühmte Redner, geb. 140, Schüler des L. Coelius Antipater, vielseitig, auch juristisch gebildet, Volkstribun 107, cos. 95 mit Q. Mucius Scaevola Pontifex, anschließend Statthalter von Gallia citerior, Censor 92 mit Cn. Domitius Ahenobarbus, gestorben 91. Cicero, der ihn als Knabe noch gehört hat, hat ihn – neben dem Redner M. Antonius – zur Hauptperson seines 55 geschriebenen Dialogs De oratore gemacht, den er im September 91 in Crassus' Villa in Tusculum spielen läßt.

L. Licinius Lucullus (III 30): Kriegstribun im Bundesgenossenkriege, 87 Quaestor unter Sulla, zeichnete sich im ersten Mithridatischen Kriege aus, 79 Aedil, 78 Prätor, 74 Consul, führte als Proconsul von Kilikien und Asien den zweiten Krieg gegen Mithridates bis zu seiner Ablösung durch Pompeius 66, wirkte dann als einer der führenden Männer der Senatspartei, zog sich 59 von der Politik zurück, starb 56; bekannt durch Reichtum, Luxus und Kunstkennerschaft.

C. Licinius Macer (I 7): Münzmeister etwa seit 85, Volkstribun 73, Prätor 68, anschließend Statthalter einer (nicht bekannten) Provinz, 66 unter dem Prätor Cicero de repetundis angeklagt, verurteilt und kurz danach gestorben, vielleicht durch eigene Hand; Vater des berühmten Redners und neoterischen Dichters C. Licinius Calvus; seine Annales (unbekannten Umfangs) behandelten die römische Geschichte vom Anfang bis zum Pyrrhoskrieg; Ciceros ungünstiges Urteil über sie ist anscheinend nicht unparteiisch.

Liris (I 14. II 6. Frg. 5): Der auf dem Appennin unfern des lacus Fucinus entspringende, das Marserland und dann Latium durchfließende, bei Minturnae mündende Fluß, heute im Oberlauf Liri, im Unterlauf Garigliano benannt, an dem Arpinum lag.

Liviae leges s. lex.

Liviani modi (II 39): Die musikalischen Weisen des Livius

Andronicus, des ältesten römischen Dichters, eines gebürtigen Griechen aus Tarent, der das erste Epos, die lateinische Übersetzung der Odyssee in Saturniern, schuf und als erster, von 240 ab, Übertragungen griechischer Tragödien und Komödien in Rom zur Aufführung brachte. Ob Cicero tatsächlich noch Liviani modi gehört hat, darf man bezweifeln. Vgl. Naeviani modi.

Locri (II 15): Griechische Kolonie an der Küste von Bruttium (Calabrien), um 700 von mittelgriechischen Lokrern gegründet und berühmt durch das Gesetzgebungswerk des Zaleukos, seit dem Pyrrhoskrieg – mit Schwankungen während der ersten beiden punischen Kriege – unter römischer Herrschaft, in der Clientel Ciceros wohl nach dem Verresprozeß.

Lucretia (II 10): Tochter des Sp. Lucretius Tricipitinus, Gattin des L. Tarquinius Collatinus, die in der frührömischen Sagengeschichte von Sex. Tarquinius, dem Sohne des Tarquinius Superbus, durch arglistigen Zwang geschändet wird und sich, nachdem sie dem Vater und dem Gatten das Geschehene eröffnet hat, selbst erdolcht, was den Anlaß zur Vertreibung der Tarquinier gibt.

Sp. Lucretius Tricipitinus (II 10) s. Lucretia.

Lucullus s. Licinius.

Luscinus (P. 50) s. Fabricius.

Lycaones (II 33): Die Bewohner der nach ihnen benannten Landschaft Lykaonien im südlichen Innerkleinasien, zuerst bei Xenophon erwähnt. Daß sie sehr orakelgläubig waren und insbesondere die Vogelschau pflegten, ist nur an unserer Stelle bezeugt.

Lycurgus (I 57): Der berühmte, halb oder ganz mythische Gesetzgeber Spartas.

Macer s. Licinius.

Magi (II 26): Die persischen Priester, über deren Herkunft, Tätigkeit, Lehren und Kultgebräuche wir wegen der Uneinheitlichkeit der antiken Berichte nur unzulänglich unterrichtet sind.

Magnus s. Pompeius.

Mamilia lex s. lex.

Manes oder *Di Manes* (II 22. 45. 54. 62): Die Ahnengeister, denen nach sehr alter italischer Überlieferung ein eifriger, streng beobachteter Kult gewidmet wurde.

Manius Manilius (P. 50): Bedeutender Jurist und cos. 149 vor Chr.

A. Manlius Torquatus (II 55): Gemeint vielmehr wohl T. Manilius Torquatus, Pontifex und Prätor 170, cos. 165, der als hervorragender Kenner des civilen und des Pontificalrechts bezeichnet wird.

Marcellus s. Claudius.

C. Marcius Figulus (II 62): Vermutlich der cos. 64, der im folgenden Jahre Cicero gegen die Catilinarier beistand. Über das kostbare Grabmal sonst nichts bekannt.

L. Marcius Philippus (II 31): Brachte als Volkstribun etwa 104 eine lex agraria ein, ohne nach ihrer Ablehnung schärfer vorzugehen, beteiligte sich 100 am Kampfe gegen Saturninus, war spätestens 96 Prätor, 91 cos., 86 Censor, vertrat 81 den Sex. Naevius gegen den von Cicero verteidigten P. Quinctius, war bis zur Mitte der 70er Jahre einer der führenden Männer im Senat und einer der gefeiertsten Redner. Als cos. erwirkte er die Ungültigerklärung der revolutionären Gesetze des M. Livius Drusus durch staatsrechtliche wie, als Augur, sakralrechtliche Begründung.

Marius (P. 16): Feldherr und Politiker, Sieger über die Kimbern und Teutonen. Im Bürgerkrieg war er seit 88 vor Chr. der Gegner Sullas. Vgl. De legibus I 1 mit Anm.

Mariana quercus (I 1–4): Das nach einigen modernen Forschern von Cicero erst nach seiner Rückkehr aus der Verbannung, nach anderen (gemäß der antiken Überlieferung) schon in seiner Jugend, kurz nach der Rückkehr (Herbst 87) oder dem Tode (13. I. 86) des C. Marius gedichtete panegyrische Epos auf den, neben Cicero, berühmtesten Sohn Arpinums und die angeblich von diesem gepflanzte Eiche. Vgl. lex.

M. Marius Gratidianus (III 36): Sohn des M. Gratidius aus Arpinum (s. d.) und der Maria, einer Schwester des berühmten C. Marius, von dessen Bruder M. Marius er adoptiert wurde; war 87 als Volkstribun Anhänger des Consuls L. Cornelius Cinna und wurde mit ihm aus Rom vertrieben, war dann zweimal (wohl 85 und 84) Prätor und erfreute sich als einer der Urheber der Münzreform größter Beliebtheit, wurde aber nach dem Siege Sullas unter besonderer Beteiligung seines Verwandten Catilina grausam ermordet.

Megillus Lacedaemonius (I 15): Berühmter Seher, in der Peloponnes beheimatet, Stammvater des Sehergeschlechtes der Melampodiden.

Mens (II 19. 28): Personifikation des Verstandes. Ihr Tempel wurde auf Weisung der sibyllinischen Bücher 217 nach der Niederlage am Trasimenischen See von dem Prätor T. Otacilius Crassus gelobt und 215 auf dem Capitol geweiht, zur Zeit der Cimbernkriege von M. Aemilius Scaurus erneuert.

Metellus s. Caecilius.

Minerva (P. 5): Griechisch Athena/Athene, Schutzgöttin der Stadt Athen und als Minerva mit Iuno und Iuppiter der Stadt Rom, Beschützerin der Handwerker und Lehrer.

Mopsus (II 33): Berühmter Seher, Sohn Apollons und der Seherin Manto, der Tochter des Teiresias, Gründer des Apollonheiligtums von Klaros in Karien und verschiedener Städte, darunter Mopsuestia in Kilikien.

C. Mucius Scaevola (P. 12): Held der römischen Frühzeit, der den etruskischen König Porsenna im Jahre 508 vor Chr. zu töten versuchte. Vgl. Anm. zu P. 12.

P. Mucius Scaevola (II 47. 52. 57): Volkstribun 141, Prätor 136, cos. 133, Pontifex und ab 130 Pontifex maximus als Nachfolger seines Bruder P. Licinius Crassus Dives Mucianus, gestorben spätestens 115, Herausgeber der Annales maximi (s. d.) und bedeutender Jurist, Verfasser eines juristischen Werkes in 10 Büchern. Noch bedeutender als Jurist war sein Sohn.

Q. Mucius Scaevola (II 47. 49. 50. 52), ebenfalls Pontifex maximus, geboren um 140, Volkstribun 106, 100 Gegner des Saturninus, spätestens 98 Prätor, cos. 95, führte anschließend die Statthalterschaft Asiens in vorbildlicher Weise, wurde im Frühjahr 82 auf Befehl des jüngeren Marius mit den anderen angesehensten Optimaten ermordet; Rechtslehrer Ciceros seit 87, Verfasser des grundlegenden Werkes libri XVIII iuris civilis.

Q. Mucius Scaevola (I 13): Augur genannt zur Unterscheidung von seinem Vetter, dem älteren Scaevola Pontifex, geboren etwa 170, Schwiegersohn des C. Laelius Sapiens, 120 Prätor und Statthalter von Asien, cos. 117, gestorben 87, bedeutender Jurist, doch nicht schriftstellerisch tätig; von 90 bis zu seinem Tode gehörten Cicero und Atticus zu seinem Kreise.

Q. Mucius Scaevola (I 2): Vielleicht Enkel des Scaevola Augur, anscheinend auch Augur, gehörte zum Gefolge des Q. Cicero, als dieser 59 als Proprätor nach Asien ging, Volkstribun 54, dann im Gefolge des Ap. Claudius Pulcher, des Vorgängers Ciceros in der Statthalterschaft von Kilikien. Da er auch sonst kleinere Gedichte verfaßt hat, so ist es recht wahrscheinlich, daß der I 2 zitierte Pentameter über Ciceros Marius von diesem Scaevola stammt.

L. Mummius (P. 38): Eroberer und Zerstörer der griechischen Stadt Korinth im Jahre 146 vor Chr.

Musae II 7.

Naeviani modi (II 39): Die musikalischen Weisen des Cn. Naevius, des ersten Kunstdichters italischer Herkunft, Campaner, Mitkämpfer des 1. Punischen Krieges, scharfer Spötter gegen römische Große und daher einmal ins Gefängnis geworfen, gestorben in Utica gegen Ende des 2. Jhdts., Verfasser des Bellum Poenicum in

Saturniern, von Tragödien und Komödien seit 235, Schöpfer der Praetexta, der römische Stoffe behandelnden Tragödie. Vgl. Liviani modi.

Attus Navius (II 33): Berühmter Augur der Zeit des Königs Tarquinius Priscus.

Nilus (II 2): Der große Strom Aegyptens, scherzhaft als Name von Kanal- und Wasserleitungsanlagen benützt.

Numa Pompilius (I 4. II 23. 29. 56. P. 11): Der zweite König Roms, der weise und gottgeliebte Gesetzgeber, vor allem auf sakralem Gebiet, dem auch die Kalenderordnung zugeschrieben wurde.

M. Octavius (III 24 ohne Namensnennung): Der Volkstribun von 133, den sein Kollege Ti. Gracchus wegen seines Intercedierens gegen sein Ackergesetz verfassungswidrig absetzen ließ.

Ops (II 28): Göttin des Erntesegens, Gattin des Saturnus, der griechischen Rhea gleichgesetzt. Sie besaß mehrere Heiligtümer in Rom, das älteste innerhalb der Regia, des Amtslokals der Pontifices an der Via sacra.

Orithyia (I 3): Tochter des attischen Königs Erechtheus, vom Windgott Boreas (Aquilo) entführt.

Pagondas (II 37): So doch wohl zu schreiben unter Einsetzung des gerade in Theben heimischen Namens (mit Meursius) statt des Diagondas der Hss. Weder über einen thebanischen Gesetzgeber dieses oder eines ähnlichen Namens noch über ein Gesetz wie das von Cicero angeführte ist sonst etwas überliefert.

Palatium (II 28; nicht Palatinus mons): Der mittelste der „sieben Hügel" Roms, der die älteste Ansiedlung und später die Kaiserpaläste trug.

Panaetius (III 14): Bedeutender Philosoph, Panaitios, von Lindos auf Rhodos, etwa 180 bis 99, Begründer der sog. mittleren Stoa, seit 130 deren Schulhaupt in Athen, verweilte längere Zeit in Rom und stand dem Kreise des jüngeren Scipio nahe, den er 140/39 auf seiner großen Gesandtschaftsreise nach dem Orient begleitet hat; von Cicero viel gelesen und benutzt.

C. Papirius Carbo (III 35): Etwa gleichaltrig mit Ti. Gracchus, Volkstribun 131, erwirkte durch eine lex tabellaria die geheime Abstimmung auch in Gesetzcomitien; ab 130 Mitglied der Gracchischen Ackeranweisungskommission, 129 der Mitschuld an dem plötzlichen Tode des Scipio Africanus verdächtigt, wechselte später zu den Gegnern der Gracchen über, wurde zum Lohne 120 cos. und verteidigte den L. Opimius gegen die Anklage der rechtswidrigen Tötung des C. Gracchus und seiner Anhänger, wurde 119

entweder de maiestate oder de repetundis verurteilt und gab sich
den Tod.

Cn. Papirius Carbo (III 42): Volkstribun 92, Prätor 89 oder 88,
entschiedener Marianer, einer ihrer Führer bei der Rückkehr 87,
cos. 85 und 84 mit L. Cornelius Cinna, 82 mit dem jüngeren C. Marius, floh nach Verlust des größten Teiles seines Heeres im Herbst
82 nach Africa, wurde auf der Rückfahrt nach Sicilien auf der Insel
Cossura gefangen und in Lilybaeum von Pompeius hingerichtet.
Über seine seditio als Volkstribun ist nichts Näheres bekannt.

L. Paullus s. *Aemilius.*

Persae II 26.

Phaedrus (I 53): Angesehener epikureischer Philosoph, Phaidros,
bei dem Cicero in seiner Jugend in Rom und dann 79/78 auch in
Athen hörte, wo er damals Schulhaupt war; Freund des Atticus.

Phaedrus Platonis (II 6): Der bekannte Dialog.

Phalereus s. *Demetrius.*

Phidias (P. 5): Er war der größte Bildhauer der Antike im 5. Jahrhundert vor Chr.

Philippus s. *Marcius.*

Phryges (II 33): Das Volk im Innern Kleinasiens. Über besondere
Pflege der Mantik, vor allem der Vogelschau, ist sonst nichts überliefert.

Pietas (II 19. 28): Personifikation der Ehrfurcht und Pflichterfül-
lung gegenüber den Sippengenossen und den Göttern. Ihr wurde
181 ein Tempel am forum boarium vor der porta Carmentalis von
M.' Acilius Glabrio geweiht, dessen Vater ihn 191 vor der Schlacht
in den Thermopylen gegen Antiochos den Großen gelobt hatte.

Pisidae (II 33): Die Bewohner der nach ihnen benannten Berg-
landschaft nördlich von Lykien und Pamphylien; vgl. zu Phryges.

Piso s. *Calpurnius.*

Pittacus (II 66): Staatsmann und Gesetzgeber von Mytilene auf
Lesbos, den Sieben Weisen zugerechnet, in die letzten Jahrzehnte
des 7. und den Anfang des 6. Jhdts. gehörig.

Plato (I 15. 55. II 6. 14. 16. 17. 38. 41. 45. 67. 69. III 1. 5. 14. 32):
Der große Philosoph aus Athen, Schüler des Sokrates, Gründer der
Akademie, 427–348, dessen Nomoi das Vorbild für De legibus
sind.

Polemo (I 38): Philosoph der alten Akademie, Nachfolger des
Xenokrates in der Leitung der Schule.

Pollux (II 19): Sohn des Zeus und der Leda, Bruder des Castor,
s. d.

Polyclitus (P. 37): Polyklet war neben Phidias der bedeutendste griechische Bildhauer (5. Jhdt. v. Chr.).

Polyidus (II 33): Berühmter Seher von Korinth aus dem Geschlecht der Melampodiden, von dem viele Wundergeschichten berichtet wurden.

Cn. Pompeius Magnus (I 8. II 6. III 22. 26): Geb. 29. September 106, 83/82 Mitkämpfer Sullas in Italien, erobert 81/80 Sicilien und Afrika, gewinnt 77–71 gegen Sertorius Spanien zurück, beendet den Sklavenkrieg, 70 cos. I. mit Crassus, 67 Seeräuberkrieg, 66–63 Mithridateskrieg, 61 Rückkehr nach Rom und Triumph, 60 Dreibund mit Caesar und Crassus, 55 cos. II., 52 III., Zuerst sine collega, ab 49 Bürgerkrieg gegen Caesar, 9. August 48 bei Pharsalos besiegt, 28. September 48 vor Alexandreia ermordet. Die Wiederherstellung des Volkstribunats während seines ersten Consulats nach der Entmachtung des Amtes durch Sulla wird von Q. Cicero getadelt, von M. Cicero verteidigt.

T. Pomponius (III 49 ohne Namensnennung): Vater des T. Pomponius Atticus, ein reicher und gebildeter Mann, der seinem Sohn eine vorzügliche Erziehung geben ließ, befreundet mit M. Iunius Congus Gracchanus, s. d.

T. Pomponius Atticus: 109–32, reicher römischer Geschäftsmann, auch als Buchhändler und Verleger tätig, für griechische Bildung begeistert, der epikureischen Philosophie zugeneigt und lange in Athen lebend, daher Atticus zubenannt, Jugendfreund Ciceros und ihm lebenslang innig verbunden, Verfasser einiger historischer Werke, darunter eines Buches über Ciceros Consulat in griechischer Sprache, Dialogperson außer in unserer Schrift auch in den Academici libri posteriores und im Brutus, Adressat von „Cato" und „Laelius". Ciceros Briefe an ihn von 68 bis Dezember 44 sind uns größtenteils erhalten; auch besitzen wir eine Biographie des Atticus von Cornelius Nepos. (Angeredet I 1. 3. 5. 8. 13. 17. 21. 37. 53. 63. II 24. 34. 45. 67. III 1. 13. 19. 29. 30. 33. 47)

Ponticus s. Heraclides.

Popillia gens (II 55): Vornehmes plebejisches Geschlecht, das schon seit der Mitte des 4. Jhdts. zu den höchsten Ämtern gelangte.

C. Popillius Laenas (III 36): Legat des cos. L. Cassius Longinus 107, wegen perduellio von dem Volkstribunen C. Coelius Caldus belangt, s. d. Er war ein Sohn des

P. Popillius Laenas (III 26): Ging als cos. 132 mit großer Schärfe gegen die Anhänger des Ti. Gracchus vor, weshalb C. Gracchus 123 seine Verbannung durchsetzte, aus der er 121 auf Antrag des Volkstribunen L. Calpurnius Bestia zurückgerufen wurde.

Poplicola s. Valerius.

M. Porcius Cato (I 6. II 5): Aus Tusculum, geb. 234, cos. 195, Censor 184, gestorben 149, Urbild altrömischer Strenge und Einfachheit, Verfasser von 7 Büchern Origines, des ersten römischen Geschichtswerkes in lateinischer Sprache, von Cicero – der ihn zum Hauptunterredner des Dialoges Cato de senectute gemacht hat – hochgeschätzt.

M. Porcius Cato (III 40. P. 1 ff. 12): Urenkel des Cato Censorius, geb. 95, starrer Republikaner und einer der führenden Köpfe der Senatspartei, Quaestor 65, Volkstribun 62, Prätor 54, im Bürgerkrieg eifriger Pompejaner, endete 46 nach der Schlacht bei Thapsus vor Übergabe von Utica, wo er kommandierte, durch Selbstmord; übte öfters im Senat – da es eine Beschränkung der Redezeit nicht gab – Obstruktion gegen ihm nicht genehme Beschlüsse durch Dauerreden.

Porsenna (P. 12): Etruskischer König, der den vertriebenen Tarquinius Superbus im Kampf gegen Rom unterstützte.

P. Postumius Tubertus (II 58): Halb sagenhafte Gestalt der römischen Frühgeschichte, cos. 505 und 503, erfolgreich in Kriegen gegen die Sabiner.

Praecia (P. 40): Freundin des Cethegus.

Priene (P. 8): Stadt in Ionien, Heimatort des Bias.

Primigenia s. Fortuna.

Proculus Iulius (I 3): Die Geschichte wird auch anderwärts etwa gleichlautend erzählt.

Pyrrhus (P. 48): König von Epirus (306–272), wurde von den Römern im Jahre 275 besiegt.

Pythagoras (II 26): Der berühmte, aber von vielen Mythen umsponnene Theologe und Philosoph, aus Samos gebürtig, aber vor allem in Unteritalien tätig, von dem eine ungeheure Wirkung ausgegangen ist.

Pythius s. Apollo.

Quirinus (I 3. II 19): Ursprünglich der Gott der Gemeinde auf dem nach ihm benannten Collis Quirinalis, später gleichgesetzt mit dem Gründer der Palatium-Gemeinde, Romulus, und so in die Reihe der aus der menschlichen Existenz zum Götterrang aufgestiegenen Gestalten gerückt.

Regulus (P. 16): Römischer Heerführer im 1. Punischen Krieg. Vgl. Anm. zu P. 16.

Remus (I 8): Der Zwillingsbruder des Romulus, von ihm erschlagen.

Roma II 5. 10. 28. 36. 37.

Romanus populus II 5. 35. III 37.

Romulus (I 3. 8. II 33. P. 11): Der Gründer und erste König Roms, später zum Gott erhoben, s. Quirinus.

Q. Roscius Gallus (I 11): Berühmter Schauspieler, von Sulla in den Ritterstand erhoben, ein Meister seines Faches, über das er auch geschrieben hat, hochgeschätzt von allen geistig und künstlerisch interessierten Zeitgenossen, so auch von Cicero, der 81 seinen Schwager P. Quinctius und später (spätestens 68) ihn selbst in einem Privatprozeß mit der teilweise erhaltenen Rede verteidigt hat; gestorben in hohem Alter vor 62.

Sabazius (II 37): Phrygischer Gott, vielfach mit Dionysos, auch mit dem jüdischen Deus Sabaoth identifiziert; sein Mysterienkult hat sich schon im 5. Jhdt., stärker in der Folgezeit und besonders in der Kaiserzeit über die abendländische Welt ausgedehnt. Spöttische Ausfälle gegen ihn finden sich bei Aristophanes in den Wespen (9), den Vögeln (874), der Lysistrata (389) und den verlorenen Horai (frg. 566).

Sabini (II 3): Das Nachbarvolk der Römer gegen Norden und Nordosten, das z. T. schon in der Königszeit mit ihnen verschmolz und nach seiner endgültigen Besiegung durch M.' Curius Dentatus 290 ganz in ihnen aufging.

Saguntum (P. 24): Stadt in Spanien, die im 2. Punischen Krieg von Hannibal erobert wurde.

Salus (II 28): Personifikation des Staatswohls, der 302 auf dem Collis Quirinalis von dem Dictator C. Iunius Bubulcus ein Tempel geweiht wurde, den er 9 Jahre vorher im Samniterkriege gelobt hatte; seit 180 auch neben Aesculapius als Göttin der Gesundheit verehrt.

Samia s. Juno.

Samnites (P. 48): Italischer Stamm, der nach 49 Kriegsjahren von Manius Curius Dentatus, cos. 290, besiegt wurde. Eine samnitische Gesandtschaft versuchte, Curius zu bestechen.

Saturninus s. Appuleius.

Scaevola s. Mucius.

Scaurus s. Aemilius.

Scipio s. Cornelius.

Cn. et P. Scipiones (P. 12) s. Anm. zu P. 12.

Sempronius Asellio (I 6): Unter Scipio Africanus Kriegstribun vor Numantia 134/33, schrieb Historiae in wenigstens 14 Büchern, eine Geschichte seiner Zeit im Stile des Polybios bis an oder in die Sullanische Zeit.

Ti. Sempronius Gracchus (III 20. 24): Geb. 162, durch seine Mutter Cornelia Enkel des älteren, durch seine Schwester Sempronia

Schwager des jüngeren Scipio Africanus, unter dem er sich 146 bei der Eroberung Karthagos auszeichnete, 137 Quaestor, brachte 133 als Volkstribun die dringend nötige Agrarreform in Gang, setzte sich formal ins Unrecht, indem er dem gegen das Gesetz intercedierenden Kollegen M. Octavius die tribunizische Amtsgewalt aberkennen ließ, wurde bei den Wahlen zum Volkstribunat des nächsten Jahres, um das er sich wieder bewarb, im Straßenkampf von Senatoren unter Führung des Scipio Nasica erschlagen.

C. Sempronius Gracchus (III 20. 24. 26): Jüngerer Bruder des Ti. Gracchus, geb. 153, schon seit 133 Mitglied der Ackeranweisungskommission, 129 der Mitschuld an dem plötzlichen Tode des Scipio Africanus verdächtigt, 126–124 als Quaestor in Sardinien, erwirkte als Volkstribun 123/22 die Verbannung des P. Popillius Laenas (s. d.) und setzte die revolutionäre Politik seines Bruders in bedeutend erweitertem Maße fort, fand 121 bei der durch ein Senatusconsultum ultimum angeordneten gewaltsamen Exekution gegen ihn und seine Anhänger den Tod.

Sisenna s. Cornelius.

Socrates (I 33. II 6. P. 4. 23): Der athenische Philosoph 469–399, Hauptperson in den meisten Dialogen Platons, so auch in dem im heißen Sommer am Ufer des Ilissos bei Athen spielenden Phaidros. Die Lehre, daß das Sittliche und das Nützliche nicht miteinander im Widerspruch seien, galt Cicero als ein wesentliches Stück seiner Philosophie.

Solenses (II 41): Die Bewohner von Soloi in Kilikien, seit etwa 700 dorische Kolonie, 333 von Alexander dem Großen (s. d.) erobert, nach dem Seeräuberkrieg 67 neu besiedelt und Pompeiopolis benannt; noch jetzt nicht unbedeutende Ruinen.

Solo (I 57. II 59. 64): Der berühmte athenische Staatsmann, der 594 als Archon durch eine tiefgreifende Reform die wirtschaftliche Krise beseitigte und eine Kodifikation des Rechtes durchführte.

Spartacus (P. 30): Führer aufständischer Sklaven im 1. Jhdt. vor Chr.

Spes (II 28): Personifikation der Hoffnung, die schon vor der Errichtung des Tempels am Forum boarium durch A. Atilius Calatinus (s. d.) ein altes Heiligtum vor der Porta Praenestina besaß und anderwärts mit Fortuna im Kult vereinigt wurde.

Speusippus (I 38): Neffe und Schüler Platons und sein erster Nachfolger als Schulhaupt der Akademie 347 bis 339.

Stata Mater (II 28): Im Kult z. T. mit Volcanus vereinigt, brachte Feuersbrünste zum Stehen.

Stator s. Iuppiter.

Stoicus, Stoici (III 13. 14. P. 2. 46): Die Angehörigen der Philosophenschule, die nach der Stoá poikíle, der mit Wandgemälden Polygnots geschmückten Säulenhalle am Markt in Athen, benannt war, wo ihr Begründer Zenon von Kition (auf Kypros) seine Lehrtätigkeit ausübte. Durch ihre sittliche Strenge – deren doktrinäres Übermaß seit der 2. Hälfte des 2. Jhdts. durch Panaitios und Poseidonios gemildert wurde – und ihre starke Beschäftigung mit den Problemen der Politik gewann sie weite Kreise des Römertums für sich und hat auch Cicero, trotz seiner vorwiegenden Neigung zur Akademie, beeinflußt.

Sulla s. Cornelius.

P. Sulpicius Rufus (III 20): Geb. 124, befreundet mit M. Livius Drusus (s. d.), verschwägert mit Atticus, als Volkstribun 88 stärkster Verfechter der popularen Forderungen und Werkzeug des Marius bei seinem Kampf um den Oberbefehl im Kriege gegen Mithridates, nach der Eroberung Roms durch Sulla geächtet und getötet. Der junge Cicero hat damals täglich seine contiones angehört und preist ihn in De oratore und im Brutus, trotz seiner politischen Gegnerschaft, als Redner ersten Ranges.

Tabulae XII (oder nur XII; I 55. 57. II 58. 59–61. 64. III 19. 44): Das erste schriftlich niedergelegte Gesetzgebungswerk der Römer, der Überlieferung nach von den Xviri legibus scribundis 451/50 geschaffen, grundlegend für die folgende Entwicklung des römischen Rechtes, in nicht unbedeutenden Resten erhalten.

L. Tarquinius Priscus (I 4): Der herrschenden Überlieferung nach Sohn des Korinthers Demaratos und einer Etruskerin, der fünfte der römischen Könige, dem seine künftige Größe durch das erzählte Vorzeichen von den Göttern vorausgesagt wurde.

L. Tarquinius Superbus (II 10. P. 11): Sohn oder Enkel des Tarquinius Priscus, der siebente und letzte der römischen Könige, Nachfolger des Servius Tullius, den er ermordete, verhaßt wegen seines tyrannischen Regiments. Den letzten Anstoß zu seiner Vertreibung gab die Freveltat seines Sohnes,

Sex. Tarquinius (II 10), der die Lucretia schändete, s. d.

Thales (II 26): Von Milet, nach Herodot von phoinikischer Abstammung, Begründer der ionischen Naturphilosophie (Wasser der Urstoff), datiert durch seine Vorhersage der Sonnenfinsternis vom 28. Mai 585.

Thebanus s. Pagondas.

Theophrastus (I 38. II 15. III 13. 14): Aus Eresos auf Lesbos, etwa 371–286, Schüler des Aristoteles und nach seinem Tode (322) sein

Nachfolger als Vorsteher der peripatetischen Schule, sehr vielseitiger Gelehrter und Schriftsteller. Erhalten sind uns von ihm vollständig nur die Charaktéres, 30 skizzenhafte Entwürfe typischer Cha-
rakterformen, und zwei botanische Werke, von allem übrigen nur
Bruchstücke, recht wenige gerade von dem mehr als einem Dutzend
Schriften über politische Themen, die einen bedeutenden Einfluß
auf die ganze folgende politische Schriftstellerei geübt haben und,
mittelbar oder unmittelbar, auch von Cicero benützt worden sind,
der außerdem mit seinen Dialogen Cato de senectute und Laelius de
amicitia auf den gleichbetitelten Schriften des Eresiers fußt.

Theopompus (III 16): König von Sparta zur Zeit des ersten messe-
nischen Krieges, also im 8. Jhdt., dem die Einrichtung des Ephorats,
die eine Beschränkung der königlichen Macht bedeutete, zugeschrieben wurde.

Theopompus (I 5): Aus Chios, etwa 377 bis einige Zeit nach 323,
Schüler des Isokrates, Rhetor und bedeutender Historiker, Verfasser von 12 Büchern Hellenika, einer griechischen Geschichte, die
vom Ende des Thukydides (411) bis zur Schlacht bei Knidos (394)
führte, und einer sehr ausführlichen Geschichte des Königs Philipp
II. von Makedonien und seiner Zeit.

Theseus (II 5): Der attische Nationalheros, der durch den sog.
Synoikismos die bis dahin selbständigen Gemeinden Attikas zu
einem Staat zusammenfaßte.

Thyamis (II 7): Der bedeutendste Fluß der Westküste von Epirus,
der heutige Kalamá, der in seinem Unterlauf eine liebliche und
fruchtbare Landschaft durchfließt.

Timaeus (II 15): Sohn des Andromachos, des Tyrannen von Tauro-
menion in Sicilien (Taormina), von Agathokles vertrieben, verbrachte
50 der 96 Jahre seines Lebens (das von der Mitte des 4. bis zur Mitte des
3. Jhdts. reichte) in Athen. Sein umfangreiches Werk (38 Bücher oder
mehr), Sikeliká kai Italiká betitelt, das Cicero gekannt und hochgeschätzt hat, war die erste ausführliche Geschichte des Westens, auf
umfassendes und eindringliches Quellenstudium gegründet.

Timotheus (II 39): Aus Milet, etwa 450–360, der bedeutendste
Lyriker seiner Zeit und ein großer Neuerer auf dem Gebiete der
Musik.

Titanes (III 5): Die Götter der älteren Generation, die von Zeus
der Weltherrschaft beraubt wurden.

Titiae leges s. lex.

Torquatus s. Manlius.

Tricipitinus s. Lucretius.

Tubertus s. Postumius.

M. Tullius Cicero (II 3. III 36): Der Großvater Ciceros. Außer dem an unserer Stelle Erzählten berichtet der Enkel noch von einer sehr wegwerfenden Äußerung des Großvaters über griechische Bildung, die ihn als einen Mann von „altfränkischer" strenger Gesinnung charakterisiert.

M. Tullius Cicero (II 3): Der Vater Ciceros, gestorben 68 oder 64, der sich wegen Kränklichkeit von der Politik fernhielt, seinen geistigen Interessen lebte und daher Beziehungen zu dem berühmten Redner L. Licinius Crassus und den Mucii Scaevolae pflegte.

Q. Tullius Cicero: Der jüngere Bruder Ciceros, geb. zwischen 105 und 102, Aedil 65, Prätor 62, Statthalter pro consule der Provinz Asia 61–58, 57/56 als Legat des mit der Getreideversorgung Roms beauftragten Pompeius in Sardinien, 54–52 Legat Caesars in Gallien, wobei er sich militärisch auszeichnete, 51/50 mit dem Bruder in Kilikien. Politisch weiter rechts stehend als dieser, entschied er sich im Bürgerkrieg für Pompeius, ohne sich zu betätigen, und erhielt 47 Caesars Verzeihung. Im Dezember 43 proscribiert und getötet. Adressat der Schriften De oratore und De re publica, Dialogperson auch in De divinatione, selbst als Dichter (Tragiker) tätig und Verfasser des erhaltenen Commentariolum petitionis vom J. 64 an den Bruder, mit dem er – bis auf ein längeres Zerwürfnis nach Pharsalos, weil jeder dem andern die Schuld an der falschen Entscheidung gab – stets in herzlicher Eintracht gelebt hat. (Angeredet I 1. 3. 5. 7. 12. 16. 18. 56. 57. 58. II 7. 9. 18. 43. III 12. 17. 23. 33).

Tusculum; Tusculanus (II 5. III 30): Alte Stadt südöstlich von Rom am Abhang der Albaner Berge, Heimat des alten Cato. Viele vornehme Römer hatten dort Villen, so auch Cicero und Lucullus.

P. Valerius Poplicola (II 58): Sagenhafte Gestalt der römischen Frühgeschichte, cos. 509–507 und 504, hochverdient um die Festlegung der jungen Republik nach außen und im Innern.

Vennonius (I 6): Historiker, in der Gracchenzeit lebend, nicht näher bekannt.

Vesta (II 29): Die Göttin des Herdes und des Herdfeuers, identisch mit der griechischen Hestia. Ihr Altar, der Staatsherd, stand in dem (in seinen Fundamenten aufgedeckten) Rundtempel am Forum Romanum. Ihren Dienst, vor allem die ständige Unterhaltung des heiligen Herdfeuers und den Opferdienst, versahen die

Vestales virgines (II 20. 29), sechs zur Keuschheit verpflichtete Priesterinnen, die, dem collegium pontificum angehörend, hohe Ehrenrechte genossen.

Vicapota (II 28): altrömische Göttin, die man unter Ableitung ihres Namens von vincere und potiri als Siegesgöttin auffaßte. Ihr Heiligtum lag am Fuß der Velia, des Hügels zwischen Palatium und Esquilin.

Victoria (II 28): Die Siegesgöttin, die in Rom mehrere Heiligtümer besaß, das älteste, angeblich schon von den mit Euandros gekommenen Arkadern errichtet, auf dem Palatium nahe seiner Westspitze. Ein zweites, geweiht 294 von dem Consul L. Postumius, auf dem Capitolium. Der Kult scheint dem der griechischen Nike zu entsprechen.

Virtus (II 19. 28): Personifikation der vorwiegend militärisch verstandenen Mannhaftigkeit als römischer Nationaltugend. Sie besaß außer den ihr gemeinsam mit Honos (s. d.) geweihten Heiligtümern in Rom noch ein besonderes, das ihr Scipio Africanus nach der Eroberung von Numantia errichtete.

Xenocrates (I 38. 55): Aus Chalkedon, geb. 396, Schüler Platons, ab 339 bis 314 Vorsteher der Akademie als Nachfolger des Speusippos.

Xenophon (II 56): Der athenische Kriegsmann und Schriftsteller, etwa 430–355, Schüler des Sokrates, 401 Teilnehmer an dem Zuge des jüngeren Kyros gegen seinen Bruder Artaxerxes, nach dem Tode des Kyros bei Kunaxa einer der Führer beim Rückzug der griechischen Söldner aus Mesopotamien zum Schwarzen Meer, Verfasser der Anabasis (Darstellung dieses Feldzuges), der Hellenika, einer griechischen Geschichte vom Ende des Thukydides (411) bis zur Schlacht bei Mantineia (362), der an unserer Stelle zitierten Kyrupädie (s. Cyrus), der Erinnerungen an Sokrates und kleinerer Schriften. Eine von Cicero in seiner Jugend gemachte lateinische Übersetzung oder Bearbeitung von X.s Oikonomikós ist verloren.

Xerses (II 26; übliche Schreibung Xerxes): König der Perser 485–465, unternahm den großen Feldzug gegen Griechenland, der bei Salamis (480) und Plataiai (479) zusammenbrach.

Zaleucus (I 57. II 14. 15): Gesetzgeber von Locri Epizephyrii, überhaupt der älteste Verfasser schriftlicher Gesetze, die ihm von Athena im Traum geoffenbart worden waren.

Zeno (I 38. 53): Aus Kition auf Kypros, vermutlich semitischer Abstammung, geb. 334/33, seit 312/11 in Athen Schüler des Kynikers Krates, des Platonikers Polemon und der Dialektiker Stilpon und Diodoros Kronos, gründete um 300 eine eigene, die später die stoische genannte Schule (s. Stoici), starb 262/61 und erhielt ein Staatsbegräbnis.

LITERATURHINWEISE

1. De Legibus

M. Tullius Cicero: Über die Gesetze (De legibus). Übersetzt, erläutert und mit einem Essay „Zum Verständnis des Werkes" hg. von E. Bader und L. Wittmann, Reinbek 1969.

Blänsdorf, J.: Griechische und römische Elemente in Ciceros Rechtstheorie, in: Würzburger Jahrbücher, N. F. 2, 1976, 135–147.

Büchner, K.: Cicero. Bestand und Wandel seiner geistigen Welt, Heidelberg 1964, 233–238.

Cicero: Fragmente über die Rechtlichkeit (De legibus). Übersetzung, Anmerkungen und Nachwort von K. Büchner, Stuttgart 1969.

Eigler, U.: Von der Platane des Phaidros zur Eiche des Marius: Vergangene Zukunft in Ciceros De legibus, in: M. Flashar / H.-J. Gehrke / E. Heinrich (Hg.): Konzepte von Vergangenheit in der griechisch-römischen Antike, München 1996, 137–146.

Fontanella, F.: Introduzione al De legibus di Cicerone, in: Athenaeum 85, 1997, 487–530 und 86, 1998, 179–208.

Fuhrmann, M.: Cicero. Über Macht und Ohnmacht eines Intellektuellen in der Politik, in: Der altsprachliche Unterricht 29, 2, 1986, 7–16.

Fuhrmann, M.: Cicero und die römische Republik. Eine Biographie, München/Zürich ⁴1994.

Görler, W.: Das Problem der Anleitung ethischer Normen bei Cicero, in: Der altsprachliche Unterricht 21, 2, 1978, 5–19.

Harder, R.: Zu Ciceros Rechtsphilosophie (De legibus I), in: Kleine Schriften, München 1960, 396–400.

Heinze, R.: Ciceros „Staat" als politische Tendenzschrift (1924), in: Vom Geist des Römertums. Ausgewählte Aufsätze. Hg. von E. Burck, Darmstadt ³1960, 141–159.

Klingner, F.: Cicero, in: Römische Geisteswelt, München ⁴1961, 110–159.

Knoche, U.: Ciceros Verbindung der Lehre vom Naturrecht mit dem römischen Recht und Gesetz, in: Gerhard Radke (Hg.): Cicero, ein Mensch seiner Zeit, Berlin 1968, 38–60.

Krimm, H.: Das Naturrecht und seine Bedeutung für die positive Rechtsordnung, in: Der altsprachliche Unterricht 8, 1, 1965, 61–75.

Mayer-Maly, Th.: Gemeinwohl und Naturrecht bei Cicero (1960), in: K. Büchner (Hg.): Das neue Cicerobild, Darmstadt 1971, 371–387.

Müller, C. W.: Cicero, Antisthenes und der pseudoplatonische Minos über das Gesetz, in: Rheinisches Museum 138, 1995, 247–265.

Pohlenz, M.: Die Stoa. Geschichte einer geistigen Bewegung. Bd. 1, Göttingen ²1959, 268–274.

Schindler, W.: „Natura" als oberstes Prinzip des Handelns. Ein ethischer Wert in Interpretation und Diskussion von Texten aus Ciceros „De legibus", in: AU 39, 3, 1996, 32–48.

Schmidt, P. L.: Die Abfassungszeit von Ciceros Schrift über die Gesetze, Rom 1969.

Seel, O.: Cicero. Wort, Staat, Welt, Stuttgart 1953, 393–402.

Villey, M.: Rückkehr zur Rechtsphilosophie (1955), in: K. Büchner (Hg.): Das neue Cicerobild, Darmstadt 1971, 259–303.

M. Tullius, Cicero: De legibus. Hg. von K. Ziegler. 3. Auflage überarbeitet und durch Nachträge ergänzt von W. Görler, Freiburg/Würzburg 1979.

2. Paradoxa Stoicorum

M. Tullii Ciceronis Paradoxa Stoicorum. Hg. von R. Badalì, Florenz 1968.

Bringmann, K.: Untersuchungen zum späten Cicero, Göttingen 1971, 60–71.

Kumaniecki, K.: Ciceros Paradoxa Stoicorum und die römische Wirklichkeit, in: Philologus 101, 1957, 113–134.

Lee, A. G.: M. Tullii Ciceronis Paradoxa Stoicorum, London 1953.

Philippson, R.: M. Tullius Cicero, in: RE VII A 1, 1939, 1122–1123.

Pohlenz, M.: Griechische Freiheit. Wesen und Werden eines Lebensideals, Heidelberg 1955, 157–159.

Cicero. De oratore III. De Fato. Paradoxa Stoicorum. De partitione oratoria. Hg. und mit einer englischen Übersetzung versehen von H. Rackham, London 1942.

Ronnick, M. V.: Cicero's Paradoxa Stoicorum. A commentary, an interpretation, and a study of its influence, Diss. Boston 1990, Frankfurt 1991.

Valente, P.: L'éthique stoïcienne chez Cicéron, Paris 1956.

Wallach, B.: Rhetoric and Paradox. Cicero's Parad. Stoic. IV, in: Hermes 118, 1990, 171–183.